中原智库丛书·青年系列

高水平建设
中国（河南）自由贸易试验区

High-level Construction of China (Henan) Pilot Free Trade Zone

齐　爽◎著

经济管理出版社
ECONOMY & MANAGEMENT PUBLISHING HOUSE

图书在版编目（CIP）数据

高水平建设中国（河南）自由贸易试验区 / 齐爽著．

北京：经济管理出版社，2024． -- ISBN 978-7-5243

-0061-8

Ⅰ．F752.861

中国国家版本馆 CIP 数据核字第 2024JA4149 号

组稿编辑：申桂萍
责任编辑：申桂萍
责任印制：许　艳
责任校对：熊兰华

出版发行：经济管理出版社
　　　　　（北京市海淀区北蜂窝 8 号中雅大厦 A 座 11 层　100038）
网　　址：www.E-mp.com.cn
电　　话：（010）51915602
印　　刷：北京厚诚则铭印刷科技有限公司
经　　销：新华书店
开　　本：720mm×1000mm/16
印　　张：14
字　　数：267 千字
版　　次：2024 年 12 月第 1 版　　2024 年 12 月第 1 次印刷
书　　号：ISBN 978-7-5243-0061-8
定　　价：88.00 元

前　言

　　自 2013 年我国设立首个自由贸易试验区至今，中国自由贸易试验区建设已走过十年多的历程，经过 6 次扩容，自由贸易试验区数量达到 22 个，自由贸易试验区建设布局日趋完善，已经逐步形成了"1+3+7+1+6+3+1"的东西南北中协调、多区域广覆盖的对外开放发展新格局。与此同时，各自由贸易试验区在体制机制创新、政府职能转变、制度型开放、产业集聚、人才引进以及贸易投资自由化、便利化等方面展开了大量的实践探索，并取得了显著成效，充分发挥了自由贸易试验区全面深化改革和扩大开放的试验田作用。从总的发展趋势看，自由贸易试验区发展呈现出数量不断增加、功能趋向综合、管理不断加强、竞争日趋激烈等特征。面对纷繁复杂的国际环境，如何巩固、夯实、扩大、提质改革开放成果，成为推动我国开放型经济健康、快速、可持续发展的重中之重，而自由贸易试验区建设在其中的作用举足轻重。

　　2021 年 7 月 9 日，中央全面深化改革委员会第二十次会议审议通过了《关于推进自由贸易试验区贸易投资便利化改革创新的若干措施》。2022 年，商务部表示，要持续推动向自由贸易试验区下放更多省级经济管理权限。党的二十大报告在"推进高水平对外开放"方面提出，"实施自由贸易试验区提升战略，扩大面向全球的高标准自由贸易区网络"。在国际形势发生深刻复杂变化与构建双循环新发展格局的背景下，在推进高水平对外开放的要求下，中国自由贸易试验区建设进入高水平提升和高质量发展的新阶段，实施自由贸易试验区提升战略意义重大。

　　中国（河南）自由贸易试验区作为我国第三批扩容成立的自由贸易试验区，于 2017 年 4 月 1 日正式挂牌成立。自成立以来，中国（河南）自由贸易试验区（以下简称"河南自由贸易试验区"）大胆试、大胆闯、自主改，以开放促改革、促创新，不断加大制度创新的内在驱动力，形成了多项制度创新成果，辐射带动作用进一步增强。与此同时，河南自由贸易试验区建设也存在制度创新主体不明，制度创新协调成本高，创新后劲匮乏；贸易伙伴经济体量较小，与各类开放通道协同联动不足，开放业务不全；对标先进规则先行先试力度不足，贸易投资自由化、便利化程度不深；龙头企业带动力不强，与各类开放创新平台联动效应发挥不足等问题，亟待提升河南自由贸易试验区发展质量，为全省扩大开放、深化改革探索新路径、积累新经验。

2023 年，中共河南省委十一届六次全会暨省委经济工作会议指出，"持续实施制度型开放战略，打造国际航空客货运双枢纽，实施自贸区和功能区提质行动，优化贸易结构、加快培育外贸新动能"。2024 年，河南省政府工作报告指出，"深入实施自贸试验区提升行动，积极申建空港新片区，建设首批联动创新区，高标准推进 RCEP 示范区建设"。未来，建设高水平河南自由贸易试验区，打造更高层次的开放合作平台，是以开放促改革、抢占新一轮高水平开放制高点、增强河南外贸实力和综合竞争力的需要，这不仅有助于推动河南外向型经济发展，而且有助于为中西部地区全方位扩大开放探索新途径、积累新经验。

本书聚焦河南自由贸易试验区建设现状，围绕河南省委、省政府"实施自贸区和功能区提质行动，优化贸易结构、加快培育外贸新动能""深入实施自贸试验区提升行动""高标准推进 RCEP 示范区建设"等要求，以推动高水平对外开放和持续实施制度型开放战略为引领，通过多角度的现状分析、对比分析，探寻河南深入实施自由贸易试验区提升战略的重点、难点，高水平打造河南自由贸易试验区 2.0+版，为稳固河南"贸易大省"地位，建设"贸易强省"建言献策。

本书共分十章。第一章详细阐述了高水平建设河南自由贸易试验区的时代背景。在世界百年未有之大变局下，在构建双循环新发展格局的要求下，在深入推进高水平对外开放的要求下，河南自由贸易试验区作为河南对外开放的重要战略平台，需要有大的格局、长远的视角及广阔的国际视野，准确把握全球发展趋势，适应世界贸易形势的新变化，根据改革创新发展的新要求，顺应高质量发展、高水平开放大势，把握新机遇、迎接新挑战、抓牢政策保障，进而实现河南自由贸易试验区建设的全面升级。

第二章明晰了高水平建设河南自由贸易试验区的战略意义。自由贸易试验区是高水平开放的先行区，是全面推进改革开放的试验田，其重大意义与最终目的在于推动制度创新及各类体制机制创新，倒逼更深层次的改革，进而引领、带动全域经济的高质量发展。河南自由贸易试验区建设要注重与共建"一带一路"倡议、河南省发展战略定位和地方发展特色相结合，深入、系统地推进专项领域改革，使河南自由贸易试验区发展进入高水平发展新阶段，多维度阐释高水平建设河南自由贸易试验区的战略意义对构建中国全面对外开放新格局意义重大。

第三章从全局出发分析高水平建设河南自由贸易试验区的现实基础。河南地处中国之"中"，拥有良好的区位交通条件，加之人口优势突出、城市活力迸发，未来市场发展空间广阔。与此同时，党的十八大以来，河南的经济社会发展在经历了高速增长的历程之后，逐步由量的扩张向质的提升转变，进入高质量发展新阶段。主要表现为腹地经济支撑能力不断提升，现代化产业结构体系不断完善，新旧动能加快转换，叠加多种政策红利及厚重的中原文化支撑，使河南高水平建设自由贸易试验区具有更为坚实的现实依托。

第四章深入分析河南自由贸易试验区建设存在的问题。自由贸易试验区建设应注重与国际通行的投资和贸易规则相衔接，全力营造投资贸易自由、规则开放透明、监管公平高效、营商环境便利的开放氛围，优化提升投资管理、监管服务、金融服务及政府管理体系，构建法治化、国际化、便利化的营商环境和公平、统一、高效的市场环境。本章聚焦贸易、投资自由化、便利化，金融服务体系及监督管理体系建设等自由贸易试验区建设的核心议题，借助于国内先进自由贸易试验区在不同领域的对比分析，从自身和外在两个方面查找河南自由贸易试验区在贸易、投资、监管及金融服务等领域的差距与不足。

第五章着重梳理了国外典型自由贸易区建设的经验与启示。当对标国内可以找准定位时，对标国际才能保持先进、服务大局。科学的管理模式是推进自由贸易区发展的重要条件，健全的监管政策是推进自由贸易区发展的重要保障，宽松的投资准入是推进自由贸易区发展的重要前提，良好的营商环境是推进自由贸易区发展的重要基础，自由的金融政策是推进自由贸易区发展的重要手段，优惠的税收政策是推进自由贸易区发展的重要支撑，合理的产业选择是推进自由贸易区发展的重要力量。美国纽约港自由贸易区、德国汉堡自由贸易区、阿联酋迪拜自由贸易区、新加坡自由贸易区、爱尔兰香农自由贸易区是世界著名的自由贸易区，分析这些自由贸易区的发展历程，梳理其功能定位、管理体制、优惠政策等，寻找其共同的成功经验，对于促进高水平建设河南自由贸易试验区具有重要的借鉴意义。

第六章客观分析了国内典型自由贸易试验区管理模式的比较与启示。高水平建设自由贸易试验区的关键在于管理模式的创新发展和与时俱进。国内自由贸易试验区在探索和实践中形成了自由贸易试验区管委会与地方政府合署办公型、自由贸易试验区管委会与地方功能园区合署办公型、自由贸易试验区管委会与地方政府和功能园区合署办公型三种类型的管理模式。不同于第四章及国内多数文献对自由贸易试验区的比较分析，本章着重从制度创新与管理模式角度出发，系统梳理国内典型自由贸易试验区在深化行政管理体制改革、创新贸易投资管理体制等制度领域，以及夯实产业支撑、完善人才激励保障机制等管理方面的先进经验与做法。

第七章从高质量发展角度出发阐释高水平建设河南自由贸易试验区的功能定位。建立中国自由贸易试验区是党中央、国务院作出的重大决策，高水平建设自由贸易试验区是新形势下全面深化改革、推动高水平对外开放的重大举措。截至2023年10月，我国已分批设立了22个自由贸易试验区，从沿海到内陆，跨东中西区域，形成了开放新"雁阵"。新发展阶段，高水平建设河南自由贸易试验区的"高水平"体现在哪些方面，原则是什么？深入实施自由贸易试验区提升战略的重点在哪些方面？面对复杂的国际、国内环境，制约河南自由贸易试验区高质量发展的难点、困境在哪里？河南自由贸易试验区的功能定位在之前的基础上应细化出哪些创新点、着重点？这些都需要从宏观视角、从顶层设计方面对高水平建设河南自由贸易试验区进行系统阐释。

第八章从制度型开放角度提出高水平建设河南自由贸易试验区的体制机制创新。制度型开放与体制机制创新一直以来都是自由贸易试验区发展的主旋律。本章从贸易便利化、服务贸易发展两个方面阐释如何推动贸易服务体制机制创新；从政府服务、政策保障两个方面探讨如何推动政策保障机制创新；从法治化、法律化、标准化等方面阐述如何推动法律法规体制机制创新；从政府、市场、产业等方面探讨如何推动营商环境体制机制创新。

第九章探讨了高水平建设河南自由贸易试验区与高水平对外开放战略的深入对接。自由贸易试验区战略与高水平对外开放战略是新时代背景下，实施开放转型、区域协同发展的重要内容。本章从深刻认识自由贸易试验区与高水平开放的辩证关系、构建新发展理念引领下河南高水平对外开放的框架体系两大方面入手，深入阐释高水平建设河南自由贸易试验区如何与实施高水平对外开放战略进行对接，创新性地提出了将设立郑州航空港自由贸易区作为河南自由贸易试验区对接高水平开放的重大任务。

第十章提出高水平建设河南自由贸易试验区的对策建议。从完善各类配套法律法规，构建国际化、法治化的营商环境；健全各项辐射传导机制，推动开放质效大幅度跃升；加快"买卖全球"步伐，打造促进外贸增长新动能；放大产业集聚整合效应，实现更具规模的产业协同；创新外商投资监管模式，进一步拓展投资开放领域；深化体制机制改革创新，优化管理模式和工作效率六大方面出发，提出高标准建设河南自由贸易试验区的对策建议。

2024 年既是中国自由贸易试验区建设新十年的起步之年，也是河南提出深入实施自由贸易试验区提升行动的开局之年，更是河南自由贸易试验区迈向第一个十年的关键之年。应对全球化新变局，构建双循环新发展格局，深入实施高水平对外开放战略，需要河南自由贸易试验区建设在高水平发展、高质量提升上破局。基于上述思考，笔者撰写了《高水平建设中国（河南）自由贸易试验区》一书，以期为高水平开放背景下河南自由贸易试验区建设发展建言献策。

目　录

第一章　高水平建设河南自由贸易试验区的时代背景

当今世界正处于百年未有之大变局，政治经济环境发生深刻复杂变化，各类经贸摩擦不断升级、范围不断扩大，全球经济不稳定、不确定性增加，给中国自由贸易试验区提质发展带来了新的机遇与挑战。河南自由贸易试验区作为河南对外开放战略的重要平台，需要有大的格局、长远的视角及广阔的国际视野，准确地把握全球发展趋势，适应世界贸易形势的新变化，根据改革创新发展的新要求，顺应自由贸易试验区高质量发展大势，把握新机遇，迎接新挑战，抢占新时机，实现河南自由贸易试验区建设的全面升级。

一、河南自由贸易试验区建设面临的新机遇

近年来，以多边贸易进程受阻，全球贸易和投资规则重组为标志，尤其是美国实施的贸易保护主义政策使经济全球化面临前所未有的困境，经济全球化进入低速发展阶段，全球经济增长放缓甚至陷入停滞。总的来说，虽然世界经济复苏步履缓慢，但发展潜力犹存、动力尚在，未来仍是河南赢得大发展的重要战略机遇期，更是河南自由贸易试验区提质升级的重要战略机遇期。

（一）世界经济发展为自由贸易试验区发展拓展新空间

从外部环境来看，一方面，自 2008 年全球金融危机以来，世界经济尚在深度调整中，复苏进程艰难曲折，不少国家经济持续低迷，脆弱性、不确定性和不平衡性成为世界经济发展的重要特征。另一方面，逆全球化思潮悄然兴起，贸易保护主义再度抬头，国际社会来自不同方面的抵触情绪油然而生，多边贸易投资

谈判受阻，全球化时代的不稳定、不确定因素增强，世界经济增长整体放缓，各国和地区更加重视经济的整体复苏和安全运行。作为新兴大国，中国已成为世界第二大经济体，与世界的互动关系发生深刻变化。未来，中国仍是世界经济增长的重要引擎，对全球发展的带动作用将进一步增强，国际影响力也将进一步提高，加之中国在应对贸易保护主义方面积极把握主动权，维护、实现自身发展利益的能力增强，都为自由贸易试验区发展拓展了新空间。

（二）区域经济一体化为自由贸易试验区发展提供新机遇

近年来，虽然贸易保护主义日渐抬头，但扩大市场开放和推动贸易投资自由化、便利化，经济全球化和区域经济一体化仍是大势所趋，也是各国实现经济可持续发展的必然选择。就中国与周边地区的经济体而言，区域经济一体化，一方面，有利于中国统筹多边、双边及区域、次区域开放合作，加快自由贸易试验区建设，推动同周边国家的互联互通；另一方面，有利于中国在全球经济合作与竞争中赢得更加主动的地位，坚定不移地扩大开放，捕捉发展新机遇，创建发展新优势。因此，自由贸易试验区建设与区域经济一体化存在一定的相互促进关系，加快推进自由贸易试验区建设是中国融入区域经济一体化的重要途径，区域经济一体化的发展也激励着自由贸易试验区加快体制机制创新，为河南自由贸易试验区发展提供新机遇。

（三）双循环新发展格局为自由贸易试验区发展增添新动力

如今，中国的高水平对外开放正以新的价值理念、新的政策探索、新的高度塑造着新的对外开放格局。在构建以国内大循环为主体、国内国际双循环相互促进的新发展格局的大背景下，开放的理念、关键环节、内涵及其政策重点都发生了重大变化。开放将更加注重质量和效益的提升；开放的关键环节将是探索制度的创新模式；开放的政策重点将转向致力于实现统一、透明、规范的制度创新。由政策激励向制度规范转变、以提高开放的质量为目标，探索更高阶段的开放模式与更有效益的开放理念是开放型经济发展新格局的显著特征。开放型经济发生的历史性、战略性的转变，为河南自由贸易试验区发展增添了新动力、注入了新活力、拓展了新空间。有助于提高自由贸易试验区建设质量，对标国际先进规则，进而在内外贸、投融资、财政税务、金融创新、入出境等方面探索更加灵活的政策体系、监管模式、管理体制，打造开放层次更高、营商环境更优、辐射作用更强的开放新高地。

（四）"一带一路"倡议为自由贸易试验区发展带来新契机

"一带一路"倡议立足于全面深化改革和全方位开放，不同于以单一区域为发展突破口的自由贸易试验区建设，弥补了自由贸易试验区原有点状、块状的区域发展模式缺陷，强调省份之间、国家之间的互联互通、产业承接与转移，更有利于发挥自由贸易试验区的联动作用。"一带一路"倡议所倡导的理念创新为自由贸易试验区发展提供了良好示范。改革开放是当今世界最大的创新，"一带一路"倡议作为中国实施全方位对外开放战略的重要组成部分，强调共商、共建、共享原则，契合共谋发展、共享机遇的美好愿景。与此同时，"一带一路"倡议空前开放包容、注重均衡协调发展的理念，为身处内陆地区的河南自由贸易试验区发展拓宽了开放通道，打开了窗口，注入了新活力，刺激并推动河南自由贸易试验区发展深度融入"一带一路"倡议，有利于自由贸易试验区探索更多可复制的成功经验，加快建设大通道、大通关、大平台，加快形成全面开放新格局，以更高标准推动全面开放，不断拓展合作共赢新空间。

二、河南自由贸易试验区建设面临的新挑战

全球经贸复苏步履蹒跚，经济发展疲软态势难以在短期内扭转，从而直接或间接地导致世界地缘政治形势紧张、贸易摩擦不断升级，世界经济增长模式和各国经济结构进入深度调整时期，在新的增长模式和科技革命成型之前难以重现世界经济的高增长。中国自由贸易试验区发展既面临着和平、发展、合作、共赢潮流滚滚向前的世界大势，也面临着层出不穷、风险日益增多的不利条件和挑战，需要准确分析、认真应对。

（一）世界经济增速下滑给自由贸易试验区发展带来潜在风险

从国际经济环境看，今后一段时期，即使世界经济继续温和复苏，全球贸易量也难以快速增长。一方面，2024 年 1 月，国际货币基金组织（IMF）发布的《世界经济展望报告》中预计 2024 年全球经济增长率为 3.1%，预计 2025 年的经济增长率为 3.2%，2024～2025 年的预测值低于 3.8%（2000～2019 年）的历史平均水平，同一时期，联合国对 2024 年全球经济增长的预测仅为 2.4%，全球通

胀及地缘政治冲击，都对全球经济活动的进一步复苏造成拖累；另一方面，投资阻碍、结构性瓶颈和周期性矛盾给许多发展中国家的经济增长前景蒙上了阴影。从中国国内来看，一方面，中国现在处于将强未强时期，现代化水平还不够高，实力还不够强，离真正现代化目标尚有不小距离，正处于工业化中期阶段这一历史进程中，继续推进现代化建设、推进全面发展依然是主要任务，制造业向中高端升级是主要目标，并与发达国家在这些领域开始形成正面竞争；另一方面，中国经济增速不断放缓，这对正处于经济增速换挡期，且亟须通过开放型经济发展拓展国际市场的中国而言是一个很大的挑战，也为自由贸易试验区发展带来了很多不确定因素。

（二）全球产业转型升级迟缓给自由贸易试验区发展带来负面影响

从整体来看，新兴产业取代传统产业、新兴生产方式取代传统生产方式将是一个长期渐进的过程，未来一段时期全球产业升级仍是"漫长进行时"。处于发展初期的新兴技术，尚不足以支持新兴产业快速替代传统产业，并难以提供全面的商品和服务。同时，由于在全球范围内，传统产业的产能过剩与新兴产业发展的不确定性并存，因此，产业转型升级之路既会比较漫长，也将比较复杂。特别是各国竞相进入新兴技术和产业领域，导致国际竞争日趋激烈，一些领域甚至已出现产能过剩的迹象，相关的贸易保护主义措施也不时出现，新兴产业最终成长为主导产业尚需时日。全球严峻的产业转型升级形势需要中国加大开发建设力度，加快解决发展中的瓶颈问题，需要以自由贸易试验区建设为突破口，解放思想、勇于突破、大胆试、大胆闯、自主改，破除体制机制障碍，优化营商环境，为高质量发展提供强力支撑。

（三）国家高质量发展需求给自由贸易试验区发展带来变革压力

改革开放40多年来，中国国民经济实现了高速增长，数量和规模快速扩张。新时代，令人兴奋的高速增长阶段成为过去，经济发展面临的内在矛盾和问题日益凸显，经济社会发展更加注重质量的提升，国家发展进入高质量发展新阶段。而随着经济增速的调整换挡，经济发展的回旋余地在缩小，增长点也会减少，产能过剩、地方债务和金融风险等问题会更加显著，实现经济可持续发展难度加大。自由贸易试验区建设同样面临经济社会发展变革带来的压力，尤其是自由贸易试验区产业发展方面，综合成本上升，需要通过结构调整及创新驱动寻找发展新空间、新出路。自由贸易试验区承担着全面深化改革、扩大开放、服务国家战略、制度创新、重要成果服务推广等重大战略任务，在拓展经济发展新空间、促进经济高质量发展方面责无旁贷。此外，促进自由贸易试验区高质量发展对加快转变政府职能和行政体制改革，实现以开放促发展、以创新促改革提出了更高要求，这是实现高质量发展的一个关键性高水平建设要务。如何通过高水平、高标准建设自由贸易试验区，构建具有全球竞争力和影响力的营商环境，是深入实施自由贸易试验区提升战略所必须关注的重要课题。

三、高水平建设河南自由贸易试验区的政策保障

改革开放 40 多年来，中国走出了一条独特的以开放促改革、以开放促发展的经济道路，并不断从多边贸易体制的接受者、学习者变为参与者、制定者，成为经济全球化的坚定维护者和推动者，逐步迈向世界经济舞台的中心。河南作为中国内陆开放的一个典型缩影，经过 40 多年的深层次开放与变革，在中国开放的前沿同样取得了全方位、多领域的开创性成就，也为高水平建设河南自由贸易试验区积累了众多政策保障。

（一）各类"国字号"战略规划叠加效应凸显

从国家战略角度看，粮食生产核心区、郑州航空港经济综合实验区、中国（河南）自由贸易试验区、郑洛新国家自主创新示范区等众多国家战略规划和平台落地，郑州入选国家中心城市、中原城市群晋升"国字号"、郑州都市圈建设日趋成熟，这些都与河南开放型经济发展息息相关。与此同时，这些国家级战略规划在河南形成了政策叠加优势，为河南聚集更多优质资源要素、提升中心城市地位和作用提供了难得的历史机遇。一方面，特别是在郑州航空港经济综合实验区，港区内部的高端制造业不断集聚，临空产业集群不断壮大，港区的外贸进出口总额占全省外贸进出口总额的一半以上。此外，郑州航空港经济综合实验区的货邮吞吐量快速增长，区域经济外向度迅速提升，已经成为河南建设内陆开放高地、聚集高端生产要素、承接高端产业转移的战略突破口。另一方面，粮食生产核心区、中原经济区、郑洛新国家自主创新示范区三个国家战略的落地，以及相关体制机制的创新与发展，也在一定程度上助力了郑州航空港经济综合实验区的建设以及河南自由贸易试验区的发展。粮食生产核心区的建设，将有助于夯实河

南农业大省的地位，进一步提高河南的优势基础产业，也为河南农产品"走出去"提供了坚实的保障。中原经济区的建设落地，使河南成为中原经济发展的腹地，有助于各类生产要素和优势资源向河南聚集，为河南寻找新的经济突破口和发展新引擎提供了条件。郑洛新国家自主创新示范区的建立，有助于河南的创新发展，助力河南打造具有重大影响力的高端装备制造、电子信息、新材料、新能源、生物医药等创新型产业集群，实现科技产品和科技成果的进一步转化，以及对具有发展潜力的科技创新企业的孵化，建设具有较强辐射能力和核心竞争力的创新高地。随着经济的发展和社会的进步，粮食生产核心区、中原经济区、郑州航空港经济综合实验区、河南自由贸易试验区、郑洛新国家自主创新示范区等战略规划叠加效应不断凸显，将极大地助力河南开放型经济的发展，助推河南自由贸易试验区高质量发展。

（二）"一带一路"倡议带来重大发展契机

"一带一路"倡议秉承共商、共享、共建原则，是促进共同发展、实现共同繁荣，增进理解信任、加强全方位交流与合作的和平友谊之路。一方面，"一带一路"倡议能够拓展内陆区域的纵深发展，是扩大中西部地区开放，打造中西部地区经济升级的重要引擎。与共建"一带一路"国家和地区，加深贸易往来和产业合作，能够为河南建设高水平自由贸易试验区提供强大助力。新亚欧大陆桥、中蒙俄、中国—中亚—西亚、中国—中南半岛、中巴和孟中印缅六大经济走廊将亚洲经济圈与欧洲经济圈紧密地联系在一起，为建立和加强各国互联互通伙伴关系，构建高效畅通的亚欧大市场发挥了重要作用，也在一定程度上为河南进军亚欧市场提供了新的切入角度。另一方面，"一带一路"倡议有助于加强开放型经济高地、贸易口岸、国际陆港建设，打响国际品牌和多式联运体系的建设，建设沟通境内外、连接中西的重要运输通道。在"一带一路"建设期间，与中国签署共建"一带一路"政府间合作文件的国家和国际组织数量逐年增加，共建"一带一路"专业领域对接合作有序推进。河南在此期间，抢抓"一带一路"建设的重大机遇，打造空中、陆上、网上、海上"四条丝绸之路"，充分将"一带一路"倡议从理念转化为行动，从愿景转化为现实，架起了一座座通往世界各地的桥梁。"一带一路"倡议为河南建设大枢纽、发展大物流、培育大产业、塑造大都市，搭建系统完备的"四梁八柱"提供了重大契机。而准确把握"一带一路"产业转移的特点，把握全球产业价值链转移以及中国东部地区产业向中西部地区转移的方向，积极将自由贸易试验区建设纳入全球产业价值链的体系当中，加强优势产业建设，通过产业集群化和高端化的方式，发挥临空经济区的产业竞争优势，产生规模递增效应等，都是"一带一路"倡议为河南开放型经济创新发展带来的重要契机。此外，共建"一带一路"国家和地区基础设施建设及产能合作潜力巨大，融资缺口亟待弥补，探索新型国际投融资模式，提升金融机构合作水平，完善金融市场体系，实现金融互联互通不断深化等，都是"一带一路"倡议实现资金融通的重点，也恰恰是河南实现金融开放与自由贸易试验区高水平发展的重要着力点。当前，"一带一路"倡议深入推进，河南自由贸易试验区建设要找准国家所需与河南所长的结合点，紧跟大局，在服务大局中展现河南担当。

（三）各项改革开放红利持续释放

中国自由贸易试验区建设已形成"1+3+7+1+6+3+1"覆盖东西南北中的改革开放创新格局。截至2024年1月，国家层面已累计推广自由贸易试验区制度创新成果共计349项，为推进高水平对外开放、完善市场经济制度发挥了重要的示范引领作用。改革是当代中国经济社会发展的动力源泉。高水平建设河南自由贸易试验区，实现河南开放型经济的腾飞，仅有物质资本、技术进步、人力资本和资源禀赋等条件是远远不够的，还需要持续的制度变迁提供动力。改革开放的实践证明，解决生产关系与生产力发展不相适应问题，确保经济持续健康发展，必须依靠改革。改革的实质是制度的变迁或者创新，而改革红利的释放会促使制度的改变和创新，实现潜在收益向现实收益的转化。改革红利的释放，可以提升自由贸易试验区高水平创新发展的制度效应，会对产业结构优化升级、体制机制改革、资源优化配置、降低交易成本、提高市场经济运行效率、实现创新驱动式发展等起到积极的推动作用。改革红利的顺利释放包括制度的废除和建立，主要通过不断降低交易成本、提升经济运行效率来驱动经济的发展。为保证改革红利的持续有效释放，将自由贸易试验区的建设与发展推上一个新的台阶，河南自由贸易试验区应该充分利用改革红利释放带来的效益，完善自由贸易试验区的建设和管理，提升自由贸易试验区的核心竞争力。2018年4月10日，习近平主席在博鳌亚洲论坛2018年年会开幕会上宣布了包括大幅度放宽市场准入、创造更有吸引力的投资环境、加强知识产权保护、主动扩大进口等一系列的重大举措，这些举措将为亚洲乃至整个世界的繁荣发展带来更多的红利。其中，投资红利和生活红利最显而易见，这些通过投资获得的经济增长红利不仅可以惠及企业和民众，还可以带来更加充分的市场竞争，进而为民众带来更多、更优、更为均衡的产品和服务。与此同时，从更深层次看，中国改革开放 40 多年来的成功经验和制度集成，将会在制度建设上提供更为丰硕的成果和更深刻的影响。具体来看，一是金融市场将更加多元化、更具包容性；二是制造业的发展质量和创新水平将得到更多的提升；三是本土创新驱动型企业将迅速崛起；四是营商环境将进一步优化。此外，改革开放带来的商品流动、商品的制造（中国制造）、资源的变现、互联网的变革（电子商务、通信工具）、资产证券化、超级城市化（城市的虹吸效应）等极大地促进了经济和社会生活的进步，也为开放型经济发展与自由贸易试验区建设提质提供了可能。

（四）各项具体政策措施落实到位

在国家层面，海关总署紧紧围绕河南自由贸易试验区"两体系、一枢纽"的功能定位，鼓励河南在航空经济发展、国际物流中心建设、铁路口岸建设、优势产业集聚发展以及大宗商品国际贸易发展等方面先行先试。海关总署为河南自由贸易试验区"量身定制"六条措施，即支持航空经济发展；支持郑州铁路口岸建设；推动内陆国际物流中心建设；支持国际邮快件物流发展；支持优势产业集聚发展；支持拓展大宗商品国际贸易。此外，国家提出支持河南自由贸易试验区实施保税监管改革，促进加工贸易创新发展；支持河南自由贸易试验区新型贸易发展，促进稳增长调结构；支持河南自由贸易试验区培育法治化营商环境，维护贸易秩序公平公正等。在河南省级层面，为贯彻落实《中国（河南）自由贸易试验区管理试行办法》，支持河南自由贸易试验区的建设，河南省发展和改革委员会制定了六大方面、16 项具体政策措施，河南省人民政府出台了《中国（河南）自由贸易试验区建设实施方案》，进一步细化自由贸易试验区建设的政策保障。例如，支持自由贸易试验区加快投融资体制改革，最大限度地减少投资项目审批事项，向自由贸易试验区下放投资项目审批权限，推动在项目准入阶段探索建立"多评合一、统一评审"的新模式；不再审批项目建设的相关事项，建立"轻审批、重监管"的新型投资管理模式；支持在自由贸易试验区发起设立跨境电商、交通物流、文化创意、高端装备制造等领域的产业投资基金；支持自由贸易试验区企业发行城市地下综合管廊、城市停车场、"双创"孵化、养老产业、战略性新兴产业等专项债券。支持推进口岸建设和贸易便利化，争取在有条件的地方规划布局海关特殊监管区域和具有口岸功能的查验场所，增强口岸服务保障河南自由贸易试验区"两体系、一枢纽"建设的能力；完善国际贸易"单一窗口"功能，为自由贸易试验区企业提供高效便捷的通关服务。支持自由贸易试验区企业跨境投融资创新，允许自由贸易试验区内符合条件的企业、金融机构按照有关规定拓宽境外资金回流渠道；在国家核定河南省企业发行外债年度总体额度内，自由贸易试验区内每年境外发债需求稳定且额度较大的企业，可直接向河南省发展改革委申请办理备案登记；鼓励自由贸易试验区制定出台招商引资优惠政策，建设国际化资源配置中心。

第二章　高水平建设河南自由贸易试验区的战略意义

　　建设中国自由贸易试验区的重要作用之一就是"用更大的开放倒逼更深层次的改革"，其核心就在于通过打造高水平开放先行示范区、试验田，进而实现体制机制的创新发展，形成对全域经济社会发展的引领与带动作用。河南自由贸易试验区被国家定位为"服务于'一带一路'建设的现代综合交通枢纽""全面改革开放试验田和内陆开放型经济示范区"，要与"一带一路"倡议、河南地方发展特色相结合，深入、系统地推进专项领域改革，推动河南自由贸易试验区进入高质量发展新阶段，进而助推新发展格局的构建。

一、河南自由贸易试验区的总体定位及目标

　　2017 年 3 月，国务院发布《国务院关于印发中国（河南）自由贸易试验区总体方案的通知》（国发〔2017〕17 号），标志着河南自由贸易试验区正式获国务院批复成立。河南自由贸易试验区的战略定位是以制度创新为核心，以可复制、可推广为基本要求，加快建设贯通南北、连接东西的现代立体交通体系和现代物流体系，将自由贸易试验区建设成为服务于"一带一路"建设的现代综合交通枢纽、全面改革开放试验田和内陆开放型经济示范区。

　　河南自由贸易试验区的发展目标是，经过 3~5 年改革探索，形成与国际投资贸易规则相衔接的制度创新体系，营造国际化、法治化、便利化的营商环境，努力将自由贸易试验区建设成为交通物流通达、高端产业集聚、投资贸易便利、监管高效便捷、辐射带动明显的高水平自由贸易园区，引领内陆经济转型发展，推动构建全方位对外开放新格局。

河南自由贸易试验区的主要任务有五大项，分别是加快政府职能转变、扩大投资领域开放、推动贸易转型升级、深化金融领域开放创新、增强服务"一带一路"建设的交通物流枢纽功能。分述如下：

一是加快政府职能转变。在深化全省行政管理体制改革的前提下，努力提高行政服务效能和效率，完善并实施行政部门权力清单和责任清单，努力营造法治化、国际化、便利化营商环境。

二是扩大投资领域开放。着力构建与负面清单管理方式相适应的事中事后监管制度。进一步减少或取消外商投资准入限制，提高开放度和透明度。构建对外投资合作服务平台，改革境外投资管理方式，支持企业境外投资。

三是推动贸易转型升级。营造规范高效的贸易便利化环境，完善外贸发展载体，创新通关监管机制，提高通关通检效率，切实严密防范质量安全风险。

四是深化金融领域开放创新。推动跨境投融资创新，建立健全金融风险防控体系。结合跨境电子商务、多式联运发展需要，借鉴现有自由贸易试验区经验，重点在引进境外金融机构、扩大跨境投融资等方面推动改革创新。

五是增强服务"一带一路"建设的交通物流枢纽功能。围绕完善交通物流体系、促进多式联运发展和服务"一带一路"建设等关键环节，建设并完善与国内相通的陆空集疏网络，开展多式联运先行示范，扩大航空服务开放，推进内陆口岸经济创新发展，创新国际医疗旅游产业融合发展。建立健全与共建"一带一路"国家的合作机制，培育合作交流新优势。

二、不同维度下设立自由贸易试验区的战略意义

（一）自由贸易试验区是促进观念更新、思想解放的推进器

从历史上看，1978 年，一篇署名文章打破"两个凡是"神话，引发了一场关于真理标准问题的讨论，由此揭开了观念更新、思想解放的序幕，为随即展开的改革开放奠定了坚定的思想基础。改革开放以来，中国经济发展每一个成绩的取得，都是勇于解放思想、敢于改革突破的结果。从背景上看，设立自由贸易试验区是党中央、国务院在新形势下全面深化改革和扩大开放的一项战略举措。在改革开放 40 多年的高速经济增长之后，中国经济增长进入新常态，资源消耗型

经济增长模式难以为继，世界经济发展也出现了新局面，为适应变化的经济环境，通过推进自由贸易试验区建设实现与新的国际经济环境与规则对接，从而倒逼现行机制体制改革创新，为深化改革和全面开放提供可复制、可推广的经验，是自由贸易试验区设立的初衷。因此，自由贸易试验区建设的过程，本身就是观念更新、思想解放的过程。河南自由贸易试验区自挂牌以来，把思想和行动统一到中央的决策部署上，取得了一系列成果，深入推进政务、监管、金融、法律、多式联运五大服务体系建设，大力提升投资贸易便利化水平，努力营造法治化、国际化、便利化营商环境，改革开放试验田效应逐步显现。截至 2023 年 6 月底，河南自由贸易试验区累计新设立企业 13.1 万家，是挂牌前的 4.8 倍；注册资本 1.7 万亿元，是挂牌前的 6.2 倍。之所以能取得如此成较，与河南自由贸易试验区解放思想、转变工作作风、大力推进制度创新、改善营商环境是分不开的。

（二）自由贸易试验区是理顺政府与市场关系的先导区

自由贸易试验区是转变政府职能、理顺政府与市场关系的先导区。设立自由贸易试验区，是中国经济发展进入新常态和应对全球经济体系新一轮调整所作出的重大战略部署，也是对中国行政管理体制创新进行的探索。中国自由贸易试验区建设，与世界其他自由贸易区的关键不同就在于，中国自由贸易试验区建设是由政府主导的，因此，如何促进政府职能转变决定了自由贸易试验区的发展进程与前景。党的十八大报告强调，"经济体制改革的核心问题是处理好政府和市场的关系，必须更加尊重市场规律，更好地发挥政府的作用"，应转变政府职能和管理模式，理顺政府与市场的关系，通过行政体制改革，增强市场活力，促进对外开放，实现投资贸易便利化改革和事中事后监管制度的完善。自由贸易试验区是"要改革"而非"要政策"，自由贸易试验区的设立不是提供特殊政策，而是通过政府自身的制度创新实现改革高地。为此，必须转变政府职能，即推动政府职能由"管理型"向"服务型"的转变，围绕"一线管住，二线放开"，进行有益的管理制度创新，外资转入由审批制改为备案制，尝试放宽市场准入前监管，转为事中事后监督。

（三）自由贸易试验区是推动制度创新的动力源

自由贸易试验区的制度创新，是在机制体制创新的基础上进行的。如果没有机制体制创新，自由贸易试验区的制度创新就成了无源之水、无本之木。中国自由贸易试验区发展的历史表明，自由贸易试验区制度创新的成果，很快能在周边地区乃至全国推广复制，使自由贸易试验区周边地区共享自由贸易试验区创新红利。而这只是浅层次和表面上的制度溢出效应。随着经济全球化的深入推进，各国（地区）之间的相互依存关系逐渐增强。自由贸易试验区的设立，其"境内关外"的特性，决定了设立自由贸易试验区虽是一种国家行为，但其影响已经超出自由贸易试验区的范围，向自由贸易试验区所在地及全国溢出，甚至超出一国边界，向他国溢出。因此，自由贸易试验区内部的制度集成具有国内公共物品和国际公共物品的双重属性。而自由贸易试验区制度全球公共物品的特征，有助于从宏观战略角度把握自由贸易试验区制度建设，进而充分发挥自由贸易试验区的外溢效应，释放制度红利。河南自由贸易试验区多项制度创新成果向全省乃至全国推广，特别是河南自由贸易试验区郑州片区积极对接航空港，将制度创新的红利辐射全省及中部地区、全国，乃至跨出国门，这些都是制度创新溢出效应的具体表现。

（四）自由贸易试验区是建设自由贸易港的先遣区

自 2013 年上海自由贸易试验区成立以来，特别是党的十九大报告提出"赋予自由贸易试验区更大改革自主权，探索建设自由贸易港"，党的二十大报告提出"加快建设海南自由贸易港，实施自由贸易试验区提升战略，扩大面向全球的高标准自由贸易区网络"以来，中国自由贸易试验区经过 10 年多的探索与实践，经过 6 次扩容，数量已经达到 22 个。这 22 个自由贸易试验区不仅发挥着全面深化改革和扩大开放试验田的作用，而且也是未来中国建设自由贸易港的先头冲锋队。建设海南自由贸易港，是我国主动顺应全球化经济治理新格局、对接国际贸易投资新规则、推动形成新时代全方位对外开放新格局的重要途径，更是转变外贸发展方式、推动货物贸易和服务贸易协调发展、加快建设贸易强国的战略举措，必将对今后开放型经济创新发展产生深远影响。目前，各地均将实施自由贸易试验区提升战略、打造自由贸易试验区升级版作为推动形成全面开放新格局的重要举措。河南自由贸易试验区在区位上处于中国内陆交通大枢纽的地位，交通枢纽优势得天独厚，无可争议，是中国中部地区的重要节点区域。同时，河南自由贸易试验区郑州片区的功能定位为：国际现代化综合交通枢纽、"一带一路"国际物流中心、国家重要先进制造业基地、内陆现代金融中心、中西部对外开放窗口，高水平建设河南自由贸易试验区，是将来河南打造空中自由贸易港的基础和先导。

三、高水平建设河南自由贸易试验区的战略意义

在中国进一步全面深化改革、加快开放的背景下，作为内陆地区，河南对外开放与自由贸易试验区建设取得长足发展，但在新形势下，河南开放发展质量与发展水平仍需要进一步提升。高水平建设河南自由贸易试验区，打造更高层次的开放合作平台，是以开放促改革，抢占新一轮高水平开放制高点、增强河南外贸实力和综合竞争力的需要，不仅有助于推动河南外向型经济发展，更有助于为中西部地区全方位扩大开放探索新途径、积累新经验。

（一）践行和探索国际规则的需要

当今世界正处于百年未有之大变局，在这个大变局中，最大变量是中美两个大国竞争与博弈所引发的世界格局变化。加快建设高水平自由贸易试验区，成为新时期应对中美贸易战，用高水平开放战胜封闭主义、保护主义和单边主义的新战场，自由贸易试验区的扩充与改革升级有望成为中美贸易格局变化对冲方案。此外，新时期，自由贸易试验区肩负着建立提供优质制度供给和创立更高标准的国际规则的重要使命。自由贸易试验区谈判的规则标准水平不断提高，主要表现为两个方面：一是自由化水平提高；二是新规则和新议题不断提出。这里面就有一个守正和创新的要求，守正即遵守已经成熟的、适应经济发展大潮和新一轮科技革命的国际规则，创新即没有规则的空白领域和不适应经济全球化大势的规则，必须进行创造、创新和进一步完善。例如，"一带一路"倡议的基本原则是共商、共建、共享，以"五通"为核心，致力于打造信息流、资金流、知识流、人才流、物流、商流全方位互联互通。假如在"一带一路"倡议的实施过程中，没有对国际大流通"理论—规则—标准"的设计与实践，就无法使这一国际经济合作真正成为全球公共产品。再如，一直以来，各专家学者都力图弄通现代流通理论与体系，探寻如何建立现代流通理论体系，如何确立国内流通规则。国内很多流通规则应该与国际联通或者对接，现代商业是全国性的，是跨行业、跨部门的，只是从一个部门的行政管辖范围来研究流通问题，很难取得真正的突破。所以，高标准的规则一定要适应国家新的战略安排和需要，但要探索和制定高标准的规则，很多东西没有现成案例可参考，必须创造。另外，中国在全球资源配

置能力方面的提升，不断提示我们还应成为全球策源能力最强的国家。所谓策源能力就是战略谋划能力，自由贸易试验区是制度创新的高地，提供了大量的优质资源和制度供给，尤其是通过对资源的优化整合，实现要素的高速集聚与疏散，进而加快对接国际高标准经贸投资规则。未来，自由贸易试验区建设不仅要解决与高标准规则对接的问题，还要面对更为激烈的竞争与博弈，自由贸易试验区将成为践行和探索国际标准和规则的先行者。

（二）在开放上主动大有作为的前提

现阶段，中国已经设立了 22 个自由贸易试验区，有一半以上的省辖市逐步构建起了对外开放的新高地。从 2013 年的上海自由贸易试验区挂牌成立起，自由贸易试验区的使命就是对接更高水平国际标准，经验可复制、可推广。河南自由贸易试验区作为第三批自由贸易试验区试点，要有历史使命和担当，要在大胆试、大胆闯、自主改方面有更大的作为，把自由贸易试验区建设成知识人才高地、制造业高地、制度创新高地和优质资源配置高地。高水平建设自由贸易试验区是自由贸易试验区实施大胆试、大胆闯、自主改，尤其是进行首创性改革的必要前提，是各项政策措施得以落地的基础。目前，中国自由贸易试验区的各项建设已经取得阶段性成果，为进一步发展积累了宝贵经验，为下一阶段高水平建设自由贸易试验区奠定了坚实基础。与此同时，从世界范围来看，全球自由贸易试验区正在经历一个从快速发展到不断壮大再到逐步扩散的重要发展阶段。未来，自由贸易试验区的发展更应该深刻把握自由贸易试验区发展的特点和趋势，尤其是内陆自由贸易试验区建设，更要敢于主动作为、大胆尝试，真正使自由贸易试验区建设成为新一轮对外开放的重要支撑和抓手，为加快推进区域经济一体化作出贡献。此外，自由贸易试验区在未来要成为高效配置和优化资源的平台和载体，需要进行首创性的改革。中国改革开放 40 多年的一条基本经验，就是基层主动或者自主改革的做法被总结提炼成经验，转化为政策、规划或者国家战略，推动中国经济社会的发展。今后，中国自由贸易试验区建设要进一步鼓励、强化首创性改革，下放改革自主权。如果各个自由贸易试验区的做法都是文件统一规定的内容，都是一个模式，没有自主改革的权力，就难以产生首创性改革，就失去了"试"的意义，内陆自由贸易试验区建设更应该在主动开放和大胆尝试方面有更大的作为。

（三）实现从"量"到"质"跨越的关键

自由贸易试验区作为高质量发展的典范，应探索从高速发展转向高质量发展的新发展道路。目前，中国自由贸易试验区已经形成"1+3+7+1+6+3+1"的开放新"雁阵"，各个自由贸易试验区之间的竞争日趋激烈，自由贸易试验区对核心城市经济、产业转型发挥的正向效用正在不断凸显。新形势下，自由贸易试验区的发展要实现从"量变"到"质变"的跨越，必须走高水平建设、高质量发展的道路。具体而言，要充分发挥自由贸易试验区的战略叠加效应，大力发展先进制造业，加大科技成果转化力度，设立亿元科技创新母基金，支持集成电路、航空航天、生物医药、新能源汽车、人工智能和大数据等重点产业做大做强，注重新材料、人工智能等核心科技发展，占据国际产业链的高端、顶端、尖端，形成若干真正有核心竞争力的产业集群，而不是若干企业集群。对照世界级自由贸易区的建设，在物理结构上，扩容的同时注重经济密度提升与产业集群规划；在功能制度上，强调特殊功能塑造，重点包括贸易、投资、金融、监管模式、税制等方面试点突破。此外，未来自由贸易试验区将在基础设施建设、推动贸易改革、加强国际交流与金融合作等方面为"一带一路"建设提供有力支撑，自由贸易试验区在产品进出口等方面的贸易制度安排将会更加高效、自由，自由贸易试验区在利率、外汇、金融创新等方面将会有更多、更全面的自由化政策，会有更高效的物流管理等，促进这些质变的形成，实现自由贸易试验区高质量发展是关键。此外，现阶段区域经济一体化建设不断加速，在开放领域的一个重大表现就是，跨区域的大型自由贸易区谈判进展迅猛。中国自由贸易试验区的提质，将显著改变世界的经济贸易格局，更重要的是，在多边框架下，在自由贸易试验区中形成的规则体系将会产生更大影响，直接决定一个国家或地区在国际经贸规则制定中的话语权和影响力。因此，探索自由贸易试验区高质量发展之路，既是自由贸易试验区自身建设发展义不容辞的责任，也是实施高水平对外开放战略的应有之义。

第三章 高水平建设河南自由贸易试验区的现实基础

党的十八大以来，河南经济发展在经历高速增长的历程之后，逐步由量的扩张向质的提升转变，进入经济高质量发展阶段。主要表现为综合实力大幅提升，经济结构持续优化，发展动能加快转换，生态环境明显好转，人民生活不断改善。加之河南地处中国内陆地区，具有良好的区位交通条件，市场空间广阔，腹地经济支撑能力强，这都将成为高水平建设河南自由贸易试验区的比较优势和现实基础。

一、自由贸易试验区改革发展成效突出

河南自由贸易试验区的实施范围共计 119.77 平方千米，涵盖郑州片区 73.17 平方千米，开封片区 19.94 平方千米，洛阳片区 26.66 平方千米。三个片区主要产业、功能定位和发展任务各有侧重（见表 3-1）。自河南自由贸易试验区挂牌成立以来，发展势头良好，体制机制趋向健全，平台建设稳步推进，主要运营指标持续向好，创新成果不断涌现。

表 3-1　河南自由贸易试验区三大片区的产业与功能定位

片区名称	所含区域与面积	片区的功能定位	片区的主要产业发展
郑州片区	共 73.17 平方千米，包括郑州经济技术开发区、郑东新区金融集聚核心功能区、郑州航空港区块、中原国际陆港区块	在促进交通物流融合发展和投资贸易便利化方面推进体制机制创新，打造多式联运国际性物流中心，发挥服务"一带一路"建设的现代综合交通枢纽作用	制造业：智能终端、高端装备及汽车制造、生物医药；物流业：现代物流、国际商贸、跨境电商；现代服务业：现代金融服务、服务外包、创意设计、商务会展、动漫游戏等

片区名称	所含区域与面积	片区的功能定位	片区的主要产业发展
洛阳片区	共26.66平方千米，包括洛阳国家高新技术开发区、涧西区部分区域	提升装备制造业转型升级能力和国际产能合作能力，打造国际智能制造合作示范区，推进华夏历史文明传承创新区建设	高端制造业：装备制造、机器人、新材料等高端制造业；现代服务业：研发设计、电子商务、服务外包、国际文化旅游、文化创意、文化贸易、文化展示等
开封片区	共19.94平方千米，包括国家级开封经济技术开发区、开封城乡一体化示范区	提升装备制造、农副产品加工国际合作及贸易能力，构建国际文化贸易和人文旅游合作平台，打造服务贸易创新发展区和文创产业对外开放先行区，促进国际文化旅游融合发展	重点发展服务业：服务外包、医疗旅游、创意设计、文化传媒、文化金融、艺术品交易、现代物流等

资料来源：笔者整理。

（一）三大重点任务完成效果显著

河南自由贸易试验区成立以来，紧紧围绕中心建设任务，积极稳妥推进贸易便利化、投资自由化，通过管理改革等制度创新和系统集成，整合并打破部门条块分割，全面推进自由贸易试验区建设。近年来，河南自由贸易试验区逐渐构建起了与国际通行经贸规则相适应的综合服务体系，涉及多式联运服务、金融服务、监管服务、政务和法律服务五大方面，一大批集成、系统性改革成果在全省进行复制和推广，为全省全面深化改革、扩大开放，形成新的开放格局，探索了新路径，积累了新经验，创造了新模式。一是注意根据本省特点发挥河南优势，以多式联运为抓手，采取相应措施加快构建现代物流体系。例如，建立多式联运"一单制"。建立健全联合公路、铁路、水运、民航等多运输方式的多式联运方式，探索并形成相关部门的常态化沟通协调机制，解决日常工作中遇到的问题和困难；形成并进一步完善相关部门之间定期交流、学习的合作机制；结合多式联运发展的实际需要，围绕政策研究、信息共享、基础设施建设等方面开展协同性的体制创新。二是大力进行商事制度改革，提高服务效率，推进政府管理的方式和流程创新。根据河南省情，积极探索深化"多证合一""证照分离""先照后证"改革；完善行政部门权力清单和责任清单制度；探索"互联网＋政务服务"新模式并在实践中快速落地和推行；构建一套适合自由贸易试验区情况的网上办事系统，行政审批事项实现全部网上在线申报。三是努力提高投资贸易便利化水平，对标国际先进标准，积极构建与之相衔接、相适应的法治化、国际化、便利化营商环境。四是以推动贸易转型升级为契机，大力发展跨境电子商务。根据实践需求，不断推进和完善海关监管制度改革、通关一体化改革、海关税收征管方式改革、海关合作改革等"一揽子"改革，采取一系列通关便利化措施。

（二）落实五大专项改革任务

建立完善的监管服务体系，围绕跨境电子商务监管模式创新，进一步加快推进以多式联运为主导的物流监管体系建设。建立通关集约、简政便利、高效安全的通关监管服务体系，保持自由贸易试验区监管流程的快速畅通，有效提升了服务效率和工作效率。建立完善的政务服务体系，以"放管服"改革为重点，以"一次办妥"为目标，以简化审批流程为手段，大力提高行政服务效能，在加快政府职能转变的同时推进行政体制改革。建立法律服务体系，依法保障自由贸易试验区创新发展。建立有效的金融服务体系，构建包含保险与证券、资产管理与本外币兑换、信贷与服务等为一体的综合性金融服务体系，通过为市场和企业提供精准、高效、全过程的金融服务，积极探索金融服务智能制造、跨境电商等产业发展的新路径，并在自由贸易试验区内采取相关办法，建立互联共享的金融数据应用系统。同时，注意防控金融风险，建立风险防控机制和金融风险评估预警机制，保障自由贸易试验区的稳定与可持续发展。2017年12月29日，洛阳高新区法院自由贸易试验区法庭正式揭牌。同时，为进一步支持自由贸易试验区仲裁发展，郑州市中院设立专门窗口、专门合议庭、专门执行组分别负责涉仲裁类案件的立案、审查、执行，确保仲裁案件的快审快结，并建立健全与土地、公安、房管、工商等部门的沟通、配合协作机制，构建信息共享平台，实现对土地、房产、车辆等联网查控。此外，在建立多式联运服务体系方面，河南自由贸易试验区不忘建设定位和目标，积极将涉及交通、物流基础设施方面的多种运输方式进行有效衔接，促进不同交通方式之间的互联互通和快速、高效运行，并通过规范统一多式联运各要素标准，方便企业的高效运转。与此同时，河南大力促进现代交通体系建设，高标准推进现代物流体系建设，以完善的多式联运服务体系建设走在了全国的前列，并积极对接和服务"一带一路"建设，取得了很好的实践效果，充分展示了河南的特色优势。

二、区位交通优势突出

河南地处中国之"中"，是国家重要的综合交通枢纽。以河南省会郑州为例，其交通区位优势明显，早已形成公路、铁路、航空兼具的立体交通网络体系，以郑州为中心，600 千米范围内可达北京、西安、太原、济南、武汉、合肥、南京、徐州等大城市，1500 千米内可通达国内 70% 的省会城市。随着"一带一路"倡议的实施，尤其是"陆上丝绸之路"的建设推进，深刻改变了河南这个内陆省份的区位格局。"丝绸之路经济带"改变了河南"不沿边、不靠海、不临江"的区位劣势，提升了河南对外开放的能力，类似于河南的诸多内陆地区皆因丝绸之路经济带的布局成为中国对欧亚大陆开放的战略要地。

（一）陆路交通方面

从铁路方面来看，河南地处全国铁路网中心，国家铁路干线京广、陇海、京九、宁西、焦枝等在境内交会，铁路通车里程居全国第一，基本覆盖全省所有地市。尤其是河南省会郑州，作为"火车拉来的城市"，陇海、京广两大干线在此相交，沟通了东西南北十几个省的货物，郑州在普铁时代的辉煌无人能及。自 2005 年郑州局被分拆，郑州"中国铁路心脏"的地位一度弱化。这种尴尬局面因高铁而改变。随着国家《中长期铁路网规划》的实施，郑州成为普铁、高铁"双十字"枢纽，"米"字形高速铁路网的框架也由此搭建。2017 年，国务院印发《"十三五"现代综合交通运输体系发展规划》，在原规划的"四纵四横"高铁主骨架基础上，增加骨架，发展为"八纵八横"。在国家级高铁规划的带动下，中国将打造 8 小时经济圈，即除乌鲁木齐、拉萨外，从全国任何一个省会城市到另外一个省会城市，都不会超过 8 小时。"八纵八横"时代，郑州接入了京广通道、欧亚大陆桥通道、呼南通道三个干线通道。2022 年 6 月 20 日，随着济郑高铁郑州至濮阳段的开通，河南"米"字形高铁网勾画成型，郑州成为拥有"米"字形高铁的城市。河南"米"字形高铁具体布局为，"横"贯东西："一横"是徐兰高铁；"竖"连南北："一竖"是京广高铁；"撇"望中原："一撇"是郑渝高铁；"捺"指江南："一捺"是郑阜高铁；"点"通西北：两"点"是郑太高铁、济郑高铁。

2019 年 7 月，最新的旅客列车运行图启用，"知城·交通联系度指数"由此刷新，郑州凭借 50 个国内强联系城市数量，仅次于数量为 61 个和 60 个的上海和北京，位居全国第三，充分彰显了郑州的交通综合枢纽城市地位与实力。中欧班列（郑州）货运量、满载率及境内外集疏分拨范围全国领先，郑州与卢森堡"双枢纽"加快布局，覆盖欧美亚的货运航线网络初步形成，助推河南深度融入"一带一路"建设，为河南自由贸易试验区搭建大物流平台，建设丝绸之路经济带国际物流枢纽和中欧贸易走廊提供了重要支撑。目前，中欧班列（郑州）取得快速发展，各项指标都排在全国前列，已经成为河南对外开放的名片。中欧班列是"一带一路"建设的重要抓手和国际贸易运输的亮点，它打通了"一带一路"大动脉，成为欧亚地区互联互通的重要标志。从开行班列数量、运输货值等指标来看，中欧班列（郑州）综合运营评价指标保持全国前列，处于全国中欧班列发展的第一梯队。此外，中欧班列（郑州）在全国中欧班列开行城市中，往返均衡率、计划兑现率、运输安全、市场运价等重要质量安全综合指标评价均名列前茅，构筑多线路、多口岸的国际物流大通道。

从公路方面来看，全国众多的高速公路和国道在河南交会，连霍、京港澳、济广等 9 条国家级高速公路及 G105、G106、G107 等 9 条国道途经河南。截至 2022 年底，河南全省 18 个省辖市中有 17 个都已经形成了高速公路的"十字交叉"，高速公路通达全省 109 个县（市）中的 99 个，通达率高达 92%，其中 45 个县有两条高速通过。现阶段，河南省域高速公路已密织成网、通达各县城以上城镇，以郑州为中心、辐射周边、通达各地的快速交通网络日趋完善，郑云、郑少、郑民等高速公路放射效应逐步凸显。2022 年，河南全省高速公路已基本形成了以郑州为中心的 1 个半小时中原城市群经济圈，3 小时可达全省任何一个省辖市，6 小时可达周边 6 省任何一个省会城市。与此同时，郑州都市圈内部更是联通了京港澳、连霍等 8 条国家高速公路，G107、G310 等 9 条普通国道纵横交会。郑州都市圈依托高速铁路、普速铁路、高速公路、普通国省道，初步形成了以郑州为中心、与周边其他主要经济体高效衔接的"米"字形综合运输通道。此外，郑州成功创建国家公交都市示范城市，郑州至平原城乡一体化示范区公交开通运营，公交互联互通、交通智能化管理初见成效。2020 年，《河南省高速公路网规划（2021—2035 年）》正式出台，规划新增路线共 35 条，新增公路里程 3750 千米。其中，提出建设国家城市群大通道路线 10 条、1718 千米；郑州都市圈辐射路线 4 条、315 千米，分别是郑州至洛阳高速公路、郑州至焦作高速公路、郑州至新乡高速公路、长垣至修武高速公路。未来，郑州与洛阳、开封、新乡、焦作、许昌中心城区直连的高速公路通道均达到 3 条及以上。郑州都市圈内部，将会逐步形成"三环六纵六横六联"高速公路网络，公路网络密度将由 9 千米/百平方千米提升至 11 千米/百平方千米，带动作用更加显著。

（二）空中交通方面

河南郑州新郑国际机场是我国首个国家级航空港——郑州航空港经济综合实验区的核心组成部分，是国际航空货运枢纽机场、中国八大区域性枢纽机场之一、对外开放的国家一类航空口岸、"7×24 小时""全时段"通关国际机场、国内大型航空枢纽机场、国际定期航班机场。2014 年，河南航投与欧洲最大的全货运航空公司卢森堡货航开展国际资本合作，双方共同确立了"构建以郑州为亚太物流中心、以卢森堡为欧美物流中心，覆盖全球航空货运网络"的"双枢纽"战略合作模式，开通首条郑州至卢森堡全货机航线。郑州—卢森堡空中航线的开通使新郑机场迅速成为中部最大机场，越来越多的河南制造、中国品牌经由郑卢"空中丝绸之路"飞往全球、走向世界。2015 年，郑州航空港经济综合实验区正式批复，这是中国首个国家级航空港经济综合实验区，郑州也借助航空运输业的高速发展，成为中国重要的国际物流中心和跨境电商中心。此外，2015 年 5 月，卢森堡货运航空公司"郑州号"正式开通"卢森堡—郑州—芝加哥"国际货运航线，自此，一条贯通三大洲的空中通道就此形成。近年来，郑州机场的货运航线初步构建起了以郑州为亚太物流中心、以卢森堡为欧美物流中心，覆盖全球的航空货运网络。河南的"空中丝绸之路"越飞越广，郑州—卢森堡"双枢纽"合作不断深化，郑州已成为亚太区域物流中转分拨中心，郑州机场航线网络横跨欧美亚三大经济区、覆盖全球主要经济体。现在，郑州—卢森堡"空中丝绸之路"已经成为中欧互联互通的空中桥梁，并获评国家"一带一路"建设样板项目、中国服贸会"全球服务实践案例"。2020 年 6 月 9 日，郑州—首尔航线开通，有力补充了"国内+国际"中近程的网络布局，实现了南北纵向覆盖，也成为卢森堡货运远程航线网络的有力补充。2021 年 1 月初，郑州航空枢纽建设进一步加快，郑州机场航线的网络通达性进一步增强。2021 年 4 月，郑州机场布达佩斯海外货站正式揭牌，这是国内机场建立的首个海外航空货站。

具体而言，根据 2013～2023 年《民航行业发展统计公报》显示，从客运量来看，郑州新郑机场年客运吞吐量从 2013 年的 1314 万人次增加到 2019 年的 2913 万人次。2020～2022 年，受新冠疫情因素影响，叠加中部地区机场竞争日趋激烈，郑州新郑机场的客运吞吐量有所下滑，2022 年仅有 923 万人次，低于 2013 年的水平。2023 年，郑州新郑机场客运量达到 2535.75 万人次，同比增长

175%（见图 3-1）。2021 年，郑州新郑机场全年出入境货运航班首次突破 1 万架次，货运吞吐量和国际货邮吞吐量分别达到 70.5 万吨和 54.5 万吨，同比分别增长 10.22%和 20.79%，位居全国第 6 位和第 5 位。2022 年，虽然受新冠疫情影响，但郑州新郑机场全年仍然完成货邮吞吐量 62.5 万吨（见图 3-2）。2022 年，郑州新郑机场国际地区货运量占比 77%以上，全货机航线网络联通 28 个国家和地区，货物集疏范围覆盖 90 余座大中城市。2023 年，郑州新郑机场货运吞吐量

（万人次）

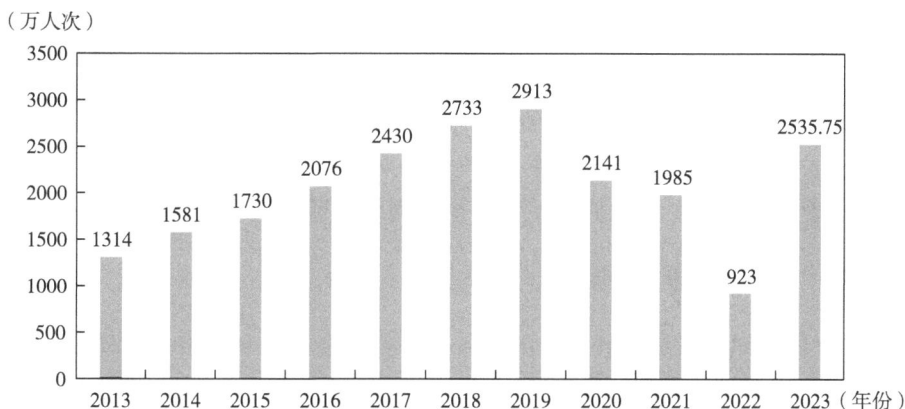

图 3-1　2013~2023 年郑州新郑机场客运吞吐量

资料来源：2013~2023 年《民航行业发展统计公报》。

（万吨）

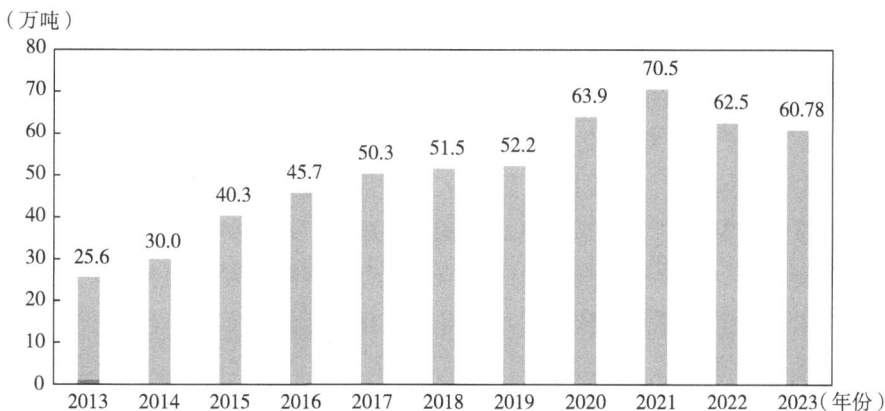

图 3-2　2013~2023 年郑州新郑机场货运吞吐量

资料来源：2013~2023 年《民航行业发展统计公报》。

达到 60.78 万吨，较 2022 年下降了 2.7%，位列全国第 6 名。截至 2024 年，郑州机场客货运规模稳居中部地区"双第一"，货邮吞吐量跻身全球机场 40 强，国际货运量稳居全国第 4 位，仅次于北京、上海、广州；郑州新郑机场进口水果和海鲜水产品占全国航空运输量的 60% 以上。

现阶段，郑州新郑机场基本形成覆盖中国内陆主要城市与欧洲、美洲、亚洲和大洋洲的航线网络，并且呈现出国际货邮量大于国内货邮量、全货机货邮量大于客机腹仓、进出境货邮量基本平衡的发展态势。作为一类航空口岸的郑州航空港地处内陆腹地，空域条件较好，便于接入主要航路航线，一个半小时航程可覆盖全国 2/3 的主要城市和 3/5 的人口。近年来，郑州新郑机场紧紧围绕"空中丝绸之路"和货运枢纽建设目标，抢抓机遇，主动作为，使郑州新郑机场客货运规模不断扩大，航线网络日益密集并不断完善优化，郑州新郑机场现已成为全国第二个可实现"机公铁"零换乘的机场，航线网络可覆盖全球主要的经济体。

（三）"E"港建设优势明显

"E 贸易"即跨境贸易电子商务服务。随着社会结构和消费观念的改变以及全球化进程的加快，加之大数据产业、数字经济和电子商务的全球性快速发展，国际贸易由以往的传统交易形式向虚拟交易、实时交易等新贸易形式转变，既能快速整合信息资源，又能提高交易和流通的便捷性和高效性，还能降低交易和流通成本的"E 贸易"应运而生。2012 年 8 月 11 日，河南保税集团承建郑州市跨境贸易电子商务服务试点项目。同年 9 月 12 日，国家从 30 个电子商务示范城市中选择上海、杭州、郑州、宁波、重庆 5 个城市作为跨境电子商务服务试点城市，同时，郑州还成为全国唯一一个综合性"E 贸易"试点城市。河南保税物流中心在全国首创了"电子商务＋保税中心＋行邮监管"的通关监管模式，即"1210 模式"（全称为"保税跨境贸易电子商务"，以下简称"保税电商"）在全国其他试点复制推广。正是该模式的创立让郑州"E 贸易"从零起步，打造出了一个集交易链、物流链、金融供应链等多业态集聚融合发展的新兴产业，使不沿海、不沿边的河南郑州，依靠"E 贸易"实现了弯道超车，郑州现已成为全国跨境电商的产业高地。

（四）综合交通评价

总体上看，河南具有得天独厚的区位交通优势，且这种传统优势随着"米"字形高铁、中欧班列、郑州航空港的快速发展不断强化，甚至在全国范围内都无可比拟，由此带动河南经济近年来快速增长，成为中部地区名副其实的对外开放新高地。这一事实也得到了最新研究数据和资料的验证。据"郑州发布"微信公众号发布数据显示，郑州强联系城市数量在全国排名第三，仅次于上海和北京。城市对之间的交通联系度为其公路联系度、铁路联系度和航空联系度之和，我们定义联系度大于所有城市对交通联系度平均数与2.5个标准差之和的城市对为"强联系城市对"，再通过汇总得到每个城市的强联系城市数量。具体公式如下：交通联系度=公路联系度（公路距离）+铁路联系度（高铁/普铁车次数×0.5+高铁/普铁平均历时×0.3+高铁/普铁城市间站点线路连接数×0.2）+航空联系度（日平均往来航班量×0.7+平均飞行时长×0.3）。因此，强联系城市数量越多也就意味着有更多的城市与郑州建立了高频、高效的交通联系，郑州能够与更多的城市建立起紧密的联系，从资源配置的角度来看，缘于其更加包容和开放，与外部的人才、资本、生产要素的流通也更加顺畅。这与河南自由贸易试验区的建设初衷高度一致，也将成为促进河南自由贸易试验区发展的重要基础优势。新发展阶段，河南已经步入"航空+高铁"的"双枢纽"时代，航空与地铁、高铁、城铁、公路等多种运输方式实现无缝对接，联通境内外、辐射东中西的国际立体综合交通枢纽体系雏形初现，这种综合交通优势已经培育出新的通道优势。

三、经济基础实力雄厚

党的十八大以来，河南省委、省政府紧紧围绕"中原更加出彩"的目标要求，结合河南发展的阶段性特征，全面贯彻党的十八大、十九大、二十大和习近平总书记调研指导河南工作时的重要讲话精神，提出了切合河南实际的发展思路。回顾自党的十八大以来河南省委、省政府的顶层设计，可以清晰地看出从政府到地方，上下一体、同心协力以经济建设为中心，共同开创中原出彩局面，争做出彩河南人的绚丽篇章。近年来，河南发展获得多项国家战略加持，战略叠加优势不仅凸显了国家对于河南的重视，也凸显了河南在支撑中部崛起中的使命和担当。在40多年波澜壮阔的改革开放大潮中，河南由内陆腹地变为开放前沿，一改过去封闭、落后的思想和做法，开放的大门越开越大，开放的思想武装全党，由此取得了一系列卓越成就，这些成就也为进一步开放奠定了坚实的经济基础。

（一）地区生产总值/经济总量

改革开放 40 多年来，河南经济大踏步前进，综合影响力显著提升，实现了历史性跨越。40 多年来，从"温饱不足"到总体小康，河南坚持以经济建设为中心，经济总量不断迈上新台阶。改革开放初期，河南全省 GDP 总量仅为 162.92 亿元，2005 年突破 1 万亿元，2010 年突破 2 万亿元，2013 年突破 3 万亿元，2016 年突破 4 万亿元，2019 年突破 5 万亿元，2022 年突破 6 万亿元大关。如图 3-3 所示，2012~2022 年河南全省 GDP 总量呈现稳中提升态势，2022 年，河南 GDP 总量为 61345.05 亿元，2002~2022 年稳居全国第五位、中西部地区首位，河南的发展势能蓄积壮大，经济综合竞争力大幅度提升。2023 年，河南 GDP 总量出现下滑，当年河南全省 GDP 总量为 59132.39 亿元，GDP 名义增速下滑，GDP 总量位居全国第六位。

（亿元）

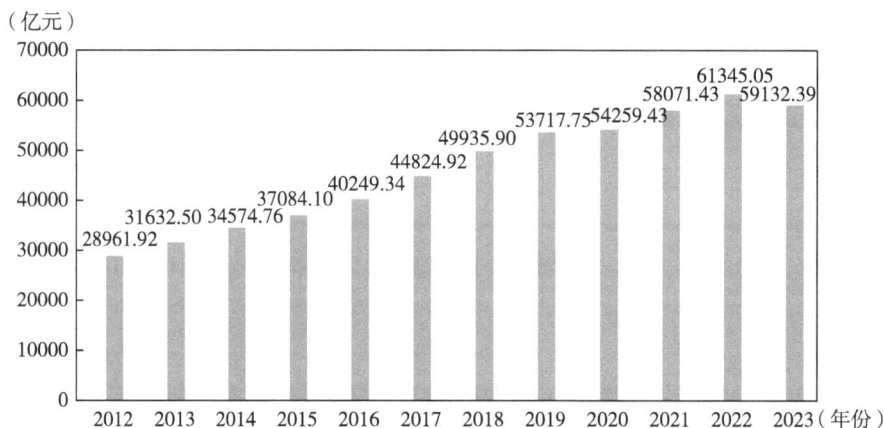

图 3-3 2012~2023 年河南 GDP 总量

资料来源：历年《中国统计年鉴》《河南统计年鉴》。

秉持数据来源的统一性和可获得性，根据《河南统计年鉴 2023》，2022 年，分产业看，河南第一、第二、第三产业的增加值分别为 5817.78 亿元、25465.04 亿元、30062.23 亿元，三次产业结构为 9.5：41.5：49.0；人均 GDP 由 1978 年的 232 元增加到 2022 年的 62106 元，增长近了 267 倍。此外，河南财政实力显著增强，2022 年河南一般公共预算收入 4250.35 亿元，是 1978 年的 126 倍。区域结构优化重塑，依托综合交通运输通道，河南积极构建"一极三圈八轴带"发展格局,打造优势互补、密切协作的区域协同发展新格局需求结构持续改善。2022 年,河南全省社会消费品零售总额达 24407.41 亿元,消费对河南经济的贡献力已接近一半,内需扩大成为拉动经济增长的关键引擎,河南人口大省优势正在逐步升级成为重要的市场空间优势。此外,河南城镇化稳步推进,在农村经济体制改革、户籍制度改革等一系列政策推动下,2017 年河南的常住人口城镇化率首次突破 50%,达到 50.56%;2022 年,河南城镇化率继续攀升,达到 57.07%,与全国平均水平的差距进一步缩小。

如图 3-4 所示,从全国范围看,2012~2019 年河南 GDP 增速一直高于全国水平,2020 年后河南 GDP 增速低于全国 GDP 平均增速,如何实现经济的快速高质量发展是河南经济社会发展需要解决的突出问题。从表 3-2 可以看出,2023 年,河南 GDP 增速为 4.1%,低于全国平均 1.1 个百分点,是全国 GDP 排名前十位的省份中唯一名义 GDP 增量负增长的省份,且被之前 GDP 排名在后的四川反超,跌落前五位的排名。

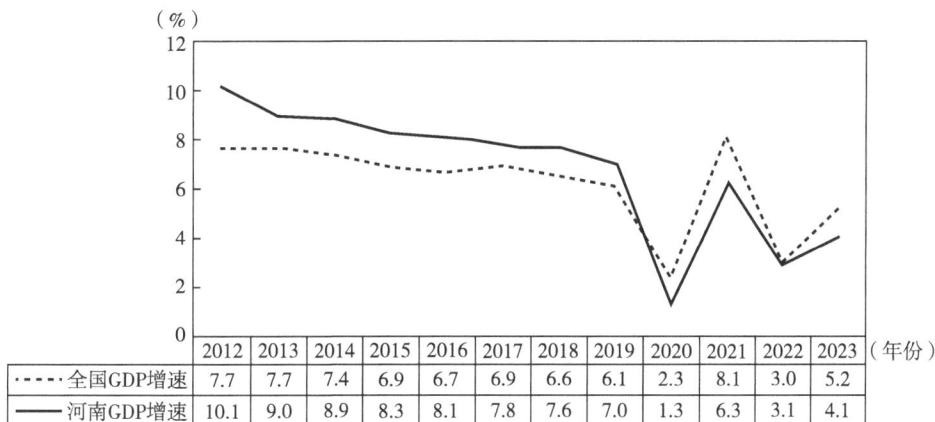

（%）	2012	2013	2014	2015	2016	2017	2018	2019	2020	2021	2022	2023
全国GDP增速	7.7	7.7	7.4	6.9	6.7	6.9	6.6	6.1	2.3	8.1	3.0	5.2
河南GDP增速	10.1	9.0	8.9	8.3	8.1	7.8	7.6	7.0	1.3	6.3	3.1	4.1

图 3-4　2012~2023 年河南 GDP 增速与全国 GDP 增速对比

资料来源:全国及河南省各年度国民经济和社会发展统计公报。

表 3-2　2022~2023 年全国 GDP 排名前十位的省份情况

排名	省份	2023 年 GDP 总量（亿元）	2022 年 GDP 总量（亿元）	名义增量（亿元）	名义增速（%）	实际增速（%）
1	广东	135673.2	129118.6	6554.6	5.1	4.8
2	江苏	128222.2	122875.6	5346.6	4.4	5.8
3	山东	92068.7	87435.1	4633.6	5.3	6.0

续表

排名	省份	2023年GDP 总量（亿元）	2022年GDP 总量（亿元）	名义增量 （亿元）	名义增速 （%）	实际增速 （%）
4	浙江	82553.2	77715.4	4837.8	6.2	6.0
5	四川	60132.9	56749.8	3383.1	6.0	6.0
6	河南	59132.4	61345.1	-2212.7	-3.6	4.1
7	湖北	55803.6	53734.9	2068.7	3.8	6.0
8	福建	54355.1	53109.9	1245.2	2.3	4.5
9	湖南	50012.9	48670.4	1342.5	2.8	4.6
10	上海	47218.7	44652.8	2565.9	5.7	5.0

资料来源：各省份统计局。

（二）外贸进出口总额

改革开放以来，河南对外贸易进出口无论是从规模还是增长速度上都呈现出明显的阶段性特征。如图3-5所示，根据郑州海关发布的统计数据显示，2010~2021年河南进出口贸易实现快速增长，2022年后进入平稳增长阶段。2023年，河南外贸进出口总额为8107.9亿元，进出口总值在全国居第9位，连续12年位居中部地区第1位。其中，外贸出口额为5280亿元，比2022年同期增长2.4%；进口贸易额为2827.9亿元，贸易顺差2452.1亿元，扩大30%。

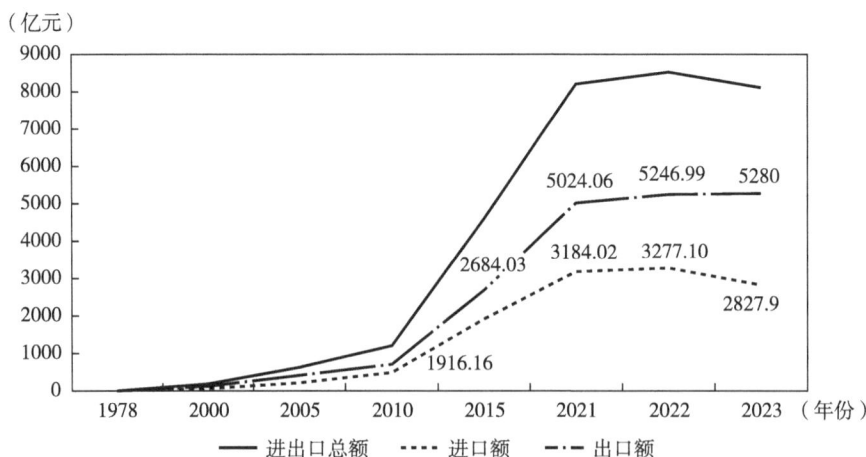

（亿元）

图3-5　1978~2023年河南省外贸进出口情况

资料来源：《河南统计年鉴2023》及郑州海关。

从 1978 年改革开放以来，河南外贸发展大致可以分为四个阶段：

第一阶段：1978~2000 年，河南外贸整体处于平稳较快发展阶段。1978~ 1990 年，河南在开放型经济发展方面尝试了以下放外贸经营权为主的管理模式，进行了外贸计划体制改革，1990 年河南外贸局面更是由亏转盈，全省外贸出口总额首次突破 10 亿美元。1991~2000 年，河南外贸发展逐渐进入平稳增长期。1991 年，河南省政府第一次召开对外贸易会议，该会议的举办对推动河南外贸形势发展意义重大。1995 年，河南外贸进出口总额突破 20 亿美元大关。

第二阶段：2001~2009 年，河南对外贸易进入高速发展阶段。中国加入世界贸易组织后，我国对外开放环境进一步优化，2003 年 8 月，河南把"开放带动"作为推动全省经济发展的主战略，河南外贸发展驶入快车道，进出口总额始终保持两位数高速增长。2006 年 5 月，河南省商务厅率先在全国提出并开始实施全民外贸战略，企业进出口注册登记条件在此以后得以进一步放宽。2007 年，河南进出口总额突破 100 亿美元大关，达到 128.05 亿美元。因受全球经济危机影响，2009 年河南省进出口总额出现大幅下降。

第三阶段：2010~2021 年，河南对外贸易进入跨越式发展阶段。2010 年 5 月，富士康正式落户河南，仅仅一年之内，河南省对外贸易从 2010 年的 177.9 亿美元增长至 2011 年的 326 亿美元，增速高达 83%。从图 3-5 也可明显看出，河南外贸进出口额从 2010 年之后持续上升。2013 年，伴随着郑州航空港经济综合实验区的获批，以及国家打造内陆开放型经济新高地战略的实施，河南迎来对外开放的历史最好时期。

第四阶段：2022 年至今，河南对外贸易进入高质量发展阶段。2022 年，党的二十大报告提出高质量发展是全面建设社会主义现代化国家的首要任务，并提出"推进高水平开放""深入实施自由贸易试验区提升战略"。随后，在每年的政府工作报告和各类会议中，扩大高水平开放、稳步扩大制度型开放都被摆在了重要位置。河南自由贸易试验区建设更是围绕国家高水平开放和深入实施自由贸易试验区战略等要求，进入高质量发展的新阶段。

四、现代产业体系完善

现阶段，河南产业结构不断优化，全省三次产业结构由 1978 年的 39.8：

42.6∶17.6 调整为 2023 年的 9.1∶37.5∶53.4，全省经济结构逐渐由第一、第二产业主导向服务业主导转变。这种更加合理、更"轻"型的产业结构将更加契合高水平建设河南自由贸易试验区的需要，更有利于河南自由贸易试验区建设目标的实现。

（一）农业大省转向农业强省

2011 年以来，河南围绕农业提质增效、农民持续增收的目标，创新发展思路，自我加压奋进，现代农业发展更上一层楼。2015 年 12 月 27 日，中国共产党河南省第九届委员会第十一次全体会议审议通过《中共河南省委关于制定河南省国民经济和社会发展第十三个五年规划的建议》，强调加快转变农业发展方式，建设现代农业大省。2017 年，河南省委一号文件《关于深入推进农业供给侧结构性改革加快培育农业农村发展新动能的实施意见》强调，奋力建设现代农业强省。目前，河南正在大力实施乡村振兴战略，开启了农业农村现代化的新征程。多年来，作为国家粮食主产区，河南用全国 6% 的耕地生产了全国 10% 的粮食，特别是河南小麦产量占全国的 1/4，一直是全国最大的优质小麦生产基地，还每年调出 600 亿斤左右的商品原粮及粮食制成品，为保障国家粮食安全作出了巨大贡献。同时，河南优势经济作物产量持续提升，畜牧业、水产业稳步发展，畜牧业总产值跃居全国首位。此外，一大批独具河南地方特色的农产品实现了精深加工，逐渐成长为全省工业的重要支撑力量，形成了以小麦、大豆、油料、玉米、肉类、奶业为主体的六大产业链条。河南农产品出口基地发展呈现区域化、集群化、标准化，形成了以郑州为中心的速冻食品及面制品加工出口基地，以漯河、许昌为重点的肉类出口基地，以南阳、三门峡为重点的食用菌出口基地。河南农业"走出去"步伐加快，重点农业合作项目有序推进，陆续在中亚、东南亚、欧洲、大洋洲等地建立了农业种植、养殖及深加工企业，这在全国已经获批的自由贸易试验区中成为河南独有的特色优势，也将为河南自由贸易试验区未来农业现代化产业的发展奠定良好基础。

（二）先进制造业强省强势崛起

河南制造业发展以高质量发展为根本方向，以供给侧结构性改革为主线，以突出抓好智能制造作为推进制造业高质量发展的关键举措，工业经济平稳运行，产业结构持续优化，先进制造业强省正强势崛起。近年来，河南逐渐打破原来以传统制造业为主的低端工业生产结构，中高端制造业获得飞速发展。此外，河南工业企业品牌影响力及数量显著提高。特别是智能终端、中铁盾构、宇通客车、中信重工机器人、许继电气、森源重工等一批高端制造业在全球崭露头角，为制造业高质量发展奠定了良好的基础。河南的中铁盾构研发水平与其产品在全球市场占比均居全球第二，仅次于德国海瑞克公司。宇通客车不仅大型客车在国内市场份额占据第一位，出口量一直稳居全国第一，而且已经在国外设置生产基地进行生产，实现了跨国生产。许继电气研发与生产的超高压电器创造了多方面的全球第一，这些高端制造业的跨越发展标志着河南先进制造业初步跨入全球化开放发展新阶段。与此同时，如表3-3所示，根据《2023年河南省国民经济和社会发展统计公报》相关数据显示，2023年河南工业投资较上年增长8.9%，占固定资产投资的比重达到32.5%，其中五大主导产业投资较上年增长14.1%，占固定资产投资的比重达到13.9%；传统支柱产业投资较上年增长10.2%，占固定资产投资的比重达到13.5%；高技术制造业投资较上年增长22.6%，占固定资产投资的比重达到5.0%；技术改造投资较上年增长17.4%，占固定资产投资的比重为8.0%。

表3-3　2023年河南全省工业投资情况　　　　单位:%

指标	比上年增长	占固定资产投资的比重
工业投资	8.9	32.5
其中，五大主导产业	14.1	13.9
其中，传统支柱产业	10.2	13.5
其中，高技术制造业	22.6	5.0
其中，技术改造	17.4	8.0

资料来源:《2023年河南省国民经济和社会发展统计公报》。

此外，推动河南自由贸易试验区高质量发展的优势之一就是航空偏好型产业的大力发展。郑州航空港产业集聚区是河南省规划建设的180个产业集聚区之一。如表3-4所示，2017年至今，郑州航空港区规划先行、内外畅通、筑巢引凤、商事制度改革、口岸经济、金融创新等方面。郑州航空港重点聚焦"4+3+3"产业体系，即4大先进制造业（电子信息、新能源汽车、航空航天、生物医药），3大战略性新兴产业（新一代信息技术、新能源、新材料），3大现代服务业（现代物流、会展商贸、创意时尚），着力培育万亿级电子信息产业集群，积极培育千亿级新能源汽车产业集群，加快培育若干百亿级产业集群。目前，郑州航空港区内基本建成了全球领先的智能终端产业基地，航空物流、生物医疗、精密机械、电子商务等新兴产业快速发展，总部经济、楼宇经济和街区经济"三新"经济不断涌现，航空经济基础不断壮大。具体而言，航空物流业方面，多点支撑货运网络逐渐完善，航空物流等配套衍生产业发展迅速，入驻顺丰、安博、"三通一达"等物流业企业400余家，服务于航空运输的现代物流产业体系基本形成；形成以苹果手机为主的电子产品全球集散中心、德国戴姆勒等高端汽车零配件分拨中心等。电子信息产业方面，已建成全球重要的智能终端（手机）生产制造基地和国际货物集散分拨中心，合晶单晶硅、华锐液晶面板、光力科技等一大批新产业项目投产或开工。电子信息产业从单一的手机制造逐步拓展到后端模组、半导体、集成电路、新型显示等关联产业，2022年产值达到5282.4亿元，占全省的80%以上。生物医药方面，郑州临空生物医药产业园成为河南规模最大的生命科学与生物技术研发生产创新创业基地，汇聚了鸿运华宁、晟斯生物、东富龙、美泰宝等医药领域龙头企业40余家。跨境电商方面，实施"简化申报、清单核放"等创新措施，跑出了日均处理能力1000万包、通关速度3000单/秒的"郑州速度"，跨境电商进口业务完成量占郑州跨境电商综试区进口业务量的80%以上，位居全国跨境电商口岸前列。此外，创新跨境电商零售商业新模式，建成中大门、澳洲大药房等6个"O2O线下自提模式"体验店，实现进口商品2分钟内"立等可取"。

表3-4 郑州航空经济发展重要成就回顾（2017年至今）

分类	具体内容
规划先行	在总规划基础上，编制了绿地、水系、医疗、教育、综合交通等27个专项规划，这在其他城市是非常少见的
内畅外通	以郑州新郑机场为龙头，以"米"字形高铁枢纽为骨架，以国家高速公路、干线公路重要枢纽为支撑的立体交通体系在郑州航空港区快速形成，加快打造多式联运国际物流中心
筑巢引凤	郑州航空港经济综合实验区出台《关于建设国家双创示范基地和国家自主创新示范区的若干政策（试行）》，房租补贴、购房补贴、投资风险补助、资金奖励、配套扶持等多项扶持政策助力双创大发展
商事制度改革	全省首个商事注册名称自主核准系统在郑州航空港区率先上线，实现了无论何时何地，只要有互联网终端，商事主体均能完成企业名称自主核准，操作更加"简化"，办理时间更加"快捷"
口岸经济	郑州航空港现拥有电子口岸、活牛口岸、水果口岸等七大特种指定口岸
金融创新	在全国设立首家智能终端出口退税资金池是郑州航空港区的创新之举，也是郑州航空港区实现金融创新的直接体现。与此同时，郑州航空港区股权投资基金管理平台大力拓展产业投资基金、政府引导基金的受托管理业务，服务产业发展，有力地推动了项目落地和发展

资料来源：笔者整理。

（三）现代服务业强省优势凸显

1992 年，中共中央、国务院印发《关于加快发展第三产业的决定》，服务业进入全面发展阶段。河南紧跟国家改革步伐和时代发展要求，顺应产业发展规律，推动服务业发展。"十一五""十二五"期间，河南第三产业均保持了 10%以上的增速，2016 年，第三产业贡献率达 52.4%，首次超过第二产业。"十二五"期间，河南围绕高成长性服务业大省投资谋划，布局发展。"十三五"期间，河南印发《河南省"十三五"现代服务业发展规划》，适时为现代服务业强省的最新发展目标作出科学统筹安排。

改革开放以来，河南服务业规模效益持续提高，第三产业增加值从 1979 年的 32.27 亿元增长至 2023 年的 31596.98 亿元，增长了 978 倍，服务业的产业贡献率不断提升。如图 3-6 所示，"十二五"时期以来河南第三产业增加值呈持续增长态势，第三产业对国民经济的贡献率也在不断提升。2023 年，河南第三产业增加值为 31596.98 亿元，对全省生产总值的贡献率为 53.43%，成为拉动河南经济增长力量的"半壁江山"。

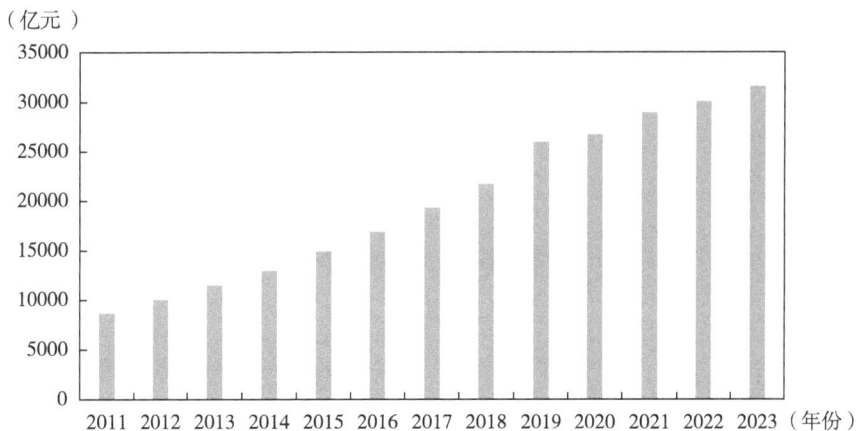

图 3-6　2011~2023 年河南第三产业增加值

资料来源：《河南统计年鉴 2023》和《2023 年河南省国民经济和社会发展统计公报》。

与此同时，河南逐步发展出多样丰富、门类齐全的服务业体系，内部结构明显改善，各类新兴服务业不断涌现且比重逐渐提高。批发和零售业、住宿业和餐饮业作为典型的传统服务业，产业规模逐步提升，社会消费品零售总额不断增长，增速在调整中略有下降，为更多的现代服务业提供发展空间。近年来，随着河南工业化程度的显著提升，居民生活明显改善，对相应的生产性服务业和新兴服务业产生了更大的需求。其一，在新一轮科技革命带动下，融合发展成为主流趋势，现代服务业取得了更多发展空间。其二，河南现代旅游业亮点频现。例如，洛阳龙门石窟景区，作为我国"智慧旅游"的先行者，在全国率先实现智慧化管理，通过和腾讯合作，已形成一部手机解锁游玩景区全程的O2O智慧旅游服务格局。其三，金融豫军品牌逐渐形成。中原证券在香港成功上市，是河南金融第一家上市企业。

1978年，河南服务业就业人数只有249万人，第一、第二、第三产业就业人数占比分别为80.58%、10.55%、8.87%。随着传统服务业壮大，生产性服务业稳步提高和各式新兴服务业蓬勃发展，2014年，第一、第二、第三产业就业人数占比为37.3%、29.9%、32.8%，当年第三产业就业人数首超第二产业。2016年，位居河南十强"两区"榜首的郑东新区中央商务区服务业增加值突破130亿元，贡献税收收入超100亿元，入驻市场主体超1万家，从业人员近10万人，在全省起到了良好的带动作用。2017年2月，河南省人民政府印发《河南省2017年国民经济和社会发展计划》，提出要加快构建全省服务业载体体系，推动服务业"两区"业态模式创新。与此同时，现代服务业协同创新中心、电子商务与物流协同发展研究院、电子商务发展规划研究院等平台也纷纷建立并发挥作用。

五、市场基础潜力巨大

（一）人口红利相对富足

河南是人口大省、经济大省，正处于工业化、城镇化加速推进阶段。从经济学的角度来看，人口是第一发展要素，人口大省意味着巨大的人口红利优势。因此，河南一定要把人口作为最大的优势。2023年，河南全省常住人口数量为9815万人，其中城镇常住人口数量为5701万人，河南全省的人口总量排在广东、山东之后，位居全国第三位。因此，河南在劳动密集型、技术实用型产业的选择和承接沿海地区产业转移上具有天然的发展优势。根据《河南统计年鉴2023》

数据显示，截至 2022 年底，河南常住人口中 0~14 岁、15~64 岁和 65 岁及以上人口分别为 2103 万人、6338 万人和 1431 万人，占常住人口的比重分别为 21.3%、64.2% 和 14.5%。与全国水平相比，河南省 0~14 岁人口比重高于全国 4.4 个百分点，15~64 岁人口比重低于全国 4 个百分点，64 岁及以上老年人口比重低于全国 0.4 个百分点。这说明河南总体人口老龄化程度低于全国水平，人口结构较为合理。

（二）城镇化率提升空间大

近年来，河南按照习近平总书记到河南考察时提出以人为核心推进新型城镇化的要求，以百城建设提质工程为抓手，紧紧围绕提高城镇化质量，转变城镇化发展方式，加快城市建设和完善城市功能，建设宜居宜业现代化城市；以中原城市群为主体形态，促进大中小城市和小城镇协调发展，提高城市综合承载能力，提升可持续发展水平，加快了城乡一体化发展和新型城镇化进程。截至 2023 年底，河南全省常住人口数量为 9815 万人，其中城镇常住人口 5701 万人，乡村常住人口 4114 万人，常住人口城镇化率为 58.08%，比上年末提高 1.01 个百分点；同年河南城镇化率低于全国城镇化率 8.08 个百分点（见表 3-5）。2017 年，河南全省常住人口城镇化率突破 50%，达到 50.16%，实现了由农业人口大省向新型城镇化人口大省的华丽转变。如表 3-5 所示，2010~2019 年，河南城镇化率与全国城镇化率的差距呈下降态势，最低点为 2019 年的 7.39 个百分点；2020 年，河南城镇化率与全国城镇化率的差距较之前相比有所扩大，差距为 8.46 个百分点；2020~2023 年，该差距不断缩小，但仍未达到 2019 年的最低水平。

表 3-5　2010~2023 年河南省城镇化率与全国水平对比　　　　单位：%

年份	河南常住人口城镇化率	全国常住人口城镇化率	河南常住人口城镇化率与全国平均水平差距
2010	38.82	49.95	11.13
2011	40.57	51.27	10.70
2012	42.43	52.57	10.14
2013	43.80	53.73	9.93
2014	45.20	54.77	9.57
2015	46.85	56.10	9.25
2016	48.50	57.35	8.85
2017	50.16	58.52	8.36

年份	河南常住人口城镇化率	全国常住人口城镇化率	河南常住人口城镇化率与全国平均水平差距
2018	51.71	59.58	7.87
2019	53.21	60.60	7.39
2020	55.43	63.89	8.46
2021	56.45	64.72	8.27
2022	57.07	65.22	8.15
2023	58.08	66.16	8.08

资料来源：历年《河南统计年鉴》《中国统计年鉴》。

（三）城市活力指数较高

《2023 城市活力报告》显示，根据每日互动大数据对全国一线、新一线城市在写字楼到岗率、创业企业经营活力、城市外来劳动力等多重维度的统计数据分析，形成了城市活力指数。2023 年郑州的活力指数达到了 95.1，超过 2019 年同期水平。

六、战略叠加多重政策红利

（一）多战略发挥叠加效应

国家战略规划和平台担负着深入贯彻国家发展理念、探索先行先试做法、辐射带动全域发展等众多使命，是国家战略意志的集中体现，是提升国家综合竞争力的重要实践。2017 年 4 月，河南省委办公厅、省政府办公厅联合印发了《关于统筹推进国家战略规划实施和战略平台建设的工作方案》，聚焦"三区一群"〔郑州航空港经济综合实验区、中国（河南）自由贸易试验区、郑洛新国家自主创新示范区和中原城市群〕，通过凝聚改革创新动力，构建支撑河南未来发展的新增长极。至此，"三区一群"与粮食生产核心区、中原经济区、郑州建设国家中心城市、中国（郑州）跨境电子商务综合试验区、国家大数据综合试验区、兰考普惠金融改革试验区等战略平台建设共同构成了引领带动全省经济社会发展的战略组合（见表 3-6）。

表3-6　河南省获批国家战略分类

国家战略类型	国家战略名称			重点任务
引领性战略	郑州航空港经济综合实验区	郑洛新国家自主创新示范区	中国（河南）自由贸易试验区	打造引领全省改革、开放、创新的高端平台，形成可复制、可推广的经验做法，构建支撑未来发展的改革开放创新三大支柱
整体性战略	中原经济区	中原城市群	郑州国家中心城市	发挥规划引领作用，把中原城市群作为推进新型城镇化的重要抓手，把建设郑州国家中心城市作为重中之重，加快构建现代城镇体系，全面增强全省综合实力，打造具有较强竞争力和影响力的国家级城市群
专题性战略	中国（郑州）跨境电子商务综合试验区	国家大数据综合试验区	兰考普惠金融改革试验区等	充分利用国家赋予的先行探索试验政策，在相关领域实现改革创新突破，抢占发展制高点，创造更多依靠创新驱动、更多发挥先发优势的引领性发展，服务引领和整体性战略实施

资料来源：笔者根据《关于统筹推进国家战略规划实施和战略平台建设的工作方案》相关内容整理。

河南在全国区域经济发展格局中的地位日益突出，正在加快实施粮食生产核心区、中原经济区、郑州航空港经济综合实验区和郑洛新国家自主创新示范区四大国家战略。一方面，特别是在郑州航空港经济综合实验区，港区内部的高端制造业不断集聚，临空产业集群不断壮大，港区的外贸进出口总额占全省的一半以上。此外，港区的货邮吞吐量快速增长，区域经济外向度迅速提升，已经成为河南建设内陆开放高地、聚集高端生产要素、承接高端产业转移的战略突破口，完全能够成为建设自由贸易试验区的重要载体。郑州航空港经济综合实验区的不断完善和发展也为粮食生产核心区、中原经济区、郑洛新国家自主创新示范区三大国家战略的进一步推进提供了支撑和保障。另一方面，粮食生产核心区、中原经济区、郑洛新国家自主创新示范区三大战略的落地，以及相关体制机制的创新与发展，也在一定程度上助力了郑州航空城经济综合实验区的建设。粮食核心区的建设，将有助于河南农业大省的发展，进一步提高河南的优势基础产业，粮食大省的建立也为河南农产品"走出去"提供了坚实的保障和国际竞争力。中原经济区的建设落地，使河南成为中原经济发展的腹地，有助于各类生产要素和优势资源向河南省聚集，为河南寻找新的经济突破口和寻找经济发展新引擎提供了条件。郑洛新国家自主创新示范区的建立，更加有助于河南的创新发展，助力河南打造具有重大影响力的高端装备制造、电子信息、新材料、新能源、生物医药等创新型产业集群，实现科技产品和科技成果的进一步转化，以及对具有发展潜力的科技创新企业的孵化，建设具有较强辐射能力和核心竞争力的创新高地。综合来看，这四大战略在发展基础优势产业，聚集优势要素资源发展新产业，创新发展高附加值新型战略产业，提升科技成果转化及核心竞争力，建设内陆开放高地和要素聚集区，提升国际化程度、降低时间成本等方面意义重大。

与此同时，河南也在深度对接和融入国家发展战略，如郑州是"一带一路"重要节点城市，"一带一路"建设秉承共商、共享、共建原则，是促进共同发展、实现共同繁荣的合作共赢，增进理解信任、加强全方位交流的和平友谊之路。在"一带一路"建设中，中国政府统筹国内各种资源，强化政策支持。河南作为"一带一路"重要节点区域，将会建成内陆开放经济高地。未来，河南将通过密集的铁路、公路、航空网络，打造中原内陆开放门户。依托包括中原城市群在内的多个城市群，推动区域互动合作和产业集聚发展。作为河南重要的对外经济交流的港口，郑州航空港经济综合实验区更是要抓住"一带一路"倡议实施带来的机遇，利用内陆纵深广阔、人力资源丰富、产业基础较好的优势，严格遵循临空经济的科学发展规律，即港、产、城互动发展的关系，做好新型城镇化建设，培育中产阶级，鼓励大众创业、万众创新，推动整个航空港地区的长远发展。加强开放型经济高地、贸易口岸、国际陆港建设，打响中欧班列（郑州）的品牌和多式联运体系的建设，建设沟通境内外、连接中西的重要运输通道。准确把握"一带一路"倡议的产业转移特点，把握全球产业价值链的转移以及中国东部产业向中西部地区转移的方向，积极将自身纳入全球产业价值链的体系中，加强优势产业建设，通过产业集群化和高端化的方式，发挥临空经济区的产业竞争优势和产生规模递增效应。

（二）多举措助力自由贸易试验区建设

河南自由贸易试验区自获批以来，建设推进力度大、效率高，河南密集出台多条举措和措施全方位保障自由贸易试验区建设，仅 2017 年，就有多项含金量高、操作性强的政策措施相继落地。2017 年，河南省政府工作报告指出，加快河南自由贸易试验区、郑州跨境电子商务综合试验区、郑州航空港经济综合实验区建设；扩大社会有效投资，加快交通、水利、能源、信息等基础设施建设，推动建设 8000 个重大项目，力争全年完成投资 1.8 万亿元；促进实体经济发展，进一步降低企业成本，提升企业自身发展活力。2017 年 4 月 1 日，河南自由贸易试验区正式挂牌并举行首场新闻发布会。河南省副省长舒庆在新闻发布会上说，河南自由贸易试验区共有 160 项改革任务举措，其中 112 项为河南省创新性举措。舒庆说，河南自由贸易试验区主要改革任务和举措，包括五个方面内容：一是加快政府职能转变；二是扩大投资领域开放；三是推动贸易转型升级；四是深化金融领域开放创新；五是增强服务"一带一路"建设的交通物流枢纽功能。2017 年 4 月 10 日，河南省财政厅相关负责人表示，河南省财政厅将从四个方面加大工作力度，为自由贸易试验区发展提供有力支持。其中包括"设立专项资金""推广应用 PPP 模式，提高自由贸易试验区公共服务水平""积极利用政府投资基金支持自由贸易试验区产业发展""支持自由贸易试验区金融业创新发展，增强服务实体经济能力"。2017 年 4 月 27 日，郑州海关出台支持河南自由贸易试验区建设措施，内容包括推动海关监管制度改革、提升贸易便利化水平，优化特殊区域管理、充分发挥开放高地作用，创新物流监管模式、服务两体系一枢纽建设，支持特色产业、新兴业态集聚发展，强化海关正面监管、营造良好法治化营商环境五个方面共 22 条，以实际行动助力河南自由贸易试验区建设。

2019 年 11 月 29 日，河南省人民政府办公厅印发《中国（河南）自由贸易试验区"证照分离"改革全覆盖试点实施方案的通知》，提出要进一步破解自由贸易试验区"准入不准营"问题，完善简约、透明的行业准入规则，打造市场化、法治化、国际化的营商环境，为激发经营主体活力提供依据。2021 年 4 月，河南省第十三届人民代表大会常务委员会第二十三次会议审议通过《中国（河南）自由贸易试验区条例》，分八个章节为推进和保障河南自由贸易试验区建设、推进深层次改革、实施高水平开放和融入新发展格局提供重要指引。2021 年 12 月，中国（河南）自由贸易试验区建设领导小组办公室印发了《中国（河南）自由贸易试验区"十四五"发展规划》，明确了主要任务和实施保障，提出要对标高标准国际经贸规则、推进高水平制度型开放、提升开放链接和枢纽引领功能、促进现代产业集聚发展、加快政府职能转变等，为高水平建设河南自由贸易试验区提供了重要依据与行动指南。2023 年 3 月 2 日，河南省人民政府印发《中国（河南）自由贸易试验区 2.0 版建设实施方案》，从强化拓展"两体系、一枢纽"功能、持续推进贸易投资便利化、积极开展制度创新、引育并重发展重点产业、推动河南自贸试验区与综合保税区统筹发展、加强交流合作和复制推广等方面，为河南深入实施制度开放战略、高水平建设河南自由贸易试验区提出了具体要求。

河南自由贸易试验区是河南开放型体制机制创新的高地，自河南自由贸易试验区设立以来，出台了《中国（河南）自贸试验条例》，创新构建了五大服务体系，累计形成 436 项制度创新成果，位居同批次自贸试验区前列。其中，"建设项目水电气暖现场一次联办模式""跨境电商零售进口退货中心仓模式"等入选国务院第六批自贸试验区改革试点经验；"一码集成服务""跨境电商零售进口正面监管模式""四链融合促进老工业基地转型升级"等入选全国自贸试验区第三批、第四批最佳实践案例；"基于工程建设项目风险防控点的联合监管"入选全国首批工程建设项目审批制度改革经验。与此同时，在政务服务方面，自由贸易试验区"证照分离"改革深入推进，企业名称自主申报从20个工作日变为即时反馈，简易注销登记公告由45天压缩为20天。监管服务方面，综合运用"先入区、后报关""仓储货物按状态分类监管"等制度，服装包机落地到清关出区仅需7个小时。

七、传统文化优势无可比拟

中原是所有中华儿女心灵上的故乡，中原文化是中国传统文化的源头。随着改革开放的不断推进、中部崛起进程的不断加快，中原文化进一步焕发出勃勃生机和迷人魅力，在海内外的传播和影响也进一步扩大，河南则是中原文化的重要承载地。一部河南史，半部中国史，这句话是对河南厚重的历史文化底蕴和强大的文化优势的最好概括，也是最好说明。河南是华夏文明的核心区，文化资源丰富，拥有巨大的人文精神财富。中原文化具有五个主要特点：一是根源性；二是原创性；三是包容性；四是开放性；五是基础性。现如今，河南正在着力建设全国重要的文化高地，着力推动从文化大省向文化强省转变，并在此过程中让传统文化焕发新的生机，传承且创新，包容且开放，重塑了河南传统文化的新优势，这种包容性和开放性在我们追求文化"软实力"的今天，将成为支撑河南自由贸易试验区发展的重要动力。

（一）中原文化国际影响力日益提升

中原文化国际影响力不断提升，武术文化的传播和推广是其最重要的途径之一。以少林功夫和太极拳为代表的中原功夫文化在世界范围内产生了深远的影响，在让全世界更多更深入地了解了中国武术文化的同时，也对悠久厚重、博大精深的中原文化有了认识和了解。随着少林武术国际影响力的不断扩大，安阳殷墟、开封清明上河园等文化瑰宝在全国知名度的提高，焦作成为全国首个荣获联合国"世界杰出旅游服务品牌"奖项的城市,河南在国内外的知名度和美誉度也得到进一步提升。2016 年是河南文化建设的重要节点,该年度河南省第十次党代会提出"加快构筑全国重要的文化高地"的战略目标;2017 年,河南省委、省政府印发了《河南省"十三五"时期构筑全国重要文化高地规划纲要》,明确提出要加快推动河南文化资源优势向文化发展优势转变,在助推中原更加出彩方面发挥凝心聚力、振奋人心的作用。这与河南自由贸易试验区的建设存在时间节点的高度一致,同时两者在建设目标上也有共通之处,因此,文化强省建设将极大地促进自由贸易试验区的高质量发展。

(二) 对外文化合作交流硕果累累

发挥中原戏曲文化优势,利用戏曲演出扩大对外文化交流。豫剧《程婴救孤》迄今为止已经在法国、美国、意大利等 20 多个国家与地区演出,大获成功,饱受赞誉。该剧成为中国首次登上美国纽约百老汇舞台的地方戏,并于 2016 年入围美国"土星奖"戏剧单元提名奖,这也是中国戏剧首次入围。舞剧《风中少林》风靡海外多个国家和地区,创下了国内剧目海外商演场次的纪录,赢得了令人满意的票房和口碑。中国首部国学修行剧《功夫诗·九卷》在 2014 年进驻洛阳后,多次海外巡演,引起轰动,成功宣传了河南武术、佛学和旅游文化。在综合文艺演出方面,河南承办的"欢乐春节"活动,在美国、加拿大、俄罗斯、以色列、丹麦、新加坡、日本、意大利等几十个国家和地区受到热烈欢迎,进一步推动了中原文化"走出去"。此外,在 2016 年德国柏林举行的"第四届中国艺术节"上,河南的少林功夫、杂技、民间工艺品等地方文化展览受到广泛好评。与此同时,河南省少林武术表演团、河南省杂技集团、开封杂技团、濮阳豪艺杂技(集团)有限公司、濮阳华晨杂技集团有限公司、河南京剧艺术中心等在海外的演出也都受到广泛赞誉,扩大了中原文化在海外的影响力。值得一提的是,根据国家汉办的统一安排,自 2009 年成立的"武林汉韵"已经走进了美国、俄罗斯、西班牙、意大利、英国、冰岛、瑞典、新西兰、南非、埃塞俄比亚、贝宁、加纳等国家和地区的不少大、中、小学课堂,被评为第八届全球孔子学院大会特色教学案例,入选河南省十大外事经典案例,已经成为河南对外进行汉语国际交流重点打造的一张新名片。

(三) 对外新媒体平台开始崭露头角

河南广播电视台和河南影视集团依托平台优势,在非洲和欧洲先后设立以播出中国影视剧为主的电影频道——中国非洲电影频道与罗马尼亚熊猫电影频道。这不仅可以加快推进与丝绸之路沿线国家和非洲国家广播影视交流合作，提升河南广播影视在共建"一带一路"国家和非洲国家话语权和影响力，而且为扩大对外文化交流、推动中华文化走向世界作出了重大贡献。成立于2015年的河南航空港卫视传媒有限公司是河南融入"一带一路"建设唯一的海外传播融媒体集团，目前已经以互联网电视形式顺利覆盖全球141个国家和地区的240多万户华人家庭，实现了对海外华人社区的精准覆盖，并于2017年在白俄罗斯、希腊、匈牙利等共建"一带一路"国家成功举办"中国功夫电影文化周"。在2017年度"丝绸之路影视桥工程"项目评审结果中，河南影视集团罗马尼亚熊猫电影频道、河南航空港卫视传媒有限公司中国功夫文化电影周双双入选。这是河南省广播影视国际传播能力建设项目首次入选国家广播电视总局"丝绸之路影视桥工程"。此外，中原出版传媒集团于2012年和2013年分别建立了中原文化海外发展澳大利亚中心和柏林中心，并于2016年在吉尔吉斯斯坦设立全资子公司——中国中原文化交流中心。这是该集团积极落实"一带一路"倡议、践行中华文化"走出去"的有益尝试。

第四章 河南自由贸易试验区建设 存在的问题

自由贸易试验区作为改革开放的试验田，肩负着推动高水平对外开放的重要使命，高质量建设河南自由贸易试验区应注重管理与体制机制建设等与国际通行经贸规则相衔接，通过破解贸易、投资自由化便利化，金融服务体系及监督管理体系建设等核心议题，全力营造投资贸易自由、规则开放透明、监管公平高效、营商环境便利的开放氛围，优化提升投资管理、监管服务、金融服务及政府管理体系，进而构建法治化、国际化、便利化的营商环境和公平、统一、高效的市场环境。

一、投资管理服务体系建设存在的问题

党的二十大报告强调"稳步扩大规则、规制、管理、标准等制度型开放"。高水平建设自由贸易试验区首先就是要构建起一流的营商环境和投资体系，提升国内外投资对园区建设的吸引力，逐步扩大外资准入范围，最大限度地促进投资的可预测性，降低企业运营成本和经营风险。

（一）实施负面清单制度

负面清单是伴随着自由贸易试验区建设而确定的一种新的投资管理模式，清单没有禁止或没有限制的项目，外资均可以进行投资。自 2013 年 9 月上海自由贸易试验区挂牌成立以来，自由贸易试验区负面清单共计推出七版，每一个新版本推出后，相对前一版的条目都会缩减，开放措施力度空前。2013 年，上海自由贸易试验区推出《中国（上海）自由贸易试验区外商投资准入特别管理措

（负面清单）（2013）》，包括 18 个行业门类、1069 个小类的 190 项内容，禁止字样有 38 项，限制字样有 74 项，其余 78 项涉及外商股权比重限制、合资限制及其他。2014 年，新版负面清单修订时，特别管理措施缩减至 139 项，缩减了 51 项。2015 年 4 月 20 日，国务院批准成立广东、天津、福建三大自由贸易试验区，同日公布了《自由贸易试验区外商投资准入特别管理措施（负面清单）》，该负面清单列明了不符合国民待遇等原则的外商投资准入 15 个门类、50 个条目的 122 项特别管理措施，适用于上海、广东、天津、福建四个自由贸易试验区。2017 年 6 月 16 日，《自由贸易试验区外商投资准入特别管理措施（负面清单）（2017 年版）》对外发布，共有 15 个门类、40 个条目的 95 项特别管理措施，与 2015 年版负面清单相比，2017 年版负面清单减少了 10 个条目的 27 项措施。2018 年 7 月 30 日，国家发展改革委、商务部发布了《自由贸易试验区外商投资准入特别管理措施（负面清单）（2018 年版）》，适用于所有自由贸易试验区。修订后，自由贸易试验区负面清单由 2017 年版的 95 项措施减至 2018 年版的 45 项措施。2019 年 7 月 1 日，国家发展改革委、商务部发布《自由贸易试验区外商投资准入特别管理措施（负面清单）（2019 年版）》，将特别管理措施（负面清单）缩减至 13 个条目的 37 项措施。2021 年 12 月 27 日，国家发展改革委、商务部发布《自由贸易试验区外商投资准入特别管理措施（负面清单）（2021 年版）》，将特别管理措施（负面清单）缩减至 11 个条目的 27 项措施（见表 4-1）。

表 4-1　历次自由贸易试验区负面清单外商投资准入特别管理措施数目

版本	2013 年版	2014 年版	2015 年版	2017 年版	2018 年版	2019 年版	2021 年版
负面清单特别管理措施（项）	190	139	122	95	45	37	27

发达地区的自由贸易试验区，首先都是通过制定和完善负责清单，改革现有投资管理模式。作为我国首个自由贸易试验区，上海首先建立了负面清单，即上文提到的 2013 版负面清单，开放度达 80%。自上海自由贸易试验区挂牌成立以来，负面清单的限制范围也在不断缩小，有效地激发了市场活力，提升了上海自由贸易试验区的开放度和透明度。

（二）实施外商投资备案管理和境外投资备案管理制度

从 1979 年我国颁布的第一部外商投资法律《中外合资经营企业法》，到

1986 年颁布的《外资企业法》和 1988 年颁布的《中外合作经营企业法》，外商投资的审批制的规定一直保留。2013 年 8 月 30 日，全国人大常委会授权国务院对上海自由贸易试验区内国家实施准入特别管理措施以外的外商投资暂停实施三资企业法规定的行政审批改为备案制和负责清单管理模式，上海自由贸易试验区挂牌后新设外资企业备案率近 80%。2015 年，天津政府工作报告指出，中国（天津）自由贸易试验区对外商投资实行准入前国民待遇加负面清单管理，对境外投资项目实行备案管理；同年 4 月 17 日，天津市商务委发布《中国（天津）自由贸易试验区〈境外投资管理办法〉实施细则》，对备案和核准、办理程序都进行了详细规定。

（三）推动商事制度改革

商事制度改革最大的表现就是商务备案与工商登记"一口办理"，这是"互联网+政务服务"的一种重要形式。天津自由贸易试验区积极复制应用上海自由贸易试验区创新成果，总结滨海新区"一枚公章管审批"经验，在实现"一天一证一章"的基础上，推动"一证一章"联合审批与国税部门增值税一般纳税人登记以及发票领用等涉税服务事项同步受理。福建自由贸易试验区平潭片区社会投资项目审批从选址到竣工验收规范为四个阶段，每个阶段都采用"一表申请、一口受理、一章审批、一次出件"，项目审批时限从原来的平均 1 年压缩到 93 个工作日。广东自由贸易试验区珠海横琴新区片区，探索比国家标准缩短 30%的对港澳负面短清单，将内容简化为约 90 项。负面清单因地制宜的简化能够有效地促进境内外贸易的开展，也能够促进港澳经济的适度多元发展。深圳前海率先实行"商事登记行政确认制""多证合一""秒批"改革，实现企业名称自主申报，注册资本由实缴制改为认缴制。前海 e 站通服务中心在国内率先践行"互联网+政务服务"改革思路，率先推出商事制度改革，实施"多证合一"和"一照一码"，推出"一口受理、一门审批、一网服务、一枚印章"，国内第一个开启商事登记网上全流程办理，发出国内第一张"多证合一"的营业执照，目前已实现"三十证合一"及人脸识别自助发照，成为外商企业设立用时最短的地方。

（四）河南自由贸易试验区投资管理体系建设存在的问题

河南自由贸易试验区在投资管理方面，对外商投资实行准入前国民待遇加负面清单管理模式。负面清单管理需要进一步扩大开放，提高透明度。在自主申报过程中，郑州片区对申报事项实行负面清单管理。申请人通过承诺对申报信息的合法性和真实性负责，在简化"入口"审批程序的同时，监管部门更加重视风险防控，通过加强事中事后监管，切实履行执法检查职责，对促进郑州片区经济社会持续健康发展起到积极推动作用。但是目前实行的外商投资产业指导目录，其限制性特别管理措施界定得较为模糊，在实际执行的过程中并不能达到预期效果，且对相关机关分配的自由裁量权权力过大，会引发权力滥用及腐败风险，严重降低投资者的投资热情。以企业住所（经营场所）申报特别管理措施为例，在国家负面清单目录里，只是列出了指导目录，具体如何实施，要结合当地的具体情况，出台对应性的管理措施。比如郑州片区制定的《中国（河南）自由贸易试验区郑州片区企业住所（经营场所）申报特别管理措施（负面清单）》就是很好的例子，如表4-2所示。

表4-2 《中国（河南）自由贸易试验区郑州片区企业住所（经营场所）申报特别管理措施（负面清单）》

序号	特别管理措施
1	未取得合法使用权，详细地址及其他有关信息表述与实际情况不一致的，不得作为企业住所（经营场所）
2	属于违法建筑、危险建筑等不能用作住所（经营场所）的房屋，不符合消防、环保等要求的，不得作为企业住所（经营场所）
3	房屋性质属住宅的，未按《中华人民共和国物权法》的相关规定，经有利害关系的业主同意的，不得作为企业住所（经营场所）
4	属于军队房地产的，不得作为企业住所（经营场所）
5	属于法律、法规规定应当经有关部门许可批准的，但未取得许可审批的，不得作为企业住所（经营场所）
6	不得以取得营业执照为由抗辩有关部门依照法律、法规、有关政策做出的与申报住所（经营场所）有关的决定
7	住所（经营场所）发生变动的，需及时依法办理住所（经营场所）变更登记或备案手续
8	不接受监管部门的监督管理，提交虚假材料或者采取其他欺诈手段隐瞒重要事实取得登记以及违反承诺而引起的一切法律责任由申请人承担

具体来看，在新版负面清单中，文化传媒及农副产品加工业都将进行更深层次的对外开放，这与开封片区重点发展的产业领域不谋而合。制定负面清单时，要对限制性的内容尽量进行细化，充分理解国家允许的负面清单里的模糊性词语，结合自由贸易试验区发展实际，明确到底哪些行业可以投资，哪些行业不能

投资，哪些行业需要满足一定条件才可以投资以及这些条件是什么。确保外商投资者对投资条件和法律后果有清楚、明确的预期。此外，备案管理的程序及法律责任制度的构建有待加强。2018年2月，商务部与国家工商行政管理总局联合发布《关于实行外商投资企业商务备案与工商登记"单一窗口、单一表格"受理有关工作的通知》，河南自由贸易试验区也依该通知实行。目前存在的问题如下：第一，未能准确重构政府与市场的关系。备案管理是政府职能转变的一种重要体现，需要重构政府与市场之间的关系，需要政府把监管的方式从事前监管转向事中事后监管。第二，政府角色未能实现转变。外商投资企业备案制实施后，外商投资者进入我国市场相对来说会更加容易，但与此同时对外商资信状况的准确把握又显得尤为重要。目前，河南在这方面的做法还不够成熟完善，亟须建立外商信誉公示网络平台，对外商投资者实行有效监管。第三，商会作为中坚力量并未发挥其重要作用。目前，商会与自由贸易试验区的合作并没有非常深入和密切，利用商会资源规范投资者行为的这一举措无法充分实现，利用商会自身作用和价值提升外商市场监管效能等问题仍需要进行更加深入的探讨。

二、贸易监管服务体系建设存在的问题

贸易监管服务体系以风险控制为底线，以推动贸易自由化、便利化为主要目标，致力于深入推进制度性创新，构建与国际通行规则相适应的高标准监管服务体系。贸易监管服务体系的构建应坚持三个原则：对标国际、安全便利、集约高效。

（一）贸易便利化衡量标准

上海、广东、福建、天津等自由贸易试验区，作为中国改革开放的前沿阵地，其贸易便利化政策相对来说更为微观和详细，可操作性强，并直接服务于区内贸易企业。总结起来，贸易便利化具体可归纳为五个方面的内容：第一，通关手续便利化。主要指电子报关和审理，集中通关和单一窗口，授权快速通关，建立信用评估数据库，开发风险管理与分析系统，通关后的审计与紧急货运制度，建立货物追踪系统，包括提供对风险管理的训练，减少或取消装运前开箱环节，开发相关能力进行目的地检查，允许债券担保等。第二，基础设施与信息技术。

主要是指现代化的港口设施，四通八达的光纤网络，高技术的检验检疫设备，高效先进的海关实验室检测装备等。第三，人员培训与技术援助，包括单边和双边两个方面。单边方面要求各国通过专门技能培训开发人力资源，配备如法律文件起草、风险管理、通关后审计、授权贸易商标准制定、港口管理、信息与通信技术（ICT）、预裁定、估值、申诉机制、原产地规则、分类、货运代理以及其他世界海关组织所确定的程序和标准等方面所需的专业人才。双边方面要求先进国家或国际经济组织对发展中国家进行技术援助，代为培训海关、标准执行、实验室检测人员等。第四，政策法规。主要指各国应当经常对现有与贸易相关的法律和规章进行全面的审议、调整与合理化。建立内部机构，定期审议贸易规章，并通过官方公告（纸面）形式或者相关的网站和数据库更新贸易规章，设立必要的机制，使贸易法律和程序得以及时传播，制定贸易和海关的程序和指导原则，以帮助贸易参与者理解。第五，机构合作，是指各国应当理顺包括海关、检验、外汇管理、运输、商管等在内的与贸易相关的各政府机构之间的关系，使之更协调、合作更顺畅，以利于贸易便利化措施的最终落实（见表4-3）。

表4-3　贸易便利化的衡量标准

衡量标准	主要内容
通关手续便利化	电子报关和审理，集中通关和单一窗口，授权快速通关，建立信用评估数据库，开发风险管理与分析系统，通关后的审计与紧急货运制度，建立货物追踪系统，包括提供对风险管理的训练，减少或取消装运前开箱环节，开发相关能力进行目的地检查，允许债券担保等
基础设施与信息技术	现代化的港口设施，四通八达的光纤网络，高技术的检验检疫设备，高效先进的海关实验室检测装备等
人员培训与技术援助	单边方面要求各国通过专门技能培训开发人力资源，配备如法律文件起草、风险管理、通关后审计、授权贸易商标准制定、港口管理、信息与通信技术（ICT）、预裁定、估值、申诉机制、原产地规则、分类、货运代理以及其他世界海关组织所确定的程序和标准等方面所需的专业人才。双边方面要求先进国家或国际经济组织对发展中国家进行技术援助，代为培训海关、标准执行、实验室检测人员等
政策法规	各国应当经常对现有与贸易相关的法律和规章进行全面的审议，调整与合理化。建立内部机构，定期审议贸易规章，并通过官方公告（纸面）形式或者相关的网站和数据库更新贸易规章，设立必要的机制，使贸易法律和程序得以及时传播，制定贸易和海关的程序和指导原则，以帮助贸易参与者理解
机构合作	各国应当理顺包括海关、检验、外汇管理、运输、商管等在内的与贸易相关的各政府机构之间的关系，使之更协调、合作更顺畅，以利于贸易便利化措施的最终落实

（二）贸易便利化监管模式

衡量一个国家或地区贸易便利化程度最主要的一个指标就是海关程序，即通关手续的便利化。上海自由贸易试验区在促进通关便利化方面已经陆续推出好几项创新制度，部分创新监管措施已成功地在全国其他自由贸易试验区复制推广。第一，建立货物状态分类监管模式。按照传统的监管模式，企业必须设立两个仓库，对保税货物和通过口岸清关到区外暂存库的货物实行分头管理，从而产生了很大的仓库租金成本和仓库之间的物流成本。分类监管模式的有效实施可以节约这些成本，大大提高企业的竞争力。上海、广东和天津自由贸易试验区在成立之初就对海关特殊监管区域内的货物实施"状态分类、分账管理、标识区分、实时核注、联网监管"的分类监管模式，进而促进了集拼业务、国际中转业务发展。第二，实施"单一窗口"。上海、福建、广东和天津自由贸易试验区设立以来，以国际高标准经贸规则为标杆，通过建设智能监管口岸、实施智慧通关等举措，围绕实施"单一窗口"出台了大量的贸易便利措施，通关效率提高了50%以上，企业的通关、物流成本也因此得到大幅降低。

结合自身特色推出贸易便利化措施。2019年8月21日，深圳市人民政府发布《关于复制推广中国（广东）自由贸易试验区深圳前海蛇口片区第四批改革创新经验的通知》，探索形成了可复制推广的第四批共43项改革创新经验（见表4-4）。在贸易便利化领域，推进"离港空运服务中心"建设、推进"保税+社区新零售"模式等五项措施，推出了"保税+实体新零售"贸易便利化创新模式和"保税+社区新零售"模式，借助快递门店网络，把创新成果延伸到居民区。

表4-4 中国（广东）自由贸易试验区贸易便利化改革创新经验

试点事项	实施内容
"一键申报"模式	依托"电子税务局"平台，实施"财税一体化"管理服务模式，实现纳税人"一键报账、一键报税"功能
VR办税厅	借助大数据和互联网，加快推进"互联网+税务"，创新实施"指尖办税"新模式，一体化智能展示全部办理流程
"大服务"模式	打造"一窗通办、内部流转"的"大前台"
"信用税收"模式	分A、B、C、D四个大类，对自由贸易试验区内部企业探索实施以信用为核心的分类管理新模式，开展"信用放、信用管、信用服"
"智能化咨询、全职能导税、一口办工程"服务体系	创新开发"前海税务AI智能咨询平台"，积极搭建职责清晰、业务全面的专业化咨询辅导团队。加快推进"简事快办"，打造"一口办""一站办"工程

试点事项	实施内容
商事登记"三十证合一"	突出"减证增效"，实行相同信息"一次采集、信息互认"，强化各系统间关联度，推动"多证合一"改革成果跨区域、跨部门、跨行业应用，打通企业办事"最后一公里"
外商投资"一口受理"升级版	设立"一口受理"服务平台，按照准入前国民待遇和负面清单管理模式管理外商投资企业，进一步压缩工作人员自由裁量权，打造廉洁高效的行政审批服务

此外，福建自由贸易试验区在航运服务方面，对台商合资设立的国际船舶企业的持股比例放宽。对于在自由贸易试验区设立台商合资的国际船舶企业的持股比例，福建"允许台商以合资、合作形式从事公共国际船舶代理业务，台商持股比例放宽至51%，将台商投资经营国际船舶管理业务的许可权限下放给福建，简化国际船舶运输经营许可流程"。广东自由贸易试验区珠海横琴新区片区，探索比国家标准缩短30%的对港澳负面短清单，将内容简化为约90项。负面清单因地制宜的简化能够有效地促进境内外贸易的开展，也能够促进港澳经济的适度多元发展。

（三）河南自由贸易试验区贸易监管服务体系建设存在的问题

2017年10月，河南省人民政府印发《中国（河南）自由贸易试验区监管服务体系建设专项方案》，提出以共享共用为原则，制定信息全面交换和数据使用管理办法，提高信息安全保障能力，推动系统互联和信息共享；积极推动国际贸易"单一窗口"国家标准版试点，优先向自贸试验区推广应用；依托河南电子口岸公共平台，探索"一口对外、一次受理和统一反馈"的口岸管理模式。尽管近年来河南自由贸易试验区在积极实施贸易便利措施，也取得了一定的成效，但是由于实施时间较短，对标先进自由贸易试验区，还存在一定的差距。

第一，跨境进出口申报总量落后。自2016年郑州获批国家跨境电子商务综合试验区以来，截至2023年5月，河南跨境电商企业通过河南"单一窗口"整体申报业务量累计突破10亿单。目前，河南"单一窗口"处理能力达到1000单/秒，单日稳定承载能力在3000万单以上，使河南"买全球、卖全球"的渠道进一步拓展。但这与先进自由贸易试验区相比仍有不小差距。2023年，上海国际贸易"单一窗口"形成了"监管+服务""通关+物流"等16大功能板块，服务企业数量达到66.1万家，申报进出口货物2108.1万票，船舶申报35.4万票。"单一窗口"金融服务专区服务外贸企业的数量超过8000家，交易金额超过700

亿元。2018年，上海自由贸易试验区挂牌成立五周年，上海国际贸易"单一窗口"日均在线用户就接近6000个，通过"单一窗口"办理口岸货物申报和船舶申报的业务总量达到100%，累计服务了超过27万家的企业，节省了超过20亿元的成本。

第二，通关效率有待进一步提升。河南自由贸易试验区实施深化"三互"通关协作，通过深化口岸部门之间的交流合作机制，推动口岸之间的信息互换、监管互认和执法互助，优化报关报检流程，实施报关报检"并联"，减少重复查验。2018年12月，郑州海关进、出口整体通关时间分别为46.03小时、0.84小时，同比压缩56.38%、88.66%，超额完成压缩1/3的目标，其中出口压缩居全国第十。口岸验核的46种监管证件全部实现联网核查，口岸通关更加便利。同时，拓展国际贸易"单一窗口"标准版推广应用，报关单和空运舱单申报覆盖率达100%。相比之下，福建自由贸易试验区"单一窗口"上线运行后，企业进出口货物的申报时间从之前的4个小时减至5~10分钟；船舶检验检疫申报时间由之前的50分钟缩短为5分钟；一般货物贸易出口全流程时间从之前的16天缩短至8天。

第三，对周边区域的带动效应不明显。自由贸易试验区要通过实行创新措施，对周边区域产生辐射带动效应。投资管理制度的推广可以有效提升投资管理部门的协同性和透明度，金融制度创新可以提升金融监管效率，贸易监管制度在确保案例监管的前提下提升贸易便利化，服务业开放领域可以扩大服务业开放和提升服务业监管便利化等。上海自由贸易试验区的制度改革，可以对长三角区域产生示范效应。其对外投资创新制度使长江三角洲的企业对外投资更加便利，境外融资制度创新使长江三角洲的企业融资成本降低。而河南自由贸易试验区是要建设内陆开放高地，辐射中部地区，目前政策复制推广效果并不理想。

三、金融服务体系建设存在的问题

金融改革是自由贸易试验区的核心内容之一。推动自由贸易试验区金融改革创新，既是在如今的国际金融体系下，与国际标准的金融全球化对接的客观要求，也是增强金融服务实体经济能力，提高金融服务水平，促进经济转型升级的现实需要。2015年以来，中国区域金融改革步伐明显加快，上海、天津、广东、福建等区域的金融改革方案陆续落地。如今全国区域金融改革，在地域上已经形成以上海为起点，辐射中西部地区的整体布局，各区域依托各自的区位优势和特色，在跨境人民币业务、金融中心的先行先试、人民币资本项目可兑换、粤港澳金融创新、新型融资租赁、两岸金融合作等方面，将自由贸易试验区金融创新政策和自主创新相结合，开拓了多方面、深层次、各具特色的区域金融改革新局面。为了能够更加直观地看到各个自由贸易试验区金融改革的成果，下文将对比各自由贸易试验区的战略定位，找出各自由贸易试验区在金融创新方面的举措，以及河南自由贸易试验区在金融创新方面的差距和不足。

（一）不同地区自由贸易试验区有关金融创新的战略定位

在金融改革创新方面，如表4-5所示，中国（上海）自由贸易试验区的发展目标是加快探索资本项目可兑换和金融服务业全面开放，如推进金融改革先行先试、持续推进金融国际化、创新金融制度、发展金融科技、拓展跨境金融服务功能等；中国（广东）自由贸易试验区的发展目标是金融创新改革，如发展特色金融、发展金融新兴服务业、发展商贸金融服务等；中国（福建）自由贸易试验区的发展目标是突出金融创新功能，如建设两岸区域性金融中心、建设两岸服务贸易与金融创新合作示范区等；中国（辽宁）自由贸易试验区、中国（天津）自由贸易试验区、中国（浙江）自由贸易试验区、中国（湖北）自由贸易试验区、中国（重庆）自由贸易试验区、中国（陕西）自由贸易试验区等自由贸易试验区的发展目标都是完善金融服务体系，如发展金融商贸和金融现代服务业、发展以金融创新为主的现代服务业等。

表4-5 不同地区自由贸易试验区金融改革和创新的总体目标和功能定位

自由贸易试验区	发展目标	功能划分
中国（上海）自由贸易试验区	加快探索资本项目可兑换和金融服务业全面开放	保税区片区——金融改革先试先行 陆家嘴片区——持续推进金融国际化 金桥片区——创新金融制度 张江片区——发展科技金融 世博片区——拓展跨境金融服务功能
中国（广东）自由贸易试验区	金融创新改革	广州南沙新区片区——发展特色金融 深圳前海蛇口片区——发展金融新兴服务业 珠海横琴新区片区——发展商务金融服务

续表

自由贸易试验区	发展目标	功能划分
中国（天津）自由贸易试验区	金融服务完善	天津港片区——发展融资租赁现代服务业 天津机场片区——无 滨海新区中心商务片区——发展以金融创新为主的现代服务业
中国（福建）自由贸易试验区	金融创新功能突出	平潭片区——无 厦门片区——建设两岸区域性金融服务中心 福州片区——建设两岸服务贸易与金融创新合作示范区
中国（辽宁）自由贸易试验区	金融服务完善	大连片区——发展金融商贸 沈阳片区——发展金融现代服务业 营口片区——发展金融现代服务业
中国（浙江）自由贸易试验区	金融服务完善	舟山离岛片区——无 舟山岛北部片区——无 舟山岛南部片区——发展金融服务产业
中国（河南）自由贸易试验区	金融服务完善	郑州片区——发展金融现代服务业 开封片区——无 洛阳片区——无
中国（湖北）自由贸易试验区	金融服务完善	武汉片区——发展金融现代服务业 襄阳片区——无 宜昌片区——无
中国（重庆）自由贸易试验区	金融服务完善	两江片区——推进金融业开放创新 西永片区——无 果园港片区——无
中国（四川）自由贸易试验区	金融改革和服务创新	成都天府新区片区——发展开放型金融产业创新高地 成都青白江铁路港片区——发展特色金融服务业 川南临港片区——无
中国（陕西）自由贸易试验区	金融服务完善	中心片区——发展贸易金融产业 西安国际港务区片区——发展金融服务产业 西安杨凌示范区片区——无

在目标和功能定位的基础上，不同地区的自由贸易试验区都在金融领域提出了具体的改革要求，在自由贸易试验区内部形成了金融领域改革创新的驱动力。进一步地，自由贸易试验区的金融改革创新能力与实施的具体措施高度相关。表4-6系统整理了国内典型自由贸易试验区的金融改革措施。

表4-6　国内典型自由贸易试验区的金融改革措施

自由贸易试验区	金融改革措施
中国（上海） 自由贸易试验区	1. 促进企业跨境直接投资便利化； 2. 便利个人跨境投资； 3. 提供多样化风险对冲手段； 4. 稳步开放资本市场； 5. 自由贸易试验区内金融机构和企业可从境外借用人民币资金； 6. 支持自由贸易试验区发展总部经济和新型贸易； 7. 简化直接投资外汇登记手续； 8. 支持自由贸易试验区开展境内外金融租赁服务； 9. 取消自由贸易试验区内机构向境外支付担保费的核准； 10. 完善结售汇管理
中国（广东） 自由贸易试验区	1. 开展跨境人民币双向融资； 2. 支持融资租赁机构开展跨境人民币业务创新； 3. 深化跨国企业集团跨境人民币资金集中运营管理改革； 4. 推动跨境交易以人民币计价和结算； 5. 拓展跨境电子商务人民币结算业务； 6. 实行限额内资本项目可兑换； 7. 推动外债宏观审慎管理； 8. 支持发展总部经济和结算中心； 9. 允许非银行金融机构与港澳地区开展跨境人民币业务； 10. 支持与港澳地区开展个人跨境人民币业务创新； 11. 深化自由贸易试验区与港澳地区金融同业业务合作； 12. 推动自由贸易试验区与港澳地区金融市场对接； 13. 支持粤港澳三地机构合作设立人民币海外投贷基金； 14. 扩大支付服务领域、征信服务业对港澳地区开放； 15. 探索建立与自由贸易试验区相适应的账户管理体系； 16. 完善创新驱动的金融服务
中国（福建） 自由贸易试验区	1. 支持自由贸易试验区内金融机构和企业按规定在境外发行人民币债券； 2. 支持在自由贸易试验区内开展人民币计价结算的跨境租赁资产交易； 3. 放宽区内机构对外放款管理；允许区内符合条件的融资租赁收取外币租金； 4. 实行限额内资本项目可兑换； 5. 支持发展总部经济和结算中心； 6. 探索建立与自由贸易试验区相适应的账户管理体系； 7. 支持符合条件的企业依法申请互联网支付业务许可开展业务，福建省内银行业金融机构可与自由贸易试验区内持有《支付业务许可证》且许可业务范围包括互联网支付的支付机构合作，按照有关管理政策为跨境电子商务（货物贸易或服务贸易）提供跨境本外币支付结算服务； 8. 支持自由贸易试验区在两岸货币合作方面探索创新； 9. 支持建立自由贸易试验区金融改革创新与厦门两岸区域性金融服务中心建设的联动机制，深化两岸金融合作

自由贸易试验区	金融改革措施
中国（辽宁）自由贸易试验区	1. 扩大人民币跨境使用； 2. 深化外汇管理改革，放宽跨国公司外汇资金集中运营管理业务准入； 3. 加大金融支持先进制造业发展力度，支持先进制造业融资租赁发展； 4. 加强金融对外开放和区域合作
中国（浙江）自由贸易试验区	1. 下放企业登记管理权限、放宽企业名称登记限制、推行自贸试验区内企业住所（经营场所）申报承诺制等八项举措； 2. 探索实行"多证合一"模式，积极推动工商登记全程电子化和使用电子营业执照
中国（湖北）自由贸易试验区	1. 设立 10 亿元国际化发展专项资金； 2. 打造全球一流国际合作服务平台； 3. 设立"一带一路"发展基金
中国（重庆）自由贸易试验区	1. 扩大自由贸易试验区内金融机构跨境机构跨人民币业务范围； 2. 推进"一带一路"和长江经济带联动发展，以及推动长江经济带和成渝城市群协同发展
中国（四川）自由贸易试验区	1. 降低融资门槛，打造便利融资渠道； 2. 支持在自由贸易试验区内设立外资银行、中外合资银行、中外合资证券公司； 3. 着力打造特色交易中心

　　第一批和第二批自由贸易试验区凭借较为丰富完善的金融创新政策实现了飞速发展。上海自由贸易试验区一直肩负着国家赋予的任务和使命，扎实推进金融改革，成果颇丰，形成金融改革的全方位布局。截至目前，上海自由贸易试验区建立了自由贸易（FT）账户系统，实现了境内、境外账户自由划转，取消前置审批，依托 FT 账户进行事中事后监管，引领金融改革全方位布局。广东自由贸易试验区充分利用区位优势，在跨境人民币业务创新、外汇管理改革、资本项目可兑换等方面成绩斐然。为推动粤港澳合作，广东自由贸易试验区在全国率先推动实现跨境人民币贷款、跨境双向发债、跨境双向资金池、跨境双向股权投资和跨境资产转让"五个跨境"创新，业务规模领先全国，有效扩宽了人民币融资渠道。天津自由贸易试验区"金改 30 条"全面落实，极大地促进了跨境人民币业务、融资租赁业务发展。区内融资租赁公司总部超过 1000 家，租赁海上石油钻井平台占全国的 100%，为全国首创。融资租赁已经成为天津自由贸易试验区的"金字招牌"，产业集聚效应领跑全国。福建自由贸易试验区极具特色的两岸征信查询系统的设立，方便了区内银行查询台资企业和台胞在台湾地区的信用信息，极大解决了征信难、担保难、融资难问题，加快了两岸金融的交流和发展。

　　第三批自由贸易试验区与第一批和第二批相比，还稍显落后。其中浙江自由贸易试验区在第三批自由贸易试验区中异军突起，尤其是在贸易投资方面取得了重大突破，其特色在于以油品全产业链投资便利化、贸易自由化为核心试点内容；舟山市在对外商投资实行负面清单管理模式的基础上，逐步取消与国民待遇不符的投资者资质要求、股比限制、经营范围限制等措施，油品贸易主体进一步丰富，吸引了大批以石油及其制品批发为主营业务的外商投资企业投资落户浙江。第三批其他的六个自由贸易试验区，大部分金融创新能很低，河南自由贸易试验区在发展中也存在一些问题。

（二）河南自由贸易试验区金融创新体系建设存在的问题

第一，自由贸易试验区缺乏具有系统性、首创性的金融创新。河南自由贸易试验区的金融创新措施主要在探索构建对外投资合作服务平台，探索实行"多证合一"模式，积极推动工商登记全程电子化和使用电子营业执照，将自由贸易试验区建设成企业"走出去"的窗口和综合服务平台。发达地区自由贸易试验区的金融创新措施，都是借助区域优势，推出具有区域特色的金融创新，如广东自由贸易试验区的金融改革和创新主要目的是推动粤港澳地区的协同发展，天津自由贸易试验区不断开拓融资租赁制度和管理创新模式，福建自由贸易试验区极具特色的两岸征信查询系统。而河南自由贸易试验区并没有在金融创新体系构建方面结合自身的地区特色，应充分借鉴国内先进典型自由贸易试验区金融创新方面的经验，利用国家对自由贸易试验区的政策支持加快地区产业结构改革和创新，科学设计契合河南特色的金融政策。

第二，河南自由贸易试验区在金融创新领域的人才激励机制安排与设计缺失。河南本身金融业发展在全国比较滞后，自由贸易试验区内实现金融创新的基础比较薄弱，要实现与河南区域特色契合的金融创新，需要一大批具有现代金融视野及现代金融管理经验的高端金融人才。目前，河南自由贸易试验区由于金融产业不发达，金融组织不健全，人才激励机制安排与设计缺失，很难吸引高端的金融人才，因此难以进行金融制度创新。

四、政府管理体系建设存在的问题

设立自由贸易试验区的直接目的，就是通过对外开放深化改革。因此，自由贸易试验区的核心任务是制度创新，为国家全面深化改革率先探索突破口和新路子，尤其是要通过中央对地方的简政放权，以及地方政府的实践探索，形成改革系统集成和政策集成，推动制度创新和政府职能转变。

（一）深化行政管理体制改革

上海自由贸易试验区围绕服务国家战略，形成了一批可复制、可推广的改革创新成果，积极推动实现自由贸易试验区管理方式和管理职能转变。具体来看，上海自由贸易试验区的行政管理体制改革主要集中在以下几点：一是深入推进"放管服"改革，最大限度地减少自由贸易试验区内部的行政审批事项；二是构建综合统一的行政审批平台和相对集中的行政许可模式；三是积极推进事中事后监管，建立"综合+专业"的监管体系。此外，在天津、广东、福建自由贸易试验区的建设方案中，进一步强调要依法将下放至地级及以上城市的省级管理权限下放至自由贸易试验区，以此来加快和深化政府职能转变的改革。

河南自由贸易试验区在深化试验区行政管理体制改革方面：一是积极推行"一口受理"服务模式，优化行政审批管理目录，注重行政审批的信息化、标准化和规范化建设；二是积极探索实施"多评合一、统一评审"的行政审批新模式和"多证合一"模式，通过构建先建后验的管理模式，推动投资项目报建手续的便利化。这些行政管理体制改革，虽然取得了一定的成效，但都只是初步探索阶段。例如，一些由政府部门承担的资产评估、鉴定、咨询等职能转变，知识产权综合管理改革，跨部门知识产权执法协作机制构建和支撑创新发展的知识产权运行机制构建等都尚未形成。

（二）提高行政服务效能

广东自由贸易试验区在提高行政服务效能方面，坚持以制度创新为核心，以打造市场化政府运作模式为目标，不仅建设了"e站通"服务中心，为片区内部企业提供一站式、一门式、一网式、一枚印章式的政务服务，还积极在全国率先打造外商投资"一口受理"升级版，把企业登记备案时间缩短到了2天以内。此外，广东自由贸易试验区还推出全国首个VR办税厅，实现税收咨询、纳税辅导"7×24小时"服务；开通了前海服务港企"零跑动"模式，解决了投资者往返深港面签的难题，形成了把握高质量发展规律的粤港澳深度合作的"前海模式"。此外，浙江自由贸易试验区在提高行政服务效能方面，大力推行"互联网+政务服务"，通过建立健全清单动态管理机制，依法向自由贸易试验区下放经济社会管理权限；通过推进自由贸易试验区网上办事大厅建设，打造政务服务

"一张网"，提高公共服务供给效率。

河南自由贸易试验区作为河南开放型体制机制创新的高地，在政务服务方面，"证照分离"改革深入推进，企业名称自主申报从 20 个工作日变为即时反馈，简易注销登记公告由 45 天压缩至 20 天。监管服务方面，综合运用"先入区、后报关""仓储货物按状态分类监管"等制度，服装包机落地到清关出区仅需 7 个小时。金融服务方面，推动对符合条件的民营资本有序开放，积极稳妥推进河南华贸银行组建工作。

（三）河南自由贸易试验区政府管理体系建设存在的问题

一是政府职能转变及配套的体制机制创新集成不够。具体表现在，自由贸易试验区内部的行政配套举措设置不到位，存在政策制定落后问题和"碎片化"改革创新现象，不同部门之间行政管理的协同性、系统性不强。二是政府管理领域制度创新力度不够。具体表现为，自由贸易试验区作为河南对外开放的重要平台，其开放型体制机制安排并未与自由贸易试验区实现完美对接与积极联动，尤其是在贸易投资自由化、便利化改革方面的创新进展较慢，高标准规则、制度缺失，部分领域的改革广度和深度需要进一步拓展。此外，河南自由贸易试验区三个片区在落实准入前国民待遇加负面清单管理制度时，不能彻底打破投资的隐性门槛，推进投资自由化、便利化。三是事中事后监管体系尚需进一步完善。自由贸易试验区建设中，在积极推进政府等行政机关简政放权的同时，一些项目的事前审批已经取消，但实施事中事后监管的体制机制并没有完全建立。四是综合监管模式有待进一步创新。目前，在河南生产却不通过河南海关出口的货物达到五六百亿元，约占全省出口额的 1/6，原因是有些地方出口退税时间较长，而沿海地区仅需 5 天。这与广东自由贸易试验区提出的为企业提供全方位"保姆式"服务，江苏打造的"不见面审批"，浙江自由贸易试验区叫响全国的当好企业"店小二"的服务品牌，相距甚远。

第五章　国外典型自由贸易区建设的经验与启示

美国纽约港自由贸易区、德国汉堡自由贸易区、阿联酋迪拜自由贸易区、新加坡自由贸易区、爱尔兰香农自由贸易区是世界著名的自由贸易区，分析这些自由贸易区的发展历程，梳理其功能定位、管理体制、优惠政策等特点，寻找其共同的成功经验，对于促进高水平建设河南自由贸易试验区具有重要的借鉴意义。

一、国外典型自由贸易区的建设分析

（一）美国纽约港自由贸易区

美国的自由贸易区又称对外贸易区。美国国会于 1934 年通过《对外贸易区法案（1934）》，提出在港口或机场附近设立对外贸易区，并赋予其"境内关外"的法律地位，规定任何商品和货物可自由进出该区域，不必申报和缴纳关税，不受海关约束，并享受相关优惠政策，旨在鼓励美国企业降低生产成本、提高国际市场竞争力，促进对外经济贸易发展。

第一，基本情况。美国纽约港自由贸易区是由美国国会于 1979 年批准成立的综合性自由贸易园区，面积 8.41 平方千米，隶属纽约与新泽西港口事务管理局，主要功能包括货物中转和自由贸易等。该自由贸易区包括一般用途自由贸易试验区和特定用途副区两个部分，其中，一般用途自由贸易试验区由伊丽莎白海运码头、伊丽莎白工业园区、新泽西港海运码头和格林维尔堆场等 12 个区域组成，特定用途副区由萨默维尔、萨默塞特、新布伦兹维克等 11 个区域组成。

第二，管理模式。为提高管理效率，防范风险，美国对对外贸易区实行多样化、便利化的监管机制。美国的政府部门和企业（包括外国企业）均可申请设立、运营和管理对外贸易区，并制定相应的对外贸易区管理制度。《对外贸易区法案（1934）》规定，美国的对外贸易区由对外贸易区委员会统一管理，接受美国海关总署的监管，同时接受美国对外贸易区协会的监督。美国的对外贸易区监管模式包括直接监管和委托监管两种模式，其中，直接监管指美国海关总署在对外贸易区内设立监管机构，直接对进出对外贸易区的商品和人员进行监管；委托监管指美国海关总署委托对外贸易区的实际运营者对进出对外贸易区的商品和人员进行管理，而不再单独设立监管机构。就纽约港自由贸易区而言，其一般用途自由贸易试验区的运营主体包括纽约与新泽西港口事务管理局和企业；特定用途副区的运营主体均为企业，包括安适（AZ）电子材料公司、百时美施贵宝公司、康菲国际石油有限公司等（见表5-1）。纽约与新泽西港口事务管理局是由纽约州政府和新泽西州政府于1921年联合成立的跨州公共机构，负责纽约港的运营和管理，并配备有专属警力。便利化的管理模式为纽约港自由贸易区的高效运转提供了强有力的制度保障。

表5-1 美国纽约港自由贸易区一般用途自由贸易试验区和
特定用途副区地理位置和运营主体

	地理位置	运营主体		地理位置	运营主体
一般用途自由贸易试验区	伊丽莎白海运码头	纽约与新泽西港口事务管理局	特定用途副区	萨默维尔	安智（AZ）电子材料公司
	伊丽莎白工业园区			萨默塞特	
	新泽西港海运码头和格林维尔堆场			新布伦兹维克	百时美施贵宝公司
	爱迪生海勒工业园区	企业		林登	康菲国际石油有限公司
	南布伦瑞克海勒公园道			纽瓦克	蒂斯曼·芬美意公司
	伊丽莎白北港工业中心			普莱恩斯伯勒	
	卡特里特工业园区			北布轮兹维克	
	珀斯安博伊工业园区			斯普林菲尔德	路易威登公司
	瑞丁商务园			拉威	默克公司
	普洛斯商务园			莫洛凯	摩凡陀集团
	联邦商务中心			斯考克斯	斯沃琪集团
	南科尔尼工业区				

资料来源：笔者根据相关文献整理所得。

第三，优惠政策。各项优惠政策的实施为美国对外贸易区良好投资环境的打造提供了制度支撑。作为美国第 49 个对外贸易区，纽约港自由贸易区也在企业入驻、税收种类、通关程序等方面推出了一系列优惠政策，并随着园区发展不断改进，尤其是在国际贸易竞争越来越激烈的背景下，纽约港自由贸易区为了提升自身吸引力，从多个方面对优惠政策进行了完善和细化，具体见表 5-2。

表 5-2 美国纽约港自由贸易区的主要优惠政策

序号	类别	措施	具体解释
1	关税类	延迟缴纳关税	进入对外贸易区的货物不需要立即缴纳进口关税，只有当其从海关运入美国时才需要缴纳关税
		倒置关税	对外贸易区内的企业可选择支付原材料税率和产成品税率中较低的一种
		无关税出口	对外贸易区内的企业出口货物时，可不需缴纳出口关税
		缴纳废品关税	如果企业不在对外贸易区内建加工厂，其进口原材料中的废品和生产时浪费的原材料都需缴纳关税
		国际退货	对外贸易区内的货物出口海外，如遇退货，不需缴纳进口关税
		进口备件	企业可在对外贸易区储存进口备件，如最终没有使用该备件可免关税退回或销毁
		质量监控	进入对外贸易区的商品先进行质量检验，合格商品支付进口关税通过海关进入美国市场，不合格商品可免税退回或销毁
		自由贸易试验区之间运输	对在不同对外贸易区之间转移的商品免征关税，最终进入美国市场时才缴纳关税
		消耗的商品	在对外贸易区内加工消耗的商品不缴纳关税
		展览的商品	在对外贸易区内展览的商品不缴纳关税
2	其他税费类	库存税	美国大多数州和县税务机关免除对外贸易区所有货物的库存税
		减少保险费用	对外贸易区内商品的投保价值不需要包括应缴进口税额的部分
		原产地标记	进入对外贸易区的商品不需要拥有原产地标记
3	其他类	转让商品的所有权	在对外贸易区内，只要没有零售销售，商品可以自由买卖
		节省货物处理费	对外贸易区的货物可以 24 小时无限制通关，货物处理费无上限
		美国进口配额	需要美国配额的商品可以先存在对外贸易区，不受配额的限制
		简化进出口程序	对外贸易区内的企业不用担心过海关造成的延误，或者进出口税务问题造成物品被查扣

资料来源：笔者整理。

（二）德国汉堡自由贸易区

德国设立的自由贸易区包括汉堡、科克斯霍芬、德根多夫、杜伊斯堡、不来梅哈芬等，自由贸易区内的企业可以享受优惠政策，货物可以自由进出，不受海关干涉。德国汉堡港是世界著名的自由港之一，也是欧洲第二大港、德国最大的综合性港口。

第一，基本情况。德国汉堡自由贸易区是在汉堡港基础上建立起来的，面积16.2平方千米，由一条20多千米的围栏与其他港区隔开，包括25个陆上通道关卡和12个海上通道关卡，主要功能从最初的以转口贸易为主逐渐转变为货物中转、储存、加工和船舶制造等。德国汉堡自由贸易区拥有4个集装箱码头（见表5-3）和6个多用途码头（见表5-4）。随着欧洲统一市场的建立和欧盟关税同盟制度的实施，只有非欧盟的货物在进入德国汉堡自由贸易区时能够享受离港缴纳关税的优惠，且仅针对少部分货物适用，德国汉堡自由贸易区存在的唯一优势也就没有了。因此，从2013年1月1日开始，德国汉堡自由贸易区正式取消，汉堡港适用欧盟统一的海关管理规定。

表5-3　德国汉堡自由贸易区的集装箱码头基本情况

序号	码头名称	运营主体	主要特色
1	Altenwerder 集装箱码头	汉堡港口仓储物流有限公司与赫伯罗特船运公司	配备可供大型集装箱装卸的泊位和龙门吊
2	HHLA Burchardkai 集装箱码头	汉堡港口仓储物流有限公司	配备可供大型集装箱装卸的泊位和龙门吊；采用先进的作业技术，电脑集装箱配载和堆存控制系统能准确地确定每个集装箱的位置、箱内货物、目的地的信息
3	Tollerort 集装箱码头	汉堡港口仓储物流有限公司	配备可供大型集装箱装卸的泊位和龙门吊
4	Eurogate 集装箱码头	Eurogate	配备可供大型集装箱装卸的泊位和龙门吊，装卸能力为160万标准箱

资料来源：笔者整理。

表5-4　德国汉堡自由贸易区的多用途码头基本情况

序号	码头名称	码头概况
1	Buss Hansa 码头	码头线长850米，泊位水深12米，占地面积20万平方米
2	Dradenau 码头	码头线长355米，泊位水深11.6米，占地面积17万平方米

序号	码头名称	码头概况
3	水果中心码头	码头线长 830 米，泊位最大水深 12 米，占地面积 17 公顷
4	Swaldkai 多用途码头	码头线长 820 米，泊位最大水深 11.6 米，占地面积 30 公顷
5	西南码头	码头线长 1500 米，泊位最大水深 13 米，占地面积 24 公顷
6	华尔曼码头	码头线长 640 米，泊位最大水深 13 米，占地面积 13 公顷

资料来源：笔者整理。

第二，管理模式。德国汉堡自由贸易区拥有独特的管理模式。汉堡州政府负责德国汉堡自由贸易区的总体事务，包括总体发展规划和土地使用方案，其中总体发展规划指州政府规定自由贸易区的水域范围和可开展的活动；土地使用方案指州政府控制土地并按照实际需求进行规划，自由贸易区内的土地只能出租不能出售（属私人财产的土地可以出售）。汉堡州经济和劳工事务部负责德国汉堡自由贸易区的日常管理，包括制定法律框架、建设和维护基础设施、制定交通规则、进行安全监管、引领进出港船舶、征收港口使用费等。德国汉堡自由贸易区的港口作业由集装箱公司、装卸公司和货运代理公司等按照商业化运营在市场上展开竞争。德国汉堡自由贸易区的管理模式见图 5-1。

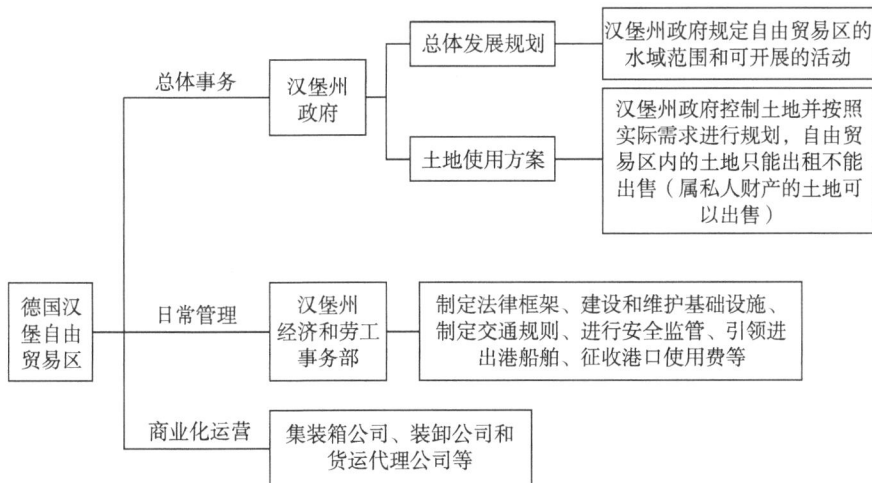

图 5-1　德国汉堡自由贸易区的管理模式

资料来源：笔者绘制。

第三，优惠政策。德国汉堡自由贸易区在关税、货物进出、货物储存等方面制定了一系列优惠政策，旨在为入驻企业提供更加便利、高效的服务。德国汉堡自由贸易区的主要优惠政策见表5-5。

表5-5　德国汉堡自由贸易区的主要优惠政策

序号	类别	具体措施
1	关税类	（1）货物只有从自由贸易区输入欧盟市场时才需向海关结关； （2）货物在自由贸易区内可任意进行加工和交易而不必缴纳增值税
2	其他类	（1）进出或转运货物在自由贸易区装卸、转船和储存不受海关任何限制； （2）货物进出自由贸易区不要求每批立即申报与查验； （3）45天之内转口的货物无须记录； （4）船只从自由贸易区的港口进出海外无须向海关结关； （5）货物在自由贸易区的存放时间没有限制

资料来源：笔者整理。

（三）阿联酋迪拜自由贸易区

迪拜是阿拉伯联合酋长国的重要城市，面积约4114平方千米，人口约339.2万人，是阿联酋重要的贸易中心、中东地区重要的贸易枢纽和世界著名的金融中心。迪拜有8个较活跃的自由贸易区，包括杰贝·阿里自由贸易区（Jebel Ali Free Zone）、迪拜机场自由贸易区（Dubai Airport Free Zone）、迪拜珠宝城（Dubai Gold and Diamond Park）、迪拜汽车城（Dubai Cars and Automotive Zone）、迪拜媒体城（Dubai Media City）、迪拜知识村（Dubai Knowledge Village）、迪拜网络城（Dubai Internet City）和迪拜五金城（Dubai Metal & Commodities Zone）。

第一，基本情况。迪拜的自由贸易区属于"贸工结合，以贸为主"的类型，自由贸易区既有国际贸易、转口贸易的功能，又有出口加工的功能。下面以杰贝·阿里自由贸易区和迪拜机场自由贸易区为例进行介绍。杰贝·阿里自由贸易区成立于1985年，面积48平方千米，是阿联酋和中东地区最大的自由贸易区，也是世界上第一个通过ISO9000国际认证的自由贸易区，主要功能包括港口装卸、加工制造、仓储物流和国际贸易等。该自由贸易区入驻企业超7000家，其中世界500强企业超100家，为迪拜提供了15万个就业岗位，经济总量占迪拜经济总量的1/5，对外贸易额占迪拜非石油贸易总额的1/4以上，对迪拜GDP的贡献率超过30%。迪拜机场自由贸易区成立于1996年，是迪拜第二个大型自由贸易区，入驻企业超1600家，主要功能包括投融资、加工贸易、展示和交易、信息技术服务、咨询服务、保税仓储物流、奢侈品服务、营养和医疗设备服务等。

第二，管理模式。迪拜自由贸易区采用政企合一的管理模式，其管理部门为迪拜港务局，该局成立于1991年，拥有政府职能和企业职能的双重职能。因此，迪拜港务局既是政府机关，即在迪拜地方政府的领导下管理迪拜各个港口，又是独立的经营机构，即是独立的法人机构，拥有独立的会计核算系统。迪拜自由贸易区实行一站式统一管理，海关、通信、安全、电力、金融、交通等部门统一办公，取消了平行多头机构，极大地提高了政府办事效率，旨在为入驻企业提供更加高效、便捷的政务服务。阿联酋迪拜自由贸易区的管理模式见图5-2。

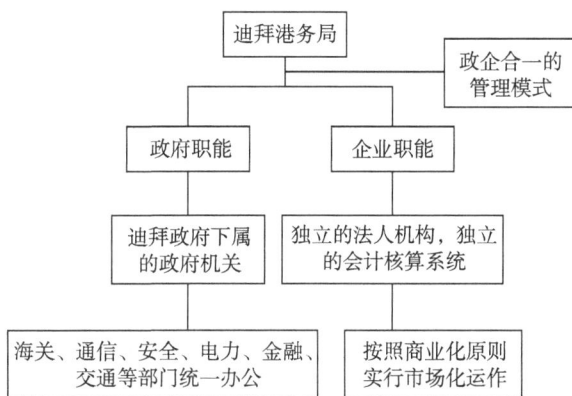

图5-2 阿联酋迪拜自由贸易区的管理模式

第三，优惠政策。阿联酋迪拜自由贸易区内部执行非常自由的经济政策，不仅税收种类少、税率低，且没有外汇管制。阿联酋迪拜自由贸易区内的企业享受特殊的优惠政策，具体见表5-6。

表5-6 阿联酋迪拜自由贸易区的主要优惠政策

序号	类别	具体措施
1	关税类	自由贸易区内的企业进口设备、零部件和生产必需品免征进口关税，出口货物时免征出口税
2	资金类	企业可随时将其利润汇出境外，不受任何金融和货币限制
3	其他税费类	自由贸易区内的企业50年内免征公司税，其职工免缴个人所得税

续表

序号	类别	具体措施
4	其他类	自由贸易区内的企业不需寻找当地合伙人或担保人，且可 100%拥有股权
		自由贸易区内具有充足的劳动力资源，且可为入区外籍雇员办理相关手续
		在自由贸易区内设立公司的手续可在 15 个工作日内办理完成；已经在自由贸易区之外的国家和地区注册的国内外公司，可在区内申请设立办事处，且不需注册资金
		外国人可以通过长期租约拥有自由贸易区内的不动产
		自由贸易区可为入驻企业办理贸易执照、工业执照、服务执照、国有工业执照 4 种执照
		自由贸易区拥有独立的法律规则，对所有民事和商业纠纷拥有专属管辖权

资料来源：笔者整理。

（四）新加坡自由贸易区

新加坡依靠优越的地理位置和开放的贸易政策，逐渐发展成为全球重要的国际航运中心和全球第四大国际金融中心。新加坡于 1969 年在裕廊工业区的裕廊码头设立第一个自由贸易区，又分别于 1969 年通过《自由贸易区法令》、1966 年通过《自由贸易区条例》，以法律的形式保证了自由贸易区的快速发展。

第一，基本情况。新加坡自由贸易区关税极低，贸易便利化程度极高，且实施封闭化管理，未经海关部门准许，任何企业和个人不得擅自进入，其主要功能是转口贸易，入区货物在不改变性质的前提下可以改装、分拣、展示、出口。新加坡自由贸易区内基本没有制造业加工厂，任何货物的深加工均被严格限制。新加坡自由贸易区的主要功能包括仓储、转口贸易、加工贸易、保税展示、保税物流、国际中转、国际金融等。

第二，管理模式。新加坡自由贸易区采取行政管理职能和运营管理职能分开的管理模式。其中，财政部、海关、民航局、港务局等政府部门履行行政管理职能，根据实际需求设立自由贸易区，依据自由贸易区相关法律法规指定管理机构，并负责自由贸易区的顶层设计、总体规划和招商引资；各个管理机构负责自由贸易区的开发建设和运营管理。如表 5-7 所示，目前，新加坡的九个区域主要由三个管理机构负责其日常运营，即新加坡国际港务集团有限公司管理布拉尼货物集散站、岌巴集散处、巴西班让货物集散站、三巴旺码头、丹绒巴葛货物集散站、岌巴货物集散站，新加坡裕廊海港私人有限公司管理裕廊海港，新加坡樟宜机场集团管理新加坡机场物流园、樟宜机场航空货运中心。新加坡自由贸易区的管理模式见图 5-3。

表 5-7　新加坡自由贸易区基本情况

序号	名称	管理机构	主要功能
1	布拉尼货物集散站 岌巴集散处 巴西班让货物集散站 三巴旺码头 丹绒巴葛货物集散站 岌巴货物集散站	新加坡国际港务集团有限公司	仓储、货物分拣、货物重装、加工贸易、物流等
2	裕廊海港	新加坡裕廊海港私人有限公司	转口贸易、加工贸易等
3	新加坡机场物流园 樟宜机场航空货运中心	新加坡樟宜机场集团	航空物流、转口贸易等

资料来源：笔者整理。

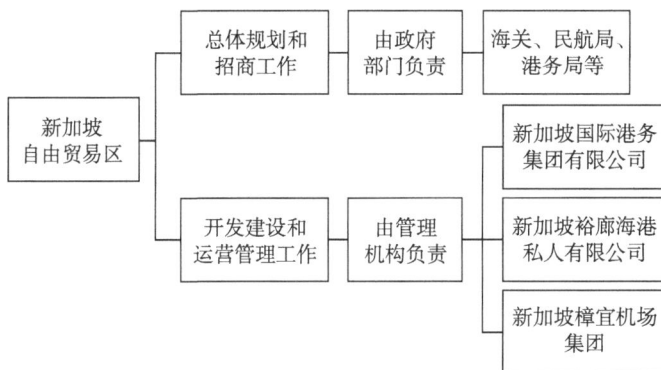

图 5-3　新加坡自由贸易区的管理模式

资料来源：笔者绘制。

第三，优惠政策。新加坡自由贸易区的快速发展得益于优越的地理位置、合理的功能定位、充足的人才保障和完善的政策支持，其中政策支持对于打造良好的营商环境发挥了重要作用。新加坡自由贸易区的主要优惠政策见表 5-8。

表 5-8　新加坡自由贸易区的主要优惠政策

序号	类别	具体措施
1	关税类	全球超过 90%的货物在进出自由贸易区时关税为零，只对极少数产品征收进口税，如汽车、酒类、烟草和石油等；出口商品一律免税，出口额达到一定限额的企业可申请减免出口收益税金

序号	类别	具体措施
2	资金类	给予制造业和服务业、研究与发展业、建筑业以及减少饮用水消费的项目投资补贴
3	其他税费类	新加坡对内外资企业实行统一的企业所得税政策。具体来看，新加坡的企业所得税税率为17%，且所有企业可享受前30万新加坡元应税所得部分免税待遇
		取消非居民的利息所得税
		全面取消外汇管制，企业利润汇出新加坡无限制条件也无须缴纳特定税费
		对外资无股权比例限制
		符合条件的企业可享受3~5年的优惠税率
4	其他类	设立公司最低注册资本为10万新加坡元，实行认缴制，股东可随时决定提高注册资本和缴足资本，且只需在新加坡商业注册局填写表格和缴纳费用即可
		打造新加坡电子数据交换系统贸易网，打通海关、港口、税务、安全等30多个与进出口贸易相关的政府部门，10秒钟即可完成进出口申报，10分钟即可获得审批结果
		散货的进出口可享有72小时的免费储存服务，等待复运出口或转口的货物可免费储存28天

资料来源：笔者整理。

（五）爱尔兰香农自由贸易区

爱尔兰香农自由贸易区成立于1959年，位于爱尔兰西部，距首都都柏林200多千米，是世界上第一个自由贸易区。爱尔兰先后制定了《免关税机场法案》《免关税机场管理条例》《生产控制法》《工业发展（鼓励外部投资）法案》《香农自由空港开发有限责任公司法案》《国家机场（香农集团）法案》等一系列法律法规，为香农自由贸易区的快速发展提供了法律保障。

第一，基本情况。爱尔兰香农国际机场于1942年正式投入运营，是连接美国、欧洲及中东地区的重要交通中转站。1947年，香农机场开设了世界上第一家机场免税商店，对烟酒销售实施免税政策。1959年，爱尔兰政府决定成立香农自由空港开发有限责任公司（以下简称香农开发公司）负责推进航空业发展。1960年，香农开发公司建立了世界上第一个以出口加工业为主的自由贸易区，通过免税优惠和低成本优势吸引外国企业入驻。爱尔兰香农自由贸易区的主要功能经历了航空加油服务—出口加工贸易—科技工业—信息技术产业—高新科技产业的演变历程。香农开发公司于2014年5月重组为香农集团，下辖香农机场、香农国际航空服务中心、香农商业地产和香农（文化）遗产4个分支集团，重点发展航空航天、航空运输、旅游地产、文化旅游等产业。爱尔兰香农自由贸易区由 2.43 平方千米扩展至约 1 万平方千米，跨越爱尔兰中西部 5 个郡，即利默里克郡、克莱尔郡、奥菲莱郡南部地区、提帕拉里郡北部地区和凯里郡北部地区。

第二，管理模式。1968 年，爱尔兰政府授权香农开发公司负责香农的经济发展工作。2006 年，爱尔兰政府授权爱尔兰投资发展署负责爱尔兰香农自由贸易区的招商引资工作，并为入驻自由贸易区的外资企业提供工商注册、金融对接、法律咨询和人力资源等服务；香农开发公司负责爱尔兰香农自由贸易区内的运营管理工作。爱尔兰香农自由贸易区的管理模式见图 5-4。

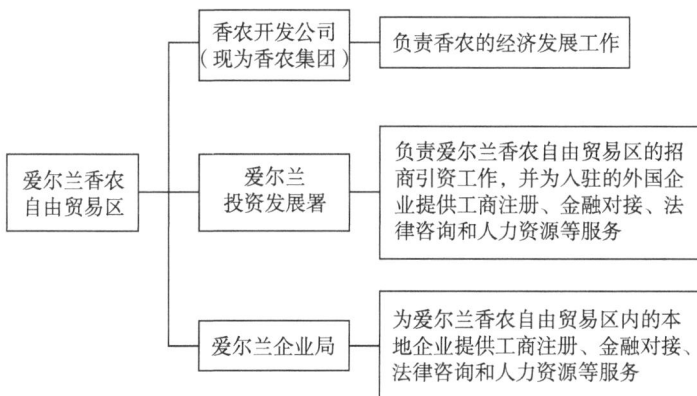

图 5-4　爱尔兰香农自由贸易区的管理模式

资料来源：笔者绘制。

第三，优惠政策。爱尔兰香农自由贸易区在税收、土地等方面出台了一系列优惠政策，吸引了许多外国企业入驻。爱尔兰香农自由贸易区的主要优惠政策见表 5-9。

表 5-9　爱尔兰香农自由贸易区的主要优惠政策

序号	类别	具体措施
1	关税类	从非欧盟国家进口的用于储存、处理和加工，并再次出口到非欧盟国家的货物免征关税
2	税收类	(1) 自由贸易区内企业所得税税率为 12.5%； (2) 对自由贸易区内企业超出基准的研发支出给予 25% 的税收抵免； (3) 自由贸易区内总部型爱尔兰本土企业在附属子公司进行股权分配时免征资本利得税； (4) 自由贸易区内适用于爱尔兰与相关国家签订的避免双重征税协定； (5) 自由贸易区内已婚职员的纳税额平均为其总收入的 5%； (6) 自由贸易区内企业进口货物和设备免征增值税

续表

序号	类别	具体措施
3	资金类	爱尔兰政府设立专项高科技产业风险资本基金、"EU 种子和风险资金计划"等各类产业基金，成立国家软件发展指导委员会、爱尔兰科技基金会等各种专门机构，为区内企业提供资金支持
4	其他类	(1) 爱尔兰工业发展局为自由贸易区内企业提供培训补助； (2) 爱尔兰政府为自由贸易区内企业提供两种研发补助：一是资助企业建立或升级、改造其常设研发部门和设备；二是资助企业的高质量、高风险性研发活动

资料来源：笔者整理。

二、国外典型自由贸易区发展的经验总结

系统梳理国外典型自由贸易区在管理模式、监管政策、投资准入、营商环境、金融政策、税收政策和产业选择等方面的经验，对高水平建设河南自由贸易试验区具有借鉴意义。

（一）科学的管理模式是推进自由贸易区发展的重要条件

通过上述分析可以发现，国外典型自由贸易区的管理模式主要分为中央管理和地方管理两种模式。具体来看，中央管理模式是由中央政府主要负责自由贸易区的立法、规划、监督、协调等工作。该管理模式主要有两种类型：一是以中央政府各个部门共同对自由贸易区实施行政管理职能的共同管理型模式，每个部门负责各自不同领域的管理；二是单一管理型模式，这种模式又分为专管型和代管型，其中专管型是指中央政府设置专门机构进行行政管理，代管型是指中央政府委托某个政府部门进行行政管理，不以中央政府的名义单独设置专门机构。地方管理模式是由地方政府主要负责自由贸易区的管理、协调、监督等工作。该管理模式主要分为三种类型，分别是政府主导型、企业主导型和政企合一型。其中，政府主导型是指由地方政府对自由贸易区行使主要的行政管理职能；企业主导型是指在法律允许的范围内，地方政府委托公司对自由贸易区进行日常的管理工作；政企合一型是指地方政府负责自由贸易区的综合协调、开发规划、监督等工作，公司负责自由贸易区管理、运营等具体工作。

例如，美国自由贸易区的管理模式具有以下三个特点：一是实行宏微观双层

管理体制，即代表宏观层面的美国对外贸易区委员会、海关总署等机构与代表微观层面的自由贸易区承办者对自由贸易区进行共同管理。二是采取主区和副区相结合的运营方式，即对自由贸易区分为一般用途主区和特殊功能副区两大区域进行区别管理，进而增强自由贸易区对周边区域的辐射带动作用。三是实施便捷高效的矩阵制联络员制度。这种联络员制度又可以分为两种类型：其一，把自由贸易区划分为东部、西部、中部和大湖区四大区域，为每个区域分别配置一位联络员；其二，按照对外贸易区的活动类型，美国对外贸易区委员会将对外贸易区分为新设或变动的对外贸易区范围、申请副本、年度汇报、利用网站进行沟通、石油炼制、加工制造六种类型，并配置专职交叉联络员。德国汉堡自由贸易区的管理模式可以分为三个层次：汉堡州政府负责总体事务；汉堡州经济和劳工事务部负责日常管理；企业负责港口作业。阿联酋迪拜自由贸易区采用政企合一的管理模式，其管理部门为迪拜港务局，拥有政府职能和企业职能的双重职能。爱尔兰香农自由贸易区则成立了政府控股的国有公司，全面负责香农地区的经济发展，并由爱尔兰投资发展署、爱尔兰企业局、香农开发公司（现为香农集团）分别负责爱尔兰香农自由贸易区的招商引资工作、本地企业扶持工作、日常运营工作。新加坡自由贸易区的樟宜航空经济区的管理模式具有如下三个特点：一是公私合作管理体制，即经济区内部不设置政府机构，实施的是专业公司运营的管理模式，具体由海关、民航局、港务局三方面进行协同监管；二是专营权管理模式，即樟宜机场集团专门从事樟宜自由贸易区内开发建设和经营管理工作，其向交通运输部和贸工部汇报，是一个有政府色彩的企业化机构；三是跨部门合作，即新加坡采用整个政府范围内跨部门合作的方式，经济发展局、新加坡民航局和新加坡海关等监管部门通力合作，保障了园区的招商、授权和服务。新加坡经济发展局是新加坡负责吸引外资的机构，新加坡自贸区内众多跨国物流公司（如联邦快递、DHL、TNT）的引入就是新加坡经济发展局促成的。此外，新加坡自贸区还建立了高等级的港区建设一体化运营平台。以樟宜机场自贸区为例，由机场、投资者、专业运营者、物流信息企业、航空公司、快递公司等企业共同建立具有交互模式的空港建设运营平台。通过一体化运营平台，可以同时实现向前整合投资、向后整合经营和水平整合管理。

（二）健全的监管政策是推进自由贸易区发展的重要保障

自由贸易区的监督管理一直都是自由贸易区建设的关键重要问题，健全、完善的监管政策则是推动自由贸易区高质量可持续发展的重要保障。从国外典型自由贸易区的监管实际来看，海关监管是自由贸易区监管的主要责任单位，监管目的是通过采取便利化的监管政策为自由贸易区内的入驻企业开展国际贸易提供服务，而非通过监管增加当地税收。具体来看，国外典型自由贸易区的监管政策具有如下两个特点：

第一，国外典型自由贸易区大多采取封闭的监管模式。例如，德国汉堡自由贸易区的总面积有16.2平方千米，用一条20多千米长的围栏将自由贸易区与其他地区隔开，其中设置有25个陆上关卡和12个海上关卡，进出口货物都要接受关卡的检查；新加坡政府也对自由贸易区实行封闭化管理，未经海关部门准许，任何企业和个人不得擅自进入；美国通过立法的形式，赋予自由贸易区"境内关外"的法律地位。

第二，国外典型自由贸易区采取便利化的监管措施。其一，在保税仓库监管方面，国外典型自由贸易区保税仓库监管模式的演变历程为：海关通过派出分支机构和派驻人员，直接管理保税仓库；在法律允许范围内，海关委托相关公司管理保税仓，任何时候进出保税仓的货物都要按照税率申报关税；在前者基础上，在每月末对进出口货物实施集中关税申报。目前，大多数自由贸易区都采取第三种保税仓库监管方式。其二，重点抽查进出口货物。对高关税货物和存疑货物，国外典型自由贸易区多会进行重点抽查，针对检查出的问题企业，海关将对其所缴纳的保证金进行扣缴，问题严重的，海关部门还将取消该企业在自由贸易区的经营资格。其三，采用信息化管理模式。例如，新加坡政府专门为服务自由贸易区建设打造了电子数据交换系统贸易网，通过该信息化网络平台打通了与进出口贸易相关的海关、港口、税务、安全等30多个政府部门，且进出口申报和获得审批的效率极高。此外，国外典型自由贸易区还注重提供全天候的通关服务，通过简化通关手续等途径，为进出口货物提供最大限度的自由与便利化通关。例如，新加坡自由贸易区内的海关、税务、检验检疫、安全等政府部门24小时工作，为企业提供24小时的通关和转口服务。阿联酋迪拜自由贸易区可为入驻企业提供24小时全天候的人力保障和设施设备，还可提供进出口货物的通关服务。阿联酋政府规定，在自由贸易区内设立公司的手续可在15个工作日内办理完成；已经在自由贸易区之外的国家和地区注册的国内外公司，可在区内申请设立办事处，且不需注册资金。在美国自由贸易区内，只要没有零售销售，货物就可以自由买卖。货物在德国汉堡自由贸易区的存放时间没有限制。

（三）宽松的投资准入是推进自由贸易区发展的重要前提

宽松的投资准入条件是自由贸易区优化投融资环境、实现贸易投资自由化的重要前提保障，国外典型自由贸易区在吸引外资方面的做法具有普遍性。随着经济全球化的不断深入和国际贸易的快速发展，各国之间的贸易往来更加频繁，各国投资者对投资自由化的需求也越来越强烈，越来越多的自由贸易区开始使用准入前国民待遇和负面清单的管理模式。负面清单，又被称为否定清单或否定列表，属于国际法的范畴，通常是指一个国家或地区禁止外资进入或限定外资比例的行业清单。准入前国民待遇指一国在企业工商注册、税收政策、金融服务等方面给予外国投资者同本国投资者相同的国民待遇。该模式主要由美国推动，随后给予外国投资者准入前国民待遇的负面清单模式在越来越多的国家被采用。通常情况下，准入前国民待遇和负面清单管理模式既没有统一的标准，也没有固定的模板，需要各国根据自身的实际发展情况进行逐个优化调整，进而制定出与本国实际发展情况相适应的准入前国民待遇和负面清单条款。

具体来看，国外典型自由贸易区由于各自经济社会发展水平的不同、所处发展阶段的不同，在外商投资准入制度安排方面也存在一定的差异。例如，美国自由贸易区在投资准入方面的主要做法包括：倡导准入前国民待遇和负面清单管理模式，对外资坚持开放的态度。在一般情况下，外资进入美国对外贸易区不需要经过政府审批，只要按相关规定及时提交申请书；在企业设立、投资运营、资产转让、税收政策等方面给予外国投资者不低于本国投资者的待遇；任何外国货物，除法律法规禁止或危害公共利益、安全外，都可以自由进入对外贸易区；根据法律规定，对涉及美国国家安全的外商投资项目要进行严格审查；明确禁止外商投资者进入航空、内河和沿海运输等领域；严格限制外国投资者进入电台、电视、电话、电报等领域。爱尔兰自由贸易区在投资准入方面的做法包括：允许涉及生物医药、软件开发、电子信息等领域的外资企业享受准入前国民待遇；由自由贸易区的管理机构对入驻的外资企业提供金融投资、工商注册、法律咨询、人力资源等服务。此外，在投资准入方面，新加坡自由贸易区的主要做法包括：除新闻业、公共事业和广播外，对外资企业在出口及出资比例等方面都不作限制；除对国防军工、鞭炮等行业设限外，对其他外资企业的限制并不多。

（四）良好的营商环境是推进自由贸易区发展的重要基础

营商环境已成为世界各国越来越重视的重要方面，"营商环境就是生产力""营商环境比金子还贵"等理念得到越来越多国家和人民的接受和认可。就自由贸易区而言，良好的营商环境是其吸引企业入驻的重要因素。现实中，良好的营商环境则主要包括市场环境、税务环境、政务环境、生态环境、法治环境等方面。世界银行报告表明，良好的营商环境会使投资率增长 0.3%，GDP 增长率增加 0.36%。

具体来看，国外典型自由贸易区在优化营商环境方面的做法主要有以下三点：一是简化办事流程，提高工作效率。例如，新加坡自由贸易区规定在提供相应资料齐全的条件下，任何国籍年满 18 岁的自然人，除需提供新加坡注册地址外，再指定新加坡董事和当地秘书各 1 名，3 个工作日即可完成公司注册。美国纽约自由贸易区规定，只要拟入驻企业的资料齐全，注册工作在 1 天内就能完成。二是拥有完善的信息基础设施。例如，美国自由贸易区通过将 80 多个政府部门集中到自动商业环境系统（ACE）中，构建起了统一的政府服务平台和"一站式、全覆盖"的数据收集中心，不仅实现了对自由贸易区货物的线上监管和审查，也实现了降低企业成本和提高政府工作效率的双赢。新加坡自由贸易区先后开发了电子数据交换系统（EDI）、电子数据交换系统贸易网，并与两个亚洲港口和六个非亚洲港口建立了电子通信线路。爱尔兰香农自由贸易区的线上管理系统可为入驻自由贸易区的企业办理保税仓储、运输等相关手续，通过企业与政府之间的信息资源共享，政府部门间只需提交一次材料即可完成办理。三是制定相关法律法规，加大行政处罚力度。例如，美国自由贸易区为保障自由贸易区内部企业和个人的合法权益，加大对商业贿赂行为的惩治力度，营造法治化营商环境，特专门制定了《联邦贸易委员会法》《反海外腐败法》等一系列的法律法规。为推进新加坡自由贸易区建设，新加坡政府制定出台了《竞争法案》，规定不允许企业在市场上从事不正当竞争活动，不得妨碍市场公平，不得违背公平竞争原则。

（五）自由的金融政策是推进自由贸易区发展的重要手段

金融业的快速发展能够为自由贸易区注入新鲜血液，为自由贸易区内的产业发展、技术研发、产品创新等活动提供资金支持。国外典型自由贸易区通常采取自由、开放的金融政策，如实施宽松的外汇管理政策、资金自由进出政策、开展离岸金融业务等。下面以新加坡、美国、迪拜为例来说明自由的金融政策对于促进自由贸易区发展的重要作用。

新加坡作为全球第四大国际金融中心，积极推行金融国际化和自由化，外汇管理制度自由、开放。新加坡的金融政策有以下特点：一是金融机构数量多。新加坡拥有 700 多家金融机构，包括资产管理公司、基金公司、保险公司、期货公司、证券公司、银行等，能够为自由贸易区内的企业提供融资融券、资产评估、资产管理等各类金融服务。二是持续深化金融市场化改革。从 20 世纪 60 年代起，新加坡开始逐步放宽外汇管制；1978 年，新加坡全面开放外汇市场，取消所有外汇管制。三是防范和化解金融风险。新加坡政府采取科学有效的监管措施，对资产管理公司、期货公司、银行等各类金融机构进行有效监管，确保了金融业的健康发展。

美国纽约港自由贸易区放松金融管制，实行金融自由化。主要措施包括：外汇兑换自由、资金进出自由；放宽对银行存款利率的限制，减少对银行贷款规模的直接控制；放宽对外国金融机构经营活动的限制，允许创新金融工具、设立新的金融市场；实行浮动汇率制度，汇率由外汇市场供求决定，必要时政府可以干预外汇市场。

迪拜高度重视金融业发展，通过发行债券、开发金融衍生品、进行直接融资等方式为自由贸易区内的产业发展提供资金支持。2004 年，迪拜设立了迪拜国际金融中心（DIFC），由高级董事会作为最高决策机构，设置迪拜国际金融中心管理局、迪拜金融服务管理局、迪拜国际金融中心司法管理局三个监管机构。采取的金融政策主要包括：取消汇率管制，实现资本项目的自由兑换；区内企业不需寻找当地合伙人或担保人，且可 100% 拥有股权；企业可随时将其利润汇出境外，不受任何金融和货币限制。

（六）优惠的税收政策是推进自由贸易区发展的重要支撑

国外典型自由贸易区通常是以税收优惠等方式吸引外商投资者投资，降低区内企业生产成本和贸易成本，提升区内企业国际贸易竞争力，从而促进本国经济发展。国外典型自由贸易区的税收政策主要有以下四个特点：

第一，大多数国家都以立法的形式发布税收优惠政策。美国、爱尔兰等国家通过法律形式发布针对自由贸易区的税收优惠政策。1934 年，美国颁布《对外贸易区法案》，提出任何货物均可自由进出对外贸易区，不必缴纳关税，可享受一系列税收优惠政策。爱尔兰颁布《免关税机场法案》《免关税机场管理条例》等法律法规，以法律条文的形式提出自由贸易区可以享受的税收优惠政策，以便促进自由贸易区发展。

第二，税收优惠政策具有一定的时效性。美国纽约港自由贸易区内的公司聘请全日制员工，可在连续 5 年内申请工资所得税抵免。阿联酋迪拜自由贸易区内的企业 50 年内免征公司税，其职工免缴个人所得税；公司营业税、所得税和资本收益税期满后延长 15 年免税期。新加坡自由贸易区内符合一定条件的企业，可享受 3~5 年的优惠税率。

第三，采取灵活多样的税收优惠方式。爱尔兰香农自由贸易区的税收优惠方式既有税收减免（如对区内企业超出基准的研发支出给予 25% 的税收抵免；从非欧盟国家进口的用于储存、处理和加工，并再次出口到非欧盟国家的货物免征关税等），也有税收补贴（如为在区内建厂的外商企业提供补贴资金，并为建筑、设备提供折旧补贴等）。进入美国对外贸易区的货物不需要立即缴纳进口关税，只有当其从海关运入美国时才需要缴纳关税；美国对外贸易区内的企业出口货物时，可不需缴纳出口关税；如果企业不在美国对外贸易区内建加工厂，其进口原材料中的废品和生产时浪费的原材料都需要缴纳关税。

第四，各国根据自身情况制定特殊税收优惠政策。美国实行倒置关税政策，美国对外贸易区内的企业可选择支付原材料税率和产成品税率中较低的一种。爱尔兰香农自由贸易区以培训补贴、就业补贴、研发补贴等方式促进区内企业发展，降低企业贸易成本。例如，爱尔兰政府为自由贸易区内企业提供两种研发补助：一是资助企业建立或升级、改造其常设研发部门和设备；二是资助区内企业的高质量、高风险性研发活动。

（七）合理的产业选择是推进自由贸易区发展的重要力量

自由贸易区的发展离不开各类产业的支撑，合理的产业选择是推进自由贸易区发展的重要力量。产业发展形式是各类自由贸易区发展的外在表现。通过构建科学的管理体系和监管体系，放宽投资准入，打造良好的营商环境，采取一系列优惠政策，促进各类产业快速发展，从而带动地区产业结构升级和经济发展，是自由贸易区建设的重要目的。国外典型自由贸易区在产业选择方面积累的经验主要包括以下四个方面：

第一，不断完善基础设施。一方面，各国都重视自由贸易区道路、厂房、供水、供电等硬件基础设施建设，为入驻企业提供良好的办公环境，解除入驻企业的后顾之忧；另一方面，各国都重视人才队伍建设、制度环境建设等软环境的打造，通过简化行政审批手续、为入驻企业提供充足的人力资源和政策支撑等方式，确保入驻企业能够正常运营。例如，爱尔兰香农自由贸易区不断完善基础设施建设，吸引临空相关企业入驻；新加坡政府通过简化企业设立程序，提供方便快捷的政务服务，吸引外商投资者入驻。

第二，发挥比较优势，形成特色产业集群。各国根据各自自由贸易区所在地区的比较优势或资源禀赋优势，选择适合当地的产业，吸引外商投资者投资，不断优化产业结构、延长产业链条，形成特色产业集群。例如，依托汉堡港建设的德国汉堡自由贸易区主要发展货物中转、储存、加工和船舶制造等产业；依托香农国际机场建设的爱尔兰香农自由贸易区致力于发展飞机维修、电子信息制造、化学和制药、信息通信、航空运输等产业；依托迪拜机场建设的阿联酋迪拜机场自由贸易区主要发展保税仓储物流、咨询服务、加工贸易、信息技术服务等产业。

第三，推动产业链式发展。各国都重视产业链式发展，推动产业向专业化和精细化方向发展，不断延长产业链，促进上下游产业融合发展。同时，各国自由贸易区都注重金融、保险、咨询、物流等第三产业发展，为入驻企业提供专业化服务。例如，爱尔兰香农自由贸易区的产业模式经历了航空加油服务—出口加工贸易—科技工业—信息技术产业—高新科技产业的演变历程；德国汉堡自由贸易区也从最初的以转口贸易为主逐渐转变为包括货物中转、储存、加工和船舶制造等多种功能在内的综合型自由贸易区。

第四，统筹各种资源，促进自由贸易区快速发展。一方面，各国都充分发挥自由贸易区的辐射带动作用，促进周边地区产业优化和经济发展；另一方面，各国都通过统筹自由贸易区周边的资金、技术、人才等生产要素，促进自由贸易区快速发展，加快形成特色产业集群，提升区域整体竞争力。例如，美国纽约港自由贸易区通过设立特定用途副区，带动周边地区产业发展；新加坡政府通过整合自由贸易区周边地区的各种资源要素，为区内企业提供全面服务，促进产业集聚。

三、对高水平建设河南自由贸易试验区的启示

国外典型自由贸易区在管理模式、监管政策、投资准入、营商环境、优惠政策、产业选择等方面积累了丰富的经验，这些经验探索对高水平建设河南自由贸易试验区具有重要启示。

（一）完善法律体系，创新管理体制

国外典型自由贸易区在法律体系构建方面的一般做法是"先立法、后设区"，即在建立自由贸易区之前，先制定与之相关的法律法规，为自由贸易区建

成后相关经济活动的顺利展开提供法律依据和保障，夯实自由贸易区特殊权利。国际典型自由贸易区的法律法规主要有，新加坡《自由贸易区法令》规定，未经海关部门准许，任何企业和个人不得干涉自由贸易区内正常的经济活动和贸易活动；爱尔兰《国家机场（香农集团）法案》规定，香农集团负责香农自由贸易区的经济发展工作。对此，应学习和借鉴国外典型自由贸易区法律法规的先进经验，并结合自身特点，尽快出台自由贸易区法律法规。河南应在遵守国家自由贸易区法律法规相关要求的前提下，按照《中国（河南）自由贸易试验区总体方案》中提出的"通过地方立法，建立与试点要求相适应的自由贸易试验区管理制度"的要求，探索建立符合河南自由贸易试验区发展实际的法律体系。国外典型自由贸易区在管理体制方面对高水平建设河南自由贸易试验区的启示主要包括以下三个方面：

第一，制定完善符合河南自由贸易试验区发展实际需求的法律法规。凡属重大改革都要于法有据，河南在高水平建设自由贸易试验区的过程中，应充分发挥法律法规的保障和引领作用，通过运用法治思维和法治方式，加强对河南自由贸易试验区相关立法工作的协调推进，为自由贸易试验区建设提供法律支撑。河南应尽快以立法形式明确河南自由贸易试验区建设领导小组、河南自由贸易试验区工作办公室和三个片区管委会的法律地位，并参照国外典型自由贸易区在管理模式方面的先进经验，进一步理顺管委会与所在行政区相关部门之间的关系，构建科学合理的河南自由贸易试验区管理体制。

第二，构建与法律体系建设相关的高效管理体制。目前，河南自由贸易试验区三个片区与所在地市的经济技术开发区、高新技术开发区、城乡一体化示范区等建设相互交叉重叠，各个政府部门又存在交叉管理的现象，同一区域及跨区域间的行政关系较为复杂。对此，河南自由贸易试验区应充分借鉴国外典型自由贸易区在行政管理方面的先进经验和做法，通过整合优质资源，协同成立法律法规建设推进组、规划建设推进组、产业与营商环境建设推进组等专项小组，凝聚工作共识，在法律及各类规则标准体系制定方面形成合力，进而推动河南自由贸易试验区高标准法律体系建设，实现管理体制的创新。

第三，推动实行灵活多样的行政管理方式。一是按照精简高效、机制灵活的原则，推动省级管理权限在自由贸易试验区内部的逐级下放，明确河南自由贸易试验区建设领导小组主要负责自由贸易试验区的顶层设计与统筹规划协调工作，自由贸易试验区管委会及各片区管委会负责园区管理、制度创新、投资促进、产业引进等具体事务，并拥有相对独立的事权、财权、人事权。二是探索实施自由贸易试验区各片区管委会与省级部门的"直通车"制度，在规划、建设、招商引资、财会统计、项目申报等方面实现与省级部门的直接对接，进一步提升工作效率。三是创新推动市场化人才聘用制度构建完善。高质量建设河南自由贸易试验区应秉持开放、公平、高效的理念，敞开大门纳人才，逐渐打破行政编制和事业编制限制，围绕自由贸易试验区建设当中人才紧缺的关键领域，探索实施通过年薪制、考核制等方式引进专业优质人才。

（二）健全监管政策，创新监管方式

健全完善的监管政策既是推动自由贸易试验区高质量、可持续发展的关键环节，也是国外先进自由贸易区十分重视的问题。通过对国外典型自由贸易区监管政策的探寻发现，国外多数自由贸易区的监管主体都是海关。监管的目的主要是促进自由贸易区内的贸易活动正常进行，为入驻企业提供便利化服务，而非通过监管增加税收收入。国外典型自由贸易区在监管政策和监管方式方面对高水平建设河南自由贸易试验区的启示主要包括以下三个方面：

第一，创新完善监管政策。一是参照美国纽约港自由贸易区的经验做法，根据进出自由贸易试验区的货物来源，对货物实施分类监管，探索实施货物进入河南自由贸易试验区不需要立即缴纳进口关税，只有当货物从海关运入国内市场时才需要缴纳关税。二是借鉴德国自由贸易区的经验，探索河南自由贸易试验区内的金融监管机构通过主体监管实现对金融产品的有效监管。三是运用信息化手段，积极推动实现监管信息的互联互通。构建完善河南自由贸易试验区网上监管信息平台，运用大数据、人工智能、云计算等数字技术，对海关、工商、税务等部门的信息资源进行有效整合，推动各监管部门数据收集的统一化、标准化、程序化，实现企业信息和相关数据在各个部门之间的高效流动、互通。

第二，推动落实事中事后监管。充分借鉴国外先进自由贸易区的监管经验，推动自由贸易试验区监管工作中心由事前审批向事中事后监管转变。一是整合各类监管资源，建立完善跨区域协同监管机制，推动监管方式由分散监管向综合监管转变，积极推动各地方、各部门加强监管联动，协同开展跨区域、跨层级联合监管执法。二是在政府监管的基础上，进一步优化完善监管制度，不断强化企业的主体责任，推动构建事前诚信承诺、事中评估分类、事后联动奖惩的信用监管模式，在自由贸易试验区实现市场主体信用信息全覆盖。三是提升事中事后监管效能。在高标准建设信息监管平台的同时，建立健全监管的资源统筹调配机制，厘清部门监管职责，优化事中事后监管流程，减少监管部门自由裁量权的滥用。

第三，提高监管人员业务素质。一是强化对自由贸易试验区监管人员定期的业务培训，通过对新政策的熟知、对先进自由贸易区监管经验的学习，提升监管人员的业务水平和服务能力。此外，还可以定期选派组织监管领域的业务骨干到国内先进自由贸易试验区进行业务交流学习。二是建立完善的监管业务考核机制，优化完善海关特殊监管区域的机构设置和薪酬体系构建，强化绩效监管，并对考核优秀的人员实施奖励激励，提高监管人员的工作积极性和主动性。三是提高监管人员的法律意识，保证监管人员在日常工作中做到依法监管。

（三）完善优惠政策，吸引外商投资

税收、金融、土地等作为企业入驻自由贸易试验区的重点关注领域，其政策的优惠力度直接决定了自由贸易试验区对外资的吸引力。具体来看，国外典型自由贸易区在财税、金融、土地等领域采取的优惠政策对高水平建设河南自由贸易试验区主要有如下三点启示：

第一，优化税收政策。优惠便利的税收政策能够帮助自由贸易试验区入驻企业有效降低生产经营成本，进而激发企业活力、提升产品国际竞争力。高水平建设河南自由贸易试验区可充分借鉴美国、爱尔兰、新加坡等自由贸易区的先进经验，以税收优惠政策法律化的形式，为入驻企业提供保障其发展的"定心丸"。例如，新加坡自由贸易区为吸引跨国投资者落户投资，区内企业所得税税率仅为17%，个人所得税最高税率为20%，对进口产品征收的增值税仅有7%；阿联酋迪拜自由贸易区对进口机器设备、零部件等生产必需品免征进口税，对出口货物免征出口税；美国纽约港自由贸易区实行倒置关税，规定自由贸易区内的企业可以选择支付原材料税率和产成品税率中较低的一种，对小微企业、创新驱动型企业、跨境电商企业等在所得税方面给予低税率或一定时间的免税期，对于从事关键技术研发、软件开发等行业的高收入者给予个人所得税方面的优惠。

第二，创新金融政策。一是推进金融制度创新。针对河南自由贸易试验区内现代物流、先进制造、文化旅游等行业的不同特点，研发具有不同行业特点的金融产品，为企业提供多样化的融资服务。借鉴美国、新加坡、迪拜等在金融政策方面的先进经验和做法，鼓励外国银行在河南自由贸易试验区开设分支机构，提升金融创新能力。二是增强金融服务功能。河南自由贸易试验区的金融机构应借助"互联网+金融"的发展模式，推动大数据、信息技术等在线上线下场景中的应用。与此同时，进一步完善银行、基金公司、保险公司等金融机构的服务功能，健全金融服务体系，提升金融服务者综合业务素养。三是构建开放宽松的投

资政策。新加坡自由贸易区对外商投资限制很少，完全开放商业、外贸、租赁、直销广告、电信市场，除新闻业、广播业、公共事业外的其他行业无外资出资比例限制，不存在本地含量和出口比例等要求。此外，在对外投资方面，新加坡财政部对"走出去"的国内企业进行财政支持；实施海外企业奖励计划，市场发展、主要特许经营权和知识产权双重扣税计划以及海外投资双重扣税计划等；通过企业基金、国际贷款计划等对企业进行融资支持。

第三，创新土地政策。充分借鉴新加坡自由贸易区的土地管理经验，通过推动出台自由贸易试验区存量用地用途变更、转让等方面的具体措施，提高自由贸易试验区存量土地利用率，推动闲置土地资源的灵活高效利用。具体可以通过探索建立基于河南自由贸易试验区土地的建设—移交—运营管理模式，创新设置河南自由贸易试验区土地用途管制负面清单等途径，吸引优质境内外资本在自由贸易试验区建设基础设施。

（四）发挥比较优势，促进产业升级

现代产业体系是支撑自由贸易区发展的重要保障。各国自由贸易区都根据本国实际情况和资源禀赋，选择符合自身实际的产业，吸引各种要素资源在自由贸易区内集聚，形成各具特色的产业集群。国外典型自由贸易区在产业选择方面对高水平建设河南自由贸易试验区的启示主要包括以下四个方面：

第一，继续营造良好的制度环境。进一步缩减市场准入负面清单，取消不合理的规章制度，降低自由贸易试验区内企业的制度性交易成本。持续推进金融、税务、财政等领域的改革进程，大力促进技术、资金、人才等生产要素自由流动。市场监管部门应转变监管理念，创新事中事后监管方式，确保监管程序的合法化、规范化、正当化，全面提升市场监管水平。进一步简化企业注册程序，健全"容缺后补"登记制度，整合和完善各类大数据政务平台，促进涉企服务的数字化进程。组建自由贸易区、航空港区、创新示范区"三合一"国家战略领导小组，完善"两级三层"高效管理体制，建立省区市联席会议制度，充分发挥国家战略的乘数效应。

第二，充分发挥科技创新对产业发展的促进作用。科技创新是促进产业转型升级和产业发展的根本驱动力。河南在高水平建设自由贸易试验区的过程中，要深入实施创新驱动发展战略，鼓励和支持科技创新，发挥科技研发机构和龙头企业在技术创新方面的领先作用，加强知识产权保护，搭建完善的科技成果转化平台，提高科技成果转化能力。不断完善科技创新奖励机制，一方面政府部门和企

业应加大对科技创新团队和个人的精神奖励，树立先进模范，发挥先进模范的示范带头作用；另一方面政府部门和企业应加大对科技创新团队和个人的物质奖励，激发其继续开展科技创新工作的积极性和主动性。

第三，持续扩大开放领域，积极引进和利用外资。持续扩大文化、金融、服务业等领域的对外开放，不断放宽外资占比的限制，平等对待外资企业和内资企业。积极引进和利用外资，改善外商投资结构，加大外资在现代农业、基础设施、生态保护等方面的投资力度。同时，引导河南自由贸易试验区内优秀企业实施"走出去"战略，加强与世界500强企业在人才培养、技术创新等方面的交流和合作。

第四，充分发挥中小企业的竞争优势。长久以来，中小企业都是支撑地方经济、稳定就业的主力军。相比大型企业，中小企业虽然存在规模效应低，竞争力弱等劣势，但随着大众模仿型、排浪式消费阶段的过去，个性化、多样化消费渐成主流，在这种情况下，能够灵活应对市场需求，满足小众品位，产品独特新颖的中小企业将具有大企业所没有的"走出去"优势。而且，随着"互联网+"时代的到来，中小企业"走出去"的春天已然来临。河南自由贸易试验区应通过政策鼓励和引导等多种举措，推动中小企业整合自身比较优势，开拓新、奇、特产品，借助互联网力量"走出去"，这不仅可以扩大河南对外出口规模，而且可以显著优化河南外贸进出口结构。

第六章　国内典型自由贸易试验区管理模式的比较与启示

　　2013 年 9 月，我国首个自由贸易试验区——中国（上海）自由贸易试验区成立。2015 年 4 月，中国（广东）自由贸易试验区、中国（天津）自由贸易试验区、中国（福建）自由贸易试验区成立，这三个自由贸易试验区是我国第二批成立的自由贸易试验区。2017 年 3 月，我国自由贸易试验区再次扩容，国务院正式批复成立中国（辽宁）自由贸易试验区、中国（浙江）自由贸易试验区、中国（河南）自由贸易试验区、中国（湖北）自由贸易试验区、中国（重庆）自由贸易试验区、中国（四川）自由贸易试验区、中国（陕西）自由贸易试验区共七个自由贸易试验区，这是我国第三批成立的自由贸易试验区。2018 年 10 月，我国第四批自由贸易试验区正式获批，中国（海南）自由贸易试验区成立。2019 年 8 月，我国自由贸易试验区再次扩容，国务院正式批复新成立中国（山东）自由贸易试验区、中国（江苏）自由贸易试验区、中国（广西）自由贸易试验区、中国（河北）自由贸易试验区、中国（云南）自由贸易试验区、中国（黑龙江）自由贸易试验区六个第五批自由贸易试验区。2020 年 9 月 21 日，中国（北京）自由贸易试验区、中国（湖南）自由贸易试验区、中国（安徽）自由贸易试验区三个第六批自由贸易试验区正式成立。2023 年 10 月 21 日，中国（新疆）自由贸易试验区正式成立。综上所述，2013 年至今，经过十多年来的六次扩容，我国自由贸易试验区数量达到 22 个，许多发展较为成熟的自由贸易试验区在管理运营方面形成了独特的经验模式。

一、国内典型自由贸易试验区管理模式分析

　　管理模式的创新发展和与时俱进是自由贸易试验区建设的关键一环。现阶

段，国内自由贸易试验区在探索和实践中形成了自由贸易试验区管委会与地方政府合署办公型、自由贸易试验区管委会与地方功能园区合署办公型、自由贸易试验区管委会与地方政府和功能园区合署办公型三种类型的管理模式。系统梳理国内典型自由贸易试验区在深化投资管理体制改革、探索贸易便利化改革、推进金融领域制度创新、创新监管服务模式、营造良好的营商环境、着力优化产业结构等方面的经验，对于高水平建设河南自由贸易试验区具有积极的借鉴意义。

（一）自由贸易试验区管委会与地方政府合署办公型

自由贸易试验区管委会与地方政府合署办公型的代表是上海自由贸易试验区和浙江自由贸易试验区。

1. 上海自由贸易试验区

第一，实施范围。上海自由贸易试验区实施范围为 120.72 平方千米，共计有 5 个片区，涵盖上海外高桥保税区、外高桥保税物流园区、洋山保税港区、上海浦东机场综合保税区 4 个海关特殊监管区域（28.78 平方千米）以及陆家嘴金融片区（34.26 平方千米）、金桥开发片区（20.48 平方千米）、张江高科技片区（37.2 平方千米）、世博片区（10 平方千米），具体情况如表 6-1 所示。

表 6-1　上海自由贸易试验区基本规划情况

片区	面积	重点产业	建设目标
保税区片区	28.78 平方千米	融资租赁、跨境电商、航空维修、快件转运以及国际贸易、高端制造和现代物流产业	区港一体化运作的空港型综合保税区；"区港联动"的试点区域；中国经济规模最大、业务功能最丰富的海关特殊监管区域
陆家嘴金融片区	34.26 平方千米	现代商贸、金融、总部经济等现代服务业	上海国际金融中心的核心区域、上海国际航运中心的高端服务区、上海国际贸易中心的现代商贸集聚区
金桥开发片区	20.48 平方千米	先进制造业、生产性服务业、战略性新兴产业以及生态工业	先进制造业核心功能区、生产性服务业集聚区、战略性新兴产业先行区和生态工业示范区
张江高科技片区	37.2 平方千米	集成电路、生物医药、软件及文化创意和新能源、新材料等战略性新兴产业	推动上海自贸试验区建设与张江国家自主创新示范区建设深度联动
世博片区	10 平方千米	文化博览创意、总部商务、高端会展、旅游休闲	总部经济、航运金融、高端服务业集聚区

资料来源：笔者整理。

第二，发展历程。建设上海自由贸易试验区是党中央、国务院在新形势下全面深化改革和扩大开放的重大战略举措。自上海自由贸易试验区成立以来，国务院先后批准了多个方案，逐步拓展实施范围和试点政策范围，以推进上海自由贸易试验区发展。2013年9月18日，《中国（上海）自由贸易试验区总体方案》出台，明确上海自由贸易试验区的主要任务包括加快政府职能转变、扩大投资领域的开放、推进贸易发展方式转变、深化金融领域的开放创新、完善法制领域的制度保障。2017年3月30日，国务院印发《全面深化中国（上海）自由贸易试验区改革开放方案》，提出到2020年，率先建立同国际投资和贸易通行规则相衔接的制度体系，把自由贸易试验区建设成为投资贸易自由、规则开放透明、监管公平高效、营商环境便利的国际高标准自由贸易园区。2019年7月27日，国务院印发《中国（上海）自由贸易试验区临港新片区总体方案》，提出设置上海自由贸易试验区临港新片区，到2035年，建成具有较强国际市场影响力和竞争力的特殊经济功能区，形成更加成熟定型的制度成果，打造全球高端资源要素配置的核心功能，成为我国深度融入经济全球化的重要载体。

第三，建设情况。自成立以来，上海自由贸易试验区大力推动各项制度创新，致力于打造良好的营商环境，吸引国内外知名企业入驻，经济发展水平大幅提升。一是投资环境逐步优化。市场准入管理体制更加完善，比如，全面推进开办企业"一表申请、一窗发放"，大幅缩短开办企业所需时间，减少开办企业的流程；推进办理建筑许可效率和质量双提升，确保工程建设项目快速开工。外商投资负面清单管理制度不断优化，大部分行业对外资实现了准入前国民待遇。二是金融市场体系日益完备。上海自由贸易试验区进行本外币一体化管理，不断拓展自由贸易账户功能，并在境外融资、结售汇便利化等方面实施了许多创新改革。三是政务服务更加高效透明。上海自由贸易试验区积极推动商事登记制度改革，构建完善"六个双"政府综合监管机制，积极推动"证照分离""简易注销""一件事""行业综合准营"等一系列改革举措落地实施。

第四，管理架构。上海自由贸易试验区管委会与浦东新区实行一体化合署办公，管理架构如下：市级层面设立上海自由贸易试验区推进工作领导小组及其办公室，办公室设在上海市发展和改革委员会，研究部署上海自由贸易试验区改革开放试点任务，牵头与国家及市相关部门沟通协调，负责上海自由贸易试验区成功经验在全市范围内的复制推广工作。管委会层面由浦东新区承担上海自由贸易试验区建设的主体责任，管委会内设综合协调局、政策研究局、对外联络局三个职能局，浦东新区的各委办局同时也是上海自由贸易试验区管委会的各委办局，更加强调以自由贸易试验区的理念和规则开展工作。片区层面设置保税区、陆家嘴、金桥、张江、世博五个管理局和临港新区管理委员会，负责做好片区管理、创新落地、功能拓展、企业服务等工作。上海自由贸易试验区的管理架构见图6-1。

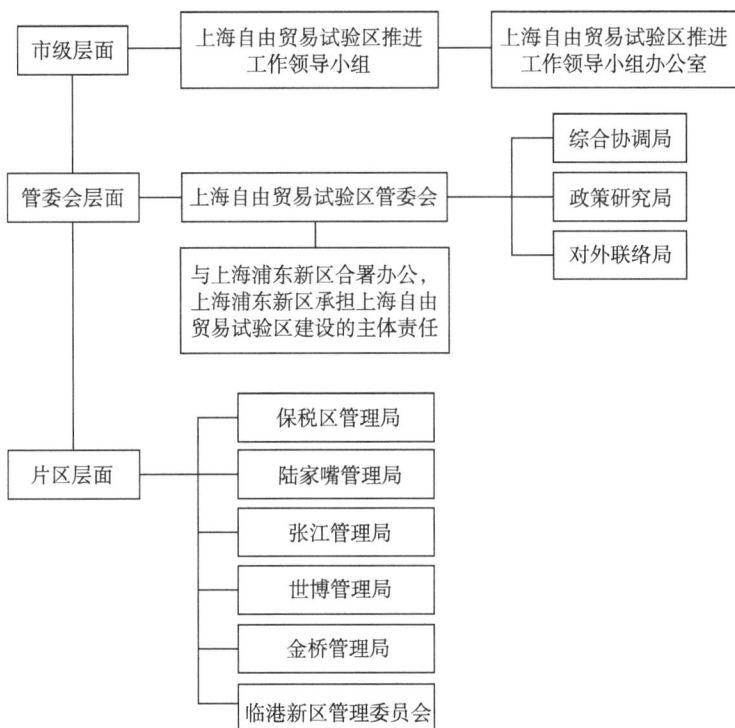

图6-1 上海自由贸易试验区的管理架构

资料来源：笔者绘制。

2. 浙江自由贸易试验区

第一，实施范围。浙江自由贸易试验区的实施范围为119.95平方千米，涵盖舟山离岛片区、舟山岛北部片区、舟山岛南部片区3个片区（见表6-2）。2020年，国务院发布《中国（浙江）自由贸易试验区域方案》，涵盖宁波片区、杭州片区、金义片区等。

第二，建设情况。自2017年4月1日挂牌以来，浙江自由贸易试验区围绕其目标定位，对标国际先进，注重特色发展，着力攻坚克难，创新政策制度，重

表6-2　浙江自由贸易试验区基本规划情况

片区	面积	重点产业	建设目标
舟山离岛片区	78.98平方千米	油品等大宗商品储存、中转、贸易产业以及保税燃料油供应服务	国际一流的绿色石化基地
舟山岛北部片区	15.62平方千米	油品等大宗商品贸易、保税燃料油供应、石油石化产业配套装备等产业	国际海事服务基地、装备制造业基地
舟山岛南部片区	25.35平方千米	大宗商品交易、航空制造、零部件物流、研发设计及相关配套产业；水产品贸易、海洋旅游、海水利用、现代商贸、金融服务、航运、信息咨询、高新技术等产业	长三角期现一体化交易市场、全国最活跃的油气产业发展高地

资料来源：笔者整理。

点改革试点任务顺利推进，重大项目建设成效明显，为浙江经济发展、改革开放作出了积极贡献。一是制度创新先行先试。围绕油品行业发展在制度层面为企业减负，浙江自由贸易试验区首创保税燃料油跨关区直供模式和保税燃料油先供后报监管模式，并出台全国首个保税燃料油供应业务操作规范以及国际航行船舶保税油经营管理暂行办法，通过探索建立统一开放的市场准入和高标准监管制度，在为企业节约二次中转成本的同时，也节约了通关时间，实现了高效监管。此外，在金融领域，浙江自由贸易试验区积极推进融资租赁业务试点建设，通过复制先进自由贸易试验区制度经验，构建起完备的大宗商品交易配套服务体系。二是营商环境全面优化。浙江自由贸易试验区认真贯彻浙江省政府关于推进"最多跑一次"改革的总体部署，围绕打造制度创新高地，积极推进市场准入"一口受理"、国际贸易"单一窗口"、企业投资项目审批等改革和"简化无纸通关随附单证""先进区、后报关"等措施，并通过探索实施油品全产业链投资便利化和贸易自由化举措等，从体制机制和管理制度上切实为营商创造好的环境。此外，浙江自由贸易试验区通过开设多部门协同的综合服务窗口，积极推动实现自由贸易试验区商事登记、投资项目、公共事务、社会民生等9大业务板块"一件事、一窗办"，推行国际航行船舶无疫申报放行等模式，极大地提高了办事效率，实现了97%以上的事项"最多跑一次"。三是油品贸易快速发展。舟山跃升为国内第一加油港，超过美国长滩港、日本东京港等港口，首次跻身全球十大船用保税燃料油供应港口之列。浙江自由贸易试验区与上海期货交易所等单位签订了共建长三角期现一体化油气交易市场战略合作协议，舟山地区已拥有上海期货交易所首批6个原油交割库中的三个以及全部三个燃料油交割库。

第三，管理架构。省级层面成立浙江自由贸易试验区工作领导小组及其办公室，办公室设在浙江省商务厅；成立浙江自由贸易试验区管委会，与舟山市人民政府、舟山群岛新区管委会实行"三块牌子、一套班子"，合署办公，并设置综合协调局、政策法规局和综合服务中心三个职能局，其中综合协调局设置协调指导处、产业推进处、督查考核处三个部门，负责自由贸易试验区范围内各项改革创新任务的综合协调工作；政策法规局设置政策法规一处、二处、三处三个部门，负责自由贸易试验区政策研究、政策创新和法治建设等工作；综合服务中心设置综合管理处、综合信息处、对外联络处三个部门，负责自由贸易试验区综合行政、信息宣传、对外联络等工作。浙江自由贸易试验区各功能区块成立相应机构，省市对应成立投资、贸易、金融、通关、市场监管等若干专题工作组。浙江自由贸易试验区的管理架构见图6-2。

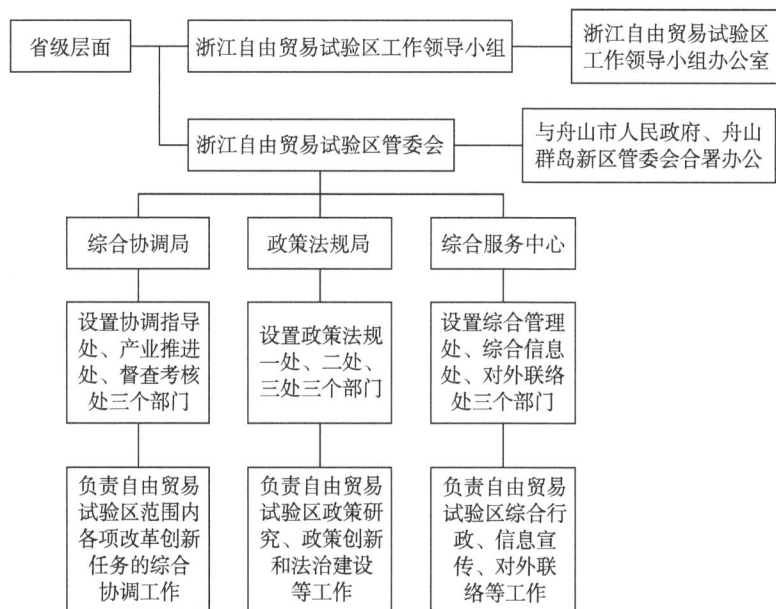

图6-2　浙江自由贸易试验区的管理架构

资料来源：笔者绘制。

（二）自由贸易试验区管委会与地方功能园区合署办公型

自由贸易试验区管委会与地方功能园区合署办公型的代表是广东自由贸易试验区、湖北自由贸易试验区和辽宁自由贸易试验区。

1. 广东自由贸易试验区

第一，实施范围。广东自由贸易试验区实施范围为 116.2 平方千米，涵盖广州南沙新区片区、深圳前海蛇口片区、珠海横琴新区片区 3 个片区，具体情况如表 6-3 所示。

表 6-3　广东自由贸易试验区基本规划情况

片区	面积	重点产业	建设目标
广州南沙新区片区	60 平方千米	航运物流、特色金融、高端制造等产业和现代服务业	世界级先进水平的综合服务枢纽
深圳前海蛇口片区	28.2 平方千米	信息服务、科技金融等战略性新兴服务业	我国金融业对外开放试验示范窗口、世界服务贸易重要基地
珠海横琴新区片区	28 平方千米	商务金融、休闲娱乐、文化科教和高新技术产业	广东文化教育开放先导区、国际商务服务休闲旅游基地

资料来源：笔者整理。

第二，建设情况。广东自由贸易试验区积极发挥全面深化改革和扩大开放的试验田作用，深入推进制度型开放、深化粤港澳合作，高标准建设对外开放门户枢纽。一是加快推进制度创新。广东自由贸易试验区通过积极对接国际先进经贸规则、放宽外资企业市场准入、推动落实极简审批等，构建国际化营商环境，已成为当前全国开放度最高的地区。例如，建立与国际通行规则相衔接的投资管理制度，自由贸易试验区内负面清单缩减至 95 项，99% 的新设外商投资企业通过备案设立，办理注册时间从 10 多个工作日减少到最快 2 个工作日；实施"互联网+易通关"改革，积极推动国际贸易"单一窗口"建设，打造安全高效的国际化通关服务体系，货物申报上线率高达 99%，一般货物平均通关时间降低 42.6%。二是积极推进金融开放创新。广东自由贸易试验区获得证监会支持启动创新型期货交易所筹建工作，广州航运交易所成为华南规模最大的航运交易平台，前海联合交易中心正式上线交易，前海金融资产交易所跨境资产转让业务领先全国，横琴国际知识产权交易中心是首个国家级知识产权运营平台。此外，广东自由贸易试验区积极开展外汇管理改革试点，通过率先实现跨境人民币贷款、跨境双向人民币资金池、跨境金融资产转让等"五个跨境"以及获批人民币海外投贷基金等，有效地打通了自由贸易试验区与境外投融资的双向通道。

第三，管理架构。2015 年 4 月 20 日，广东发布《中国（广东）自由贸易试验区管理试行办法》，对广东自由贸易试验区的管理体制做出了相应安排。省级层面成立广东自由贸易试验区工作领导小组，负责统筹研究自由贸易试验区法规政策、发展规划，研究决定自由贸易试验区发展重大问题，统筹指导改革试点任务，统筹协调与国家有关部门、港澳及有关市自由贸易试验区事务。下设广东自由贸易试验区工作领导小组办公室，具体协调与国家和省相关部门、港澳及有关市自由贸易试验区事务。市级层面分别成立广东自由贸易试验区广州南沙新区片区工作领导小组、广东自由贸易试验区深圳前海蛇口片区工作领导小组、广东自由贸易试验区珠海横琴新区片区工作领导小组，并分别设立办公室。广州南沙新区片区、深圳前海蛇口片区、珠海横琴新区片区分别成立管委会，负责各片区的具体事务，其中，广州南沙新区片区管委会与广州南沙经济技术开发区管委会合署办公；深圳前海蛇口片区管委会与深圳市前海深港现代服务业合作区管理局合署办公，并与招商局集团成立合资公司，市场化运作；珠海横琴新区片区管委会与珠海横琴新区管委会合署办公。广东自由贸易试验区的管理架构见图6-3。

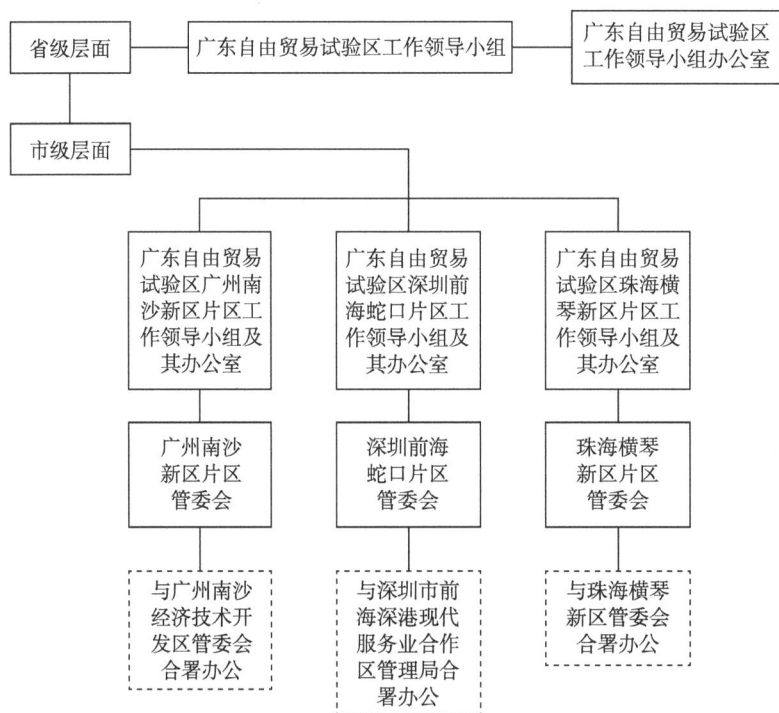

图6-3　广东自由贸易试验区的管理架构

资料来源：笔者绘制。

2. 湖北自由贸易试验区

第一，实施范围。湖北自由贸易试验区的总面积为 119.96 平方千米，涵盖武汉片区、襄阳片区、宜昌片区三个片区，具体情况如表6-4所示。

表6-4　湖北自由贸易试验区基本规划情况

片区	面积	重点产业
武汉片区	70 平方千米	新一代信息技术、生命健康、智能制造等战略性新兴产业；国际商贸、金融服务、现代物流、检验检测、研发设计、信息服务、专业服务等现代服务业
襄阳片区	21.99 平方千米	新能源汽车、大数据、云计算、商贸物流、检验检测
宜昌片区	27.97 平方千米	先进制造、生物医药、电子信息等高新产业及研发设计、总部经济、电子商务等现代服务业

资料来源：笔者整理。

第二，建设情况。湖北自由贸易试验区积极开展以负面清单管理为核心的外商投资管理制度创新，以贸易便利化为重点的贸易监管制度创新，以更好地支持实体经济为目标的金融制度创新，以政府职能转变为导向的事中事后监管制度创新，积极开展以科技体制机制创新为抓手的创新驱动探索，以高端产业和高端生产要素集聚为目的的产业转型升级探索，以内陆地区建设自由贸易港为目标的自由贸易试验区前沿理论探索。在制度创新和产业发展方面取得了诸多成果。一是制度创新成果丰硕。湖北自由贸易试验区围绕推动政府职能转变、贸易投资自由化便利化、金融服务、科技创新等领域进行大胆试验，形成了一大批可复制、可推广的制度创新成果。例如，无申请退税、"先出区后报关、先放行后改单""马上办、网上办、一次办"政务改革、关税保证保险、国地税"一窗通办"创新做法等举措在全国复制推广。二是产业结构不断优化。国家赋予湖北自由贸易试验区中部有序承接产业转移示范区、战略性新兴产业和高技术产业集聚区等战略定位。对此，湖北自由贸易试验区紧密结合功能定位，以打造一批重点产业基地为契机，不仅积极主动对接长江经济带战略，也为实施中部崛起战略提供强有力的支撑。湖北自由贸易试验区武汉片区积极引进光电子信息等重大项目50多个，成为我国光通信领域最大的技术研发和生产基地，不仅完成了"芯屏端网"的全产业链布局，还通过构建五大千亿产业和两大新兴产业，沿长江经济带打造起超万亿产值的世界级产业集群。湖北自由贸易试验区宜昌片区大力发展生物医药产业，打造了15个总投资亿元以上的重点项目，不仅拥有亚洲最大的医用丁基胶塞生产企业——华强科技，还拥有占全国麻醉药品市场60%以上的人福药业。此外，湖北自由贸易试验区宜昌片区是全球最大的金刚石锯片基体生产出口基地，也是全球第三大钢琴生产基地，更是拥有亚洲唯一的全系列最大插齿机和铣齿机研制企业——长机科技，制造业发展优势突出。湖北自由贸易试验区襄阳片区则是围绕新能源汽车整车研发、电池生产、检测、售后等领域构建起了完整的汽车产业链。

第三，管理架构。2017年4月18日，湖北发布《中国（湖北）自由贸易试验区建设管理办法》，对湖北自由贸易试验区的管理体制做出了相应安排。省级层面成立湖北自由贸易试验区工作领导小组，研究决定自由贸易试验区建设管理的重大事项，统筹协调自由贸易试验区建设发展工作。在湖北省商务厅设立湖北自由贸易试验区工作领导小组办公室，负责自由贸易试验区工作领导小组的日常工作。市级层面分别成立湖北自由贸易试验区武汉片区工作领导小组、湖北自由贸易试验区襄阳片区工作领导小组、湖北自由贸易试验区宜昌片区工作领导小组，并分别设立办公室。武汉片区、襄阳片区、宜昌片区分别成立管委会，负责各片区的具体事务，其中，武汉片区管委会与武汉东湖新技术开发区管委会、东湖国家自主创新示范区管委会合署办公；襄阳片区管委会与襄阳国家高新技术产业开发区管委会合署办公；宜昌片区管委会与宜昌高新技术产业开发区管委会合署办公。湖北自由贸易试验区的管理架构见图6-4。

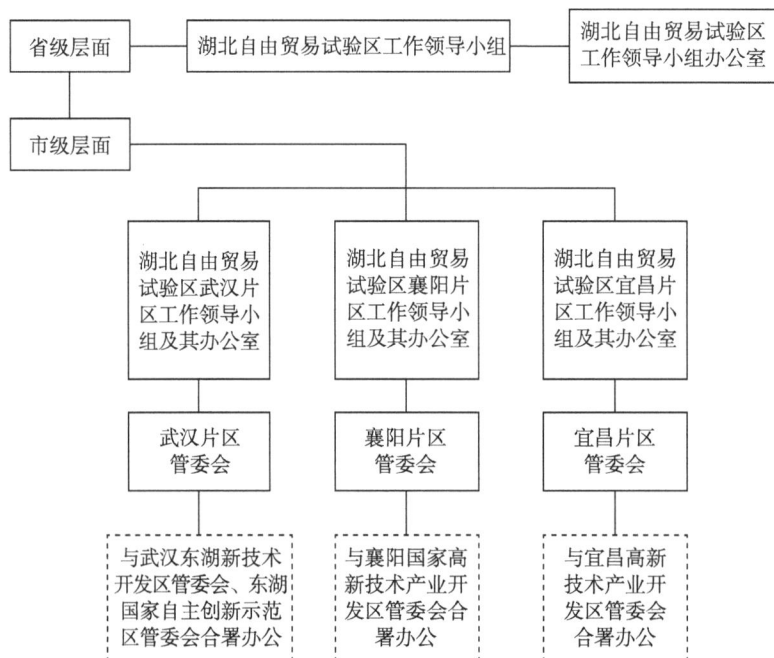

图6-4　湖北自由贸易试验区的管理架构

资料来源：笔者绘制。

3. 辽宁自由贸易试验区

第一，实施范围。辽宁自由贸易试验区实施范围为 119.89 平方千米，涵盖大连片区、沈阳片区、营口片区三个片区，具体情况如表 6-5 所示。

表 6-5　辽宁自由贸易试验区基本规划情况

片区	面积	重点产业	建设目标
大连片区	59.96 平方千米	港航物流、金融商贸、先进装备制造、高新技术、循环经济、航运服务	推动东北亚国际航运中心、国际物流中心、建设进程，形成面向东北亚开放合作的战略高地
沈阳片区	29.97 平方千米	装备制造、汽车及零部件、航空装备等先进制造业和金融、科技、物流等现代服务业	东北地区科技创新中心和国家新型工业化示范城市；建设有国际竞争力的先进装备制造业基地
营口片区	29.96 平方千米	商贸物流、跨境电商、金融等现代服务业；新一代信息技术、高端装备制造等战略性新兴产业	国际海铁联运大通道；区域性的国际物流中心和高新技术产业基地

资料来源：笔者整理。

第二，建设情况。自 2017 年 4 月 1 日挂牌以来，辽宁自由贸易试验区坚持以制度创新为核心，以可复制、可推广为基本要求，以突出辽宁特色为工作重点，扎实推进自由贸易试验区建设各项工作。大连片区"保税混矿"监管创新和进境粮食检疫全流程监管、沈阳片区优化涉税事项办理程序、营口片区集装箱风险分级管理制度创新四项制度创新被列入国家改革试点经验。营口片区以制度创新持续优化营商环境被列入国务院第五次大督查典型经验做法。一是加快推进制度创新。大连港集团通过密切跟进国际航运发展变化形势，以股权投资和股权整合为主要突破方向，围绕制约集装箱业务发展的主要核心问题，如大窑湾集装箱码头规模有限、码头运营成本较高、岸线堆场资源利用不均衡、服务标准制定不统一等，大力推进国有企业混合所有制改革和国有资本管理机制创新。沈阳机床集团在全国首创了基于全要素价值分享的国有企业"内创业"模式，大力支持企业员工创业创新，在助力实现"资源共享、价值分享"的同时，围绕智能化与工业化"两化融合"，走出了一条协同推进混合所有制企业改革和新型工业化建设的道路。大连冰山集团则把混合所有制改革作为重要突破口，通过大力发展智能制造、积极构建综合服务体系，开创了"1+2"冰山改革模式，实现质效双升。大连片区在国内首推企业登记"五位一体"确认制，主要包括两方面内容：一方面，负面清单外领域的审批实现立等可取。企业注册审批方式由行政许可转为行政确认，实现负面清单、标准文本、无人审批、智能确认、立等可取"五位一体"改革。目前，大连片区大约80%的注册企业可以通过确认制完成商事登记手续。另一方面，负面清单内或新业态领域的审批实行主题式服务。对另外约20%的属于负面清单内或新业态领域的注册企业审批实行主题式服务，从而实现一项需求、一个主题、一张清单、一次办理。二是不断优化营商环境。沈阳片区以合作交流为核心，着力打造最开放营商环境。打造"自贸之窗"分享平台，2018年10月25日正式启动，"自贸之窗"已经成为境内外企业交流商机、打造品牌、扩大发展的开放新窗口。目前，已有域内企业通过"自贸之窗"平台在老挝、瑞典和哈萨克斯坦找到投资和贸易合作伙伴，立体式信息互通网络功能初步彰显。大连片区以贸易便利化为核心，着力打造最高效营商环境。出台《中国（辽宁）自由贸易试验区大连片区优化跨境贸易营商环境若干措施》，组织海关、海事、边检等口岸部门集体发力深入推进"三互"大通关，通关流程进一步简化。营口片区以政府职能转变为核心，着力打造最便利营商环境。实行"一套材料、一表登记、一窗受理"的开办企业服务模式，精简企业开办流程，办理时间由5~6天减少到1~2天。构建"权利平等、机会平等、规则平等"的外商投资环境，为外国投资者在营口片区设立企业节约了15~30天的时间成本。强化事中事后监管，推行"16+X"集成化综合监管模式，创新推出"三随机三公开"监管方式。

第三，管理架构。省级层面成立辽宁自由贸易试验区工作领导小组，研究决定自由贸易试验区建设管理的重大事项，统筹协调自由贸易试验区建设发展工作。在辽宁省商务厅设立辽宁自由贸易试验区工作领导小组办公室，负责自由贸易试验区工作领导小组的日常工作。辽宁自由贸易试验区工作领导小组设置投融资体制改革推进组、贸易便利化推进组、金融创新推进组、规划建设推进组、法治建设推进组、商事制度改革推进组、营商环境推进组、人才和科技创新推进组八个专题推进组。市级层面分别成立辽宁自由贸易试验区沈阳片区工作领导小组、辽宁自由贸易试验区大连片区工作领导小组、辽宁自由贸易试验区营口片区工作领导小组，并分别设立办公室。沈阳片区、大连片区、营口片区分别成立管委会，负责各片区的具体事务，其中，大连片区管委会与大连金浦新区管委会合署办公；沈阳片区单设管委会，下设办公室等职能机构；营口片区管委会与营口经济技术开发区合署办公。辽宁自由贸易试验区的管理架构见图6-5。

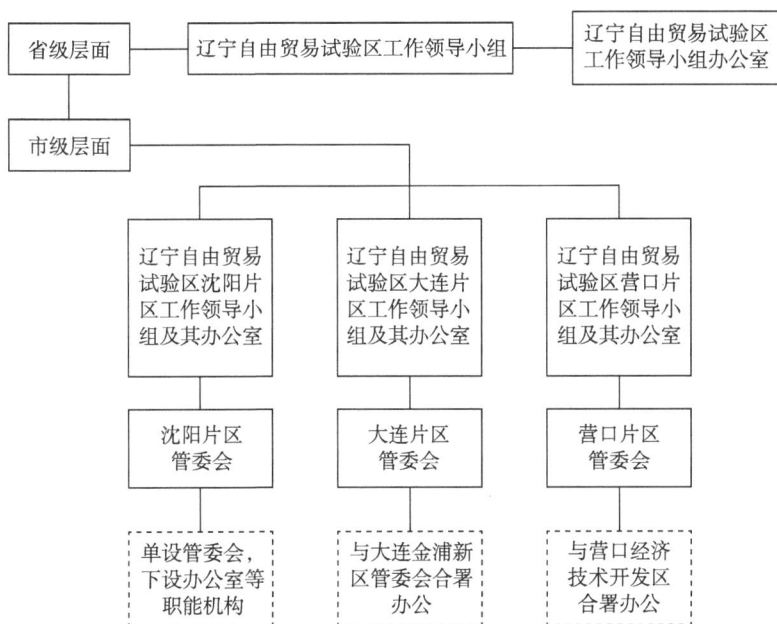

图6-5 辽宁自由贸易试验区的管理架构

资料来源：笔者绘制。

（三）自由贸易试验区管委会与地方政府和功能园区合署办公型

除海南自由贸易港和前两种自由贸易试验区外，国内其他自由贸易试验区大多采取的是自由贸易试验区管委会与地方政府和功能园区合署办公型的管理模式。下面以天津自由贸易试验区和四川自由贸易试验区为例，对自由贸易试验区管委会与地方政府和功能园区合署办公型管理模式进行介绍。

1. 天津自由贸易试验区

第一，实施范围。天津自由贸易试验区实施范围为119.9平方千米，涵盖天津港片区、天津机场片区、滨海新区中心商务片区三个片区，具体情况如表6-6所示。

表6-6 天津自由贸易试验区基本规划情况

片区	面积	重点产业
天津港片区	30平方千米	航运物流、国际贸易、融资租赁等现代服务业
天津机场片区	43.1平方千米	航空航天、装备制造、新一代信息技术等高端制造业和研发设计、航空物流等生产性服务业
滨海新区中心商务片区	46.8平方千米	以金融创新为主的现代服务业

资料来源：笔者整理。

第二，建设情况。天津自由贸易试验区积极对标国际一流经贸规则和标准，坚持以制度创新为核心，着力打造国际化、市场化、法治化、便利化营商环境，在金融、贸易、投资、监管等领域展开了一系列的先行先试改革举措，更是在服务京津冀协同战略方面贡献了重要力量。截至 2024 年 4 月底，天津自由贸易试验区累计实施了 615 项制度创新措施，其中，33 项改革试点经验和 9 项最佳实践案例在全国范围内复制推广。作为国家批准设立的租赁创新示范区，天津自由贸易试验区租赁业"东疆模式"享誉全国，是全球第二大飞机租赁中心，并在全国率先开展飞机离岸租赁对外债权登记业务和共享外债额度便利化两大试点，在全国率先实施经营许可"一址多证"、民非机构"多项合一"、租赁 SPV 公司注销"白名单"，出台了全国首个保税租赁业务管理办法和全国首个自由贸易试验区保税维修和再制造业务实施办法，创造了船舶"委外加工"保税维修等新模式。天津自由贸易试验区内部集聚了近 4000 家融资租赁企业，注册资本近万亿元，飞机、船舶等跨境租赁产业的业务规模占全国的比重超过 80%。此外，天津自由贸易试验区还积极开展商业保险创新，在全国推出了首款影视保理产品，出台了全国首个商业保理行业监管办法，面向国际积极开展国际保理业务。

第三，管理架构。市级层面设立天津自由贸易试验区推进工作领导小组及其办公室，研究部署天津自由贸易试验区改革开放试点任务，牵头与国家及市相关部门沟通协调。管委会层面设置办公室、综合改革局、综合协调局三个职能部门。片区层面设置天津港东疆片区办事处、天津机场片区办事处、滨海新区中心商务片区办事处三个办事处，负责做好片区管理、创新落地、功能拓展、企业服务等工作。天津自由贸易试验区的管理架构见图 6-6。

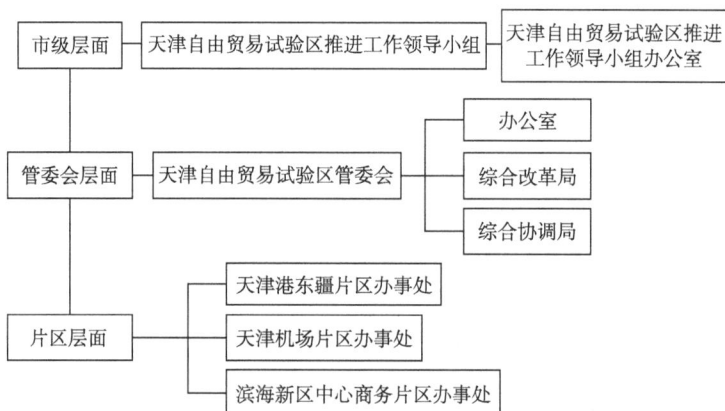

图 6-6　天津自由贸易试验区的管理架构

资料来源：笔者绘制。

2. 四川自由贸易试验区

第一，实施范围。四川自由贸易试验区的实施范围为 119.99 平方千米，涵盖成都天府新区片区、成都青白江铁路港片区、川南临港片区三个片区，具体情况如表 6-7 所示。

表 6-7　四川自由贸易试验区基本规划情况

片区	面积	重点产业	建设目标
成都天府新区片区	90.32 平方千米	现代服务业、高端制造业、高新技术、临空经济、口岸服务	国家重要的现代高端产业集聚区、创新驱动发展引领区、开放型金融产业创新高地、商贸物流中心和国际性航空枢纽，打造西部地区门户城市开放高地
成都青白江铁路港片区	9.68 平方千米	国际商品集散转运、分拨展示、保税物流仓储、国际货代、整车进口、特色金融等口岸服务业；信息服务、科技服务、会展服务等现代服务业	打造内陆地区联通丝绸之路经济带的西向国际贸易大通道重要支点
川南临港片区	19.99 平方千米	航运物流、港口贸易、教育医疗等现代服务业；装备制造、现代医药、食品饮料等先进制造和特色优势产业	建设成为重要区域性综合交通枢纽和成渝城市群南向开放、辐射滇黔的重要门户

资料来源：笔者整理。

第二，建设情况。一是加快推进制度创新。根据四川自由贸易试验区相关统计数据显示，截至 2023 年底，四川自由贸易试验区已形成 800 余项制度创新成果。其中，"知识产权案件快审机制"被国务院发文在全国推广，"首证通"行政审批改革被中央改革办在全国推广，"一单到底+一票结算""一次委托+一口报价""全程控货+金融创新"等创新模式受到国内其他自由贸易试验区的借鉴学习。尤其是"首证通"行政审批改革，企业在开办时可通过从环保、工商等相关部门申请获得首个审批许可，"后证"部门见"首证"后直接发证，不仅有效破解了自由贸易试验区企业"准入不准营"的难题，而且还大幅度提升了行政审批效率，企业开办时间压缩到 2 个工作日、最快 1 小时。二是持续推进金融创新。四川自由贸易试验区以"融资、降费、服务"为核心，通过政策性引导、市场化运作、利益共享、责任共担等方式，积极打造中小企业金融创新服务平台，并针对外向型中小微企业推出"自贸通"综合金融服务方案和全方位的金融服务，在大力支持中小微企业"走出去"的同时，降低企业的融资和结算成本。具体来讲，"融资、降费、服务"可以分为三大模块：其一，融资——"自贸贷"。以自由贸易试验区"成长贷""双创贷"等成熟的特色融资产品为依托，通过建立银行与中小企业投融资服务平台，推动政府、银行、担保公司协同建立风险分担机制，积极构建风险资金池等举措，将融资产业的业务范围扩大化、规模化，不仅可以解决银行机构面临的企业信贷风险与收益严重不匹配问题，还可以有效化解中小微企业与银行信息不对称以及中小微企业"融资难""融资贵"难题。其二，降费——"自贸惠"。作为被纳入"自贸通"金融服务的外向型中小微企业，在协议有效期内，合作银行不仅可以免除其全部国际结算手续费，还可以为其免除包括汇出汇款手续费、开证手续费（最低为开证金额的0.15%）、承兑费（最低为承兑金额的0.1%）等一系列国际结算手续费，切实降低企业的费用成本。其三，服务——"自贸易"。实现对金融资源的有效市场化整合，是四川自由贸易试验区"自贸通"金融服务的主要特色，主要目的是降低自由贸易试验区内部企业"走出去"的交易成本。"自贸易"由与自由贸易试验区建立合作协议的商业银行牵头，通过积极开辟业务办理绿色通道，为自由贸易试验区内被纳入"自贸通"金融服务的外向型中小微企业提供"一带一路"国家境外投资、跨境融资、业务渠道拓展等全方位金融服务。在主要参与方中，合作商业银行负责"自贸通"金融服务的具体实施；成都天府新区片区管委会授权盈创动力中小企业投融资平台，与合作商业银行合作建立"自贸通"企业库，并牵头实施"自贸通"宣传推广工作。

第三，管理架构。省级层面成立四川自由贸易试验区推进工作领导小组，研究决定自由贸易试验区建设管理的重大事项，统筹协调自由贸易试验区建设发展工作。在四川省商务厅设立四川自由贸易试验区推进工作领导小组办公室，负责自由贸易试验区推进工作领导小组的日常工作。市级层面分别成立成都片区管委会和川南临港片区管委会，接受四川自由贸易试验区推进工作领导小组和所在地省辖市人民政府的领导，负责决定本片区与自由贸易试验区改革相关的重大问题，统筹推进改革试点工作等具体事务。四川自由贸易试验区的管理架构见图6-7。

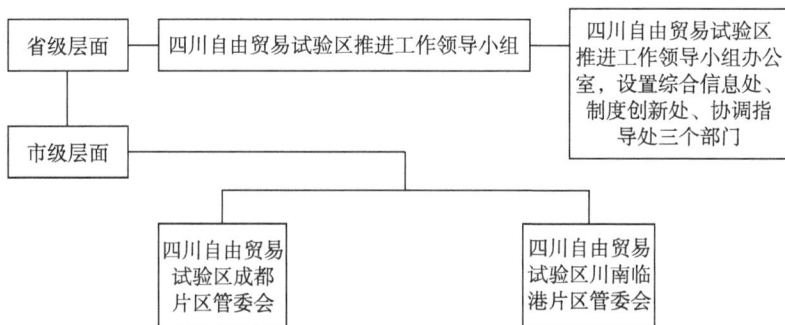

图6-7　四川自由贸易试验区的管理架构

资料来源：笔者绘制。

二、国内典型自由贸易试验区管理模式经验总结

系统梳理国内典型自由贸易试验区在深化投资管理体制改革、探索贸易便利化改革、推进金融领域制度创新、创新监管服务模式、营造良好的营商环境、着力优化产业结构等方面的经验，对于高水平建设河南自由贸易试验区具有积极的借鉴意义。

（一）深化投资管理体制改革

围绕深化投资管理体制改革，在制度型开放领域率先探索，是高水平建设自由贸易试验区的重要方面。

第一，转变政府职能。上海自由贸易试验区陆家嘴金融片区通过学习借鉴国外自由贸易区的成功经验，在全国首次采用了"业界共治+法定机构"的治理方式，这种做法通过企业化的组织方式、市场化的操作手段以及专业化的服务模式，显著提升了政府的工作效率。广东自由贸易试验区则积极推动"互联网+政务服务"，特别是在南沙新区片区，通过利用企业专属网页，融合了区内各个政府部门的数据系统和在线服务入口，为入驻的企业提供了便捷的一站式服务。福建自由贸易试验区则以简政放权为切入点，福建省政府将80%的省级行政许可事项的审批权下放到福州、厦门、平潭三个片区，逐步清理、取消、调整了200余项省级行政审批中介服务和前置审批事项。

第二，积极探索准入前国民待遇和负面清单制度。上海自由贸易试验区于2013年9月发布了中国自由贸易试验区第一份负面清单，涉及事项190项。2014年，上海自由贸易试验区负面清单减少至139项。2015年，上海自由贸易试验区负面清单减少至122项。2017年，上海自由贸易试验区负面清单减少至95项。2018年，上海自由贸易试验区负面清单减少至45项。2019年，上海自由贸易试验区负面清单减少至37项。2021年，上海自由贸易试验区负面清单减少至27条。自2013年成立以来，上海自由贸易试验区不断推进以负面清单为核心的投资管理制度的改革。对于负面清单未涵盖的投资领域和行业，实施内外资统一的市场准入标准，外商投资项目的设立流程由原先的审批制转变为备案制，审批时间也大幅缩短至1个工作日，所有必要材料均可网上提交。广东自由贸易试

验区在对外资企业实施准入前国民待遇和负面清单管理的同时，还在全国率先推出投资准入负面清单管理制度。福建自由贸易试验区以负面清单为核心，构建了准入前国民待遇和负面清单的外商投资管理体制。

第三，深化商事登记制度改革。上海自由贸易试验区在全国率先实行"双告知"制度（即告知企业需要申请审批的经营项目，告知企业相应的审批部门或主管部门）；从 2015 年 12 月开始，国务院在上海市浦东新区开展"证照分离"改革试点，经过 3 年的试验，改革取得了良好的效果，极大地降低了企业的制度性交易成本。2017 年 6 月，浙江自由贸易试验区构建了商事登记"1+N"综合受理服务体系，进行商事登记领域"最多跑一次"改革；浙江省政府办公厅发布《关于加快推进"多证合一、一照一码"改革的通知》，决定从 2017 年 7 月 1 日起进行"多证合一、一照一码"改革，通过税务、工商、监管等部门之间的证照整合和信息共享达到"让数据多跑，群众少跑"的目的。广东自由贸易试验区南沙片区探索实行一般企业商事登记确认制和商事登记全流程电子化等措施；深圳前海蛇口片区打造外商投资"一口受理"升级版，实现外商投资项目协同申报和数据共享、外商投资备案经营范围自动核准等。四川自由贸易试验区不断简化企业注册程序，外资企业商务备案和工商登记实现"一窗受理"。陕西自由贸易试验区在全国率先将"人民银行开户许可"纳入联合办理事项，同时陕西自由贸易试验区创办的"微信办照"模式已被全国广泛采用。福建自由贸易试验区则对企业投资项目审批流程进行了优化，将其整合为规划选址与用地、项目评审与核准备案、设计审查与施工许可、统一竣工验收四个阶段。在每个阶段，采用"一表申请、统一受理、并联审查、一章审批"的方式，从而显著减少了投资项目审批所需的时间。

（二）探索贸易便利化改革

自由贸易试验区通过实施贸易便利化措施，如"先入区、后报关"和"采纳第三方检验结果"等，成功吸引了大量企业入驻。上海、广东等自由贸易试验区借助这些措施，创新了跨境电子商务平台、保税展示、中转集拼、技术贸易交易等一系列新平台和载体，从而有效推动了自由贸易试验区的发展。具体而言，在贸易便利化方面，国内一些典型的自由贸易试验区积累了以下三个方面的主要经验：

第一，建立国际贸易"单一窗口"。上海自由贸易试验区在国际贸易"单一窗口"方面的探索处于全国领先地位，探索建立了以信息化和智能化为基础的信息系统，该系统设置了 10 个功能模块，集中了工商、税务、海关、质检、公安等 22 个政府部门的业务，并集成了海关、边检、海事、检验检疫四个部门的数据系统，大大缩短了企业数据申报和货物申报的时间，降低了企业运营成本。广东自由贸易试验区已建成涵盖企业资质、原产地证、货物申报、加工贸易等 18 个功能模块的国际贸易"单一窗口"，集中了海关、边检、商务、检验检疫、工商等 21 个政府部门的业务，其国际贸易"单一窗口"标准版在全国走在前列。福建自由贸易试验区厦门片区的"互联网+自主报关"改革成为全国第一个在国际贸易"单一窗口"平台上进行自主报关的试点，实现了在线通关。

第二，建立商品质量溯源体系。2015 年 6 月 1 日，广东自由贸易试验区跨境电商商品质量溯源平台正式运营，这标志着广东自由贸易试验区成为全国首个推出这一体系的区域。通过该平台，消费者可以随时通过跨境电商商品质量溯源平台查询经该地区进出口的商品质量信息。该平台的设立，不仅为消费者提供了一个便捷、透明的信息渠道，还极大地提升了消费者的购物体验和信心，同时这一平台的推出也体现了广东自由贸易试验区在促进贸易便利化和保护消费者权益方面的坚定决心和积极努力。

第三，不断简化通关流程。2013 年 9 月，上海自由贸易试验区行政服务中心正式成立运营，实现了将税务、工商、质检等多个部门的行政许可审批事项在行政服务中心办事大厅集中处理。近年来，上海还发布了《实行企业市场准入全网通办的工作方案》《实施企业市场准入单窗通办的方案》《全面推进"一网通办"加快建设智慧政府工作方案》等一系列文件，进一步压缩行政审批流程，推动实现"一网通办"和"全市通办"，不仅减轻了自由贸易试验区内部企业负担，而且提高了政府工作效率。2019 年 7 月 12 日，国家外汇管理局上海市分局发布了《进一步推进中国（上海）自由贸易试验区外汇管理改革试点实施细则（4.0 版）》，该细则主要涉及简政放权、贸易与投资便利化、总部经济发展和离岸金融服务四个方面，为上海自由贸易试验区的创新试点注入了新动力。2016 年 12 月，浙江省委经济工作会议首次提出"最多跑一次"改革，随后浙江自由贸易试验区管理委员会制定实施《浙江自由贸易试验区企业注册登记管理暂行办法》，其中规定土地审批、项目立项审批等前置审批流程可以同时进行，从而进一步促进了贸易便利化。辽宁自由贸易试验区也在积极推进贸易便利化，特别是大连片区，在全国率先创建了出口退税综合服务平台。

（三）推进金融领域制度创新

2016 年 11 月，国务院印发《关于做好自由贸易试验区新一批改革试点经验复制推广工作的通知》，决定在全国范围内复制推广 19 项改革事项。截至 2023 年 7 月，自由贸易试验区累计向全国范围内复制推广的改革试点经验逐步累计至 302 项。国内典型自由贸易试验区在推进金融开放创新、金融制度创新等方面进行了一系列有益探索，积累了宝贵经验。

自 2013 年上海自由贸易试验区成立以来，在自由贸易账户、人民币国际化、金融监管及风险防范等方面进行了积极的探索，并积累形成了一系列可在全国范围内复制推广的经验。一是扩大金融机构市场准入。上海自由贸易试验区对于满足规定要求的外资和民营金融机构都予以开放，同时支持符合条件的社会资本依法成立民营银行、财务公司等不同类型的金融机构，并在相关管理方法和加强有效监管的基础上，允许符合条件的中资银行在自由贸易试验区内开展离岸业务。二是扩大资本项目可兑换。自 2013 年起，上海自由贸易试验区就建立了自由贸易账户体系；2014 年，进一步规范了双向人民币资金池等相关规则，简化了人民币在直接项目和经常项目下的跨境使用流程；2015 年，上海自由贸易试验区又进一步优化拓展了自由贸易账户的功能。通过这些措施的实施，上海自由贸易试验区建立了严格的资金跨境流动管理制度。三是拓宽企业融资渠道。上海自由贸易试验区不断完善金融市场体系，设立各类资产交易中心，拓宽区内企业的直接融资渠道，比如，组建上海国际能源交易中心、国际金融资产交易平台、现代服务业资产交易中心等各类金融平台。四是加强金融监管。为提升金融市场的稳定性，上海自由贸易试验区不断探索并尝试建立符合国际金融监管规则且适应中国独特国情的金融监管框架，并通过优化现有金融监管体系、引入国际先进的风险管理理念、构建金融风险监测预警系统等，通过大数据、云计算等现代信息技术手段，实时监测金融市场的动态，以便及时发现并应对可能出现的风险点，为自由贸易试验区乃至全国的金融稳定和经济发展提供了有力保障。

广东自由贸易试验区在金融创新领域的突出贡献体现在两个方面：一是跨境金融取得了重大进展。广东自由贸易试验区勇于先行先试，在全国率先实施了跨境双向股权投资、跨境双向人民币资金池、跨境人民币贷款、跨境金融资产转让、跨境双向人民币债券五类跨境金融业务。这些创新举措极大地促进了资金的跨境流动，提高了金融市场的开放度和灵活性，为国内外投资者提供了更多元化的投资渠道和融资方式，不仅有助于推动我国金融市场的国际化进程，也为广东自由贸易试验区乃至全国的经济发展注入了新的活力。二是创新发展特色金融。广东自由贸易试验区设立了全国首个跨机构联盟链——前海微众银行联合贷款备付金管理及对账平台，利用区块链技术的去中心化、可追溯、不可篡改等特点，提高了金融交易的透明度和安全性。同时，深圳前海数据服务公司开发了全国首个基于大数据的金融风险评估预警系统，通过挖掘和分析海量数据，为金融机构提供更加精准的风险评估和预警服务。此外，深圳前海蛇口片区积极探索开展外商独资私募证券投资基金试点，吸引更多外资进入金融市场，丰富市场参与主体；前海金融控股有限公司开发出国内首个私募基金信息监管服务平台——深圳私募基金信息服务平台，为私募基金行业提供了更加规范、透明的监管服务。2017 年启动的香港交易所前海联合中心促进金融市场主体多元化发展，成立了全国第一家互联网民营银行，第一家港资控股全牌照证券公司和基金公司，第一家社会资本主导的再保险公司，第一家民营小额再贷款公司，第一家从申请、审批到放款全流程实现互联网线上运营的微粒贷。2018 年 2 月，深圳率先获批在前海启动资本项目外汇收入支付便利化试点，银行审核企业材料时间由试点前的几小时大幅缩短至试点后的几分钟。资本项目外汇收入支付的流程改革，从原先的"先审后付"转变为"先付后抽查"，这一变化不仅大幅简化了企业财务人员在办理相关业务时的手续，节约了大量的时间成本和精力，更加快了企业资金的周转速度，提高了企业的经营效率。

（四）创新监管服务模式

各地自由贸易试验区为提高办事效率、简化工作流程、减轻企业负担，压缩企业准入的事前审批事项，进一步加强事中事后监管，完善市场监管体制。国内典型自由贸易试验区在创新监管服务模式方面积累的主要经验包括以下三个方面：

第一，构建自由贸易试验区网上政务大厅。2016 年 5 月，国务院发布了《2016 年推进简政放权放管结合优化服务改革工作要点》，这份文件不仅体现了政府对提高行政效率和服务水平的决心，还明确提出了要推行"互联网+政务服务"的模式，旨在建设一个便捷、高效的网上办事大厅，为企业提供全方位、便捷化的服务。这一做法充分体现了"以人为本"的服务理念，是推动政府服务现代化、提高社会治理水平的重要举措。国家部委和各地自由贸易试验区除构建统一的网上政务大厅外，还针对某些重要领域建设了专项的网上政务大厅，以提供更精细化、专业化的服务。例如，公安部积极创新，推出了网上便民服务平台。在这个平台上，自由贸易试验区内的入驻企业只需利用手机，即可轻松上传八类边检证件办理和报检所需的各种材料，极大地简化了传统的纸质材料提交流程，不仅节省了时间，还提高了办事的准确性。与此同时，边检部门也通过在线审批、在线告知的方式，实现了边检事项的在线办理，进一步提升了服务效率和响应速度。此外，天津检验检疫局开发的"透明检验检疫"网上服务大厅于2018年1月10日正式上线运营，该网络平台整合了八个系统资源，设置了六个功能模块，实现了34类政务信息和35项公共服务事项的公开。

第二，建设公共信用信息服务平台。社会信用体系建设在自由贸易试验区事中事后监管中占据着举足轻重的地位，这一制度创新在弥补传统监管方式的不足、防范潜在的交易风险以及加强后续监管等多个方面都起到了至关重要的作用。对此，广东自由贸易试验区采取了一系列具有前瞻性和创新性的措施：广东自由贸易试验区建立了统一的信用信息监管平台。这一平台不仅全面收集了广州南沙新区片区、深圳前海蛇口片区、珠海横琴新区片区这三个重要片区入驻企业的信用数据，更重要的是，实现了对企业信用信息的全面归集、深入分析和广泛共享，极大地提高了监管的透明度和效率，使各片区能够根据实际情况，制定出更为精准的监管策略。珠海经济特区横琴新区出台了《珠海经济特区横琴新区诚信岛建设促进办法》，不仅明确提出了促进政务诚信、商务诚信、社会组织诚信以及个人诚信建设的具体举措，还规定了相应的惩戒措施，从而确保了诚信建设的全面推进和有效实施。深圳前海蛇口片区也在社会信用体系建设方面发布了《社会信用体系建设实施方案》《信用服务综合改革若干措施》等顶层设计文件，为信用体系的建设提供了坚实的政策保障。同时，深圳前海蛇口片区搭建了前海公共信用平台，这一平台汇集了70多个政府部门与市场机构的信息，涉及17万余家企业的超过1500万条信用数据。通过这些数据，该片区成功构建了"前海企业信用画像"，将片区内的企业按照信用风险等级划分为A、B、C、D四个等级。这一举措不仅有助于政府和企业更全面地了解企业的信用状况，也为后续的监管和服务提供了更为精准的依据。2015年5月，天津市政府发布《市场主体信用风险分类暂行办法和市场监管随机抽查联合检查暂行办法》，以市场主体信用信息公示系统为载体，对归集的各类企业信用信息按照良好、警示、失信、严重失信四个类别进行分类，对良好等级的企业实行以"双随机"抽查为重点的日常监督检查制度，对其他等级的企业进行重点监督检查。总的来说，自由贸易试验区在社会信用体系建设方面的创新举措，不仅提高了监管的效率和精准度，也为自由贸易试验区的健康、稳定和可持续发展提供了坚实的保障。

第三，建设事中事后综合监管平台。2016年8月，上海市人民政府办公厅发布《进一步深化中国（上海）自由贸易试验区和浦东新区事中事后监管体系建设总体方案》，该方案旨在创新监管体制机制、加强监管基础平台建设，以适应新形势下市场监管的需求。通过这一方案的实施，上海自由贸易试验区将建立起更加完善、高效的事中事后监管体系，进一步提升自由贸易试验区的整体竞争力和市场环境的公正性。福建自由贸易试验区也在积极推进监管体系的改革。福建自由贸易试验区制定了全国首张风险防控清单，系统地梳理出了55个潜在的监管风险点，并针对这些风险点制定了88条具体而有效的防控措施。值得一提的是，福建自由贸易试验区还依托企业信用信息公示系统，对自由贸易试验区内的入驻企业实施了信用风险分类监管，并依此开展"双随机、一公开"的抽查方式，既保证了监管的公正性和透明度，又有效地减轻了企业的负担。对于信用良好的企业，采取"不举不查"的原则，给予了更大的经营自由度；而对于失信企业，则进行更为严格的审查，从而有效激发市场主体的活力，促进市场的公平竞争。广东自由贸易试验区整合工商、质检、口岸等监管部门的信息资源，建立市场监管大数据平台，加强对企业经营行为的统一监管。天津自由贸易试验区利用信息化手段，建立市、区两级统一的行政执法监督平台，全面归集行政执法信息，加强数据统计分析，强化数据互联共享。

（五）营造良好的营商环境

营造良好的营商环境是各地自由贸易试验区改革的重要内容。良好的营商环境能够吸引企业入驻自由贸易试验区，是促进入驻企业持续健康发展的制度保障。世界银行发布的《全球营商环境报告2020》显示，中国营商环境排名在全球190个经济体中跃升至第31位。国内典型自由贸易试验区在营造良好的营商环境方面积累的主要经验包括以下两个方面：

第一，加强制度建设，为营造良好的营商环境提供制度保障。上海针对优化营商环境提出了具体的措施，比如，将营业执照、税务涉税事项等归集到企业注册"一窗通"服务平台，企业在平台填入基本资料后，后台自动分送和办理；进行"全网通"服务改革，服务大厅的窗口一次受理后即可完成不动产交易登记的所有手续。2019年3月，广州南沙开发区管委会发布《中国（广东）自由贸易试验区广州南沙新区片区优化电力营商环境实施办法（试行）》，旨在为入驻企业提供良好的用电服务，节省了企业建设专用变压器设计、施工及采购费用，节约了企业的投资成本。2019年6月，四川自由贸易试验区成都管委会发布《2019年成都自贸试验区优化营商环境改革试点专项行动计划》，该行动计划有针对性地提出了注册登记与简易注销、办理施工许可、金融信贷服务、不动产登记、纳税、投资者合法权益保护、执行合同、办理破产以及跨境贸易等10个关键领域的 25 条具体改革任务。这些任务不仅涵盖了企业从设立到运营再到注销的全生命周期，还深入到企业日常运营的各个方面，旨在为企业在自由贸易试验区内提供更加便捷、高效的服务。

第二，成立专门的组织机构，为营造良好的营商环境提供组织保障。广东自由贸易试验区设立了自由贸易试验区检察院、广州海事法院自由贸易试验区巡回法庭、自由贸易试验区劳动人事争议仲裁委员会（仲裁院）和公证处等机构，构建多元化的国际商事纠纷调解机制。福建自由贸易试验区三个片区都成立了综合监管和执法局、自由贸易试验区法庭、检察室、国际商事仲裁机构或商事调解中心等机构，为营造法治化的营商环境提供组织保障。浙江为营造法治化的营商环境，成立了中国（浙江）自由贸易试验区国际咨询委员会、中国（浙江）自由贸易试验区研究院等研究机构，专门从事营商环境研究工作；设立自由贸易试验区法庭、自由贸易试验区海事法庭等机构，为营造国际海事法治环境提供组织保障。2017 年 12 月，辽宁自由贸易试验区大连片区内的大连国际仲裁院、国际商事纠纷调解中心、知识产权仲裁院三家机构正式运营，旨在为区内企业提供仲裁服务，促进自由贸易试验区持续健康发展。

（六）着力优化产业结构

优化产业结构是自由贸易试验区建设的重要内容，各地都注重完善自由贸易试验区基础设施建设和制度环境建设，以便营造良好的发展环境，吸引人才、技术、资金等各类要素集聚，为产业优化升级提供基础保障。下面以广东自由贸易试验区和重庆自由贸易试验区为例，分析其在优化产业结构方面的主要做法。

广东自由贸易试验区注重探索国际贸易新业态、新模式，大力发展高端产业，加快构建现代产业体系。一是积极建设现代航运服务体系。广东自由贸易试验区积极向国家相关部门争取航运方面的政策支持，建立国际航行船舶联合登临检查工作机制，将国际航行船舶联合登临检查时间由 4 小时压缩至 1 小时；截至2019 年，区内已开通 250 余条国际班轮航线，全球排名前 20 的班轮公司均在区内开展业务；成立南沙航运产业基金，发布"珠江航运运价指数"和"南沙自贸区航运发展指数"。二是积极发展跨境电商。广东自由贸易试验区积极开展"保税+实体新零售"式的保税展示交易业务，打造保税货物、电商货物、完税货物"一点三态"零售新模式；开通粤澳跨境电商直通车，实现《内地与澳门关于建立更紧密经贸关系的安排》框架下澳门跨境电商商品首发。三是积极发展融资租赁产业。广东自由贸易试验区引进中原金控、中海外融资租赁等融资租赁公司，为区内企业提供融资租赁服务。

重庆自由贸易试验区两江片区促进产业结构优化升级主要体现在以下四个方面：一是积极发展飞机保税租赁。重庆自由贸易试验区两江片区通过与春秋航空开展合作，利用"飞机异地监管"政策，成功开展飞机保税租赁业务。二是探索"保税+"业务。两江片区积极探索"保税+总部贸易""保税+转口贸易""保税+整车进口""保税+跨境电商""保税+展示交易"等新业务，激发了区内企业的活力和潜力。三是优化加工贸易结构。帮助加工贸易企业转型升级，开展技术创新和业务创新，发展高附加值产品加工贸易，比如，依托金伯利钻石口岸开展贵金属深加工业务；探索保税维修，成立惠普全球配件及维修中心。四是获得进口非特殊用途化妆品备案试点资格。两江片区相关产业不仅顺利通过国家市场监督管理总局非特殊用途化妆品考核评估，还获得了进口非特殊用途化妆品备案试点资格，有效地带动了非特殊用途化妆品相关产业的快速发展。

三、对高水平建设河南自由贸易试验区的启示

国内典型自由贸易区在深化投资管理体制改革、探索贸易便利化改革、推进金融领域制度创新、创新监管服务模式、营造良好的营商环境、着力优化产业结构等方面积累了丰富的经验，这些经验探索对高水平建设河南自由贸易试验区具有重要启示。

（一）深化行政体制改革，推进政府职能转变

深化行政体制改革是全面深化改革和推进高水平开放的重要内容，高水平建设河南自由贸易试验区应注重通过以深化行政体制改革推进政府职能转变，在简政放权、建设服务型政府等方面下足力气。

第一，为入驻企业提供高标准"一站式"服务。一是高水平打造"一站式"服务中心。一方面，将该"一站式"服务中心打造成为自由贸易试验区政务事项办理集中地，在实现项目全流程综合咨询、办理、拿证等事项"一窗口"办理的同时，为入驻自由贸易试验区的优质企业提供背书服务，即帮助资料不全但信用评价良好的优质企业争取各类扶持。另一方面，积极推动"证照分离""简易注销""一件事""行业综合准营"等一系列改革举措落地实施。二是联合多

部门推动"授权审批"落地。提供"一站式"服务的关键离不开各职能部门专业高效的配合。对此，应在"一站式"服务中实现公安、工商、税务等多部门职能的授权审批，以充分授权模式在自由贸易试验区内部实现对中外企业批准设立、开工投产、生产运行等行政许可和备案核准业务的全过程集中、统一受理和办结，打造具有行政许可功能的自由贸易试验区"一站式"行政服务中心。三是借力"互联网+"大力推进自由贸易试验区"智慧审批"。坚持技术赋能，适应数字技术快速发展的大趋势，加快推广"上云、赋智、用链"等新技术应用，推动"一站式"服务与电子政务建设紧密结合，实现审批业务100%网络覆盖。具体而言，可以在自由贸易试验区"一站式"行政服务中心打造跨部门信息综合服务平台，打破工商、税务、海关、质监等部门壁垒，探索"电子审图""并联预审""一网通办""全流程网办""单套制归档"等亮点举措，推动实现单项业务"全程电子化审批"。

第二，积极推动落实极简审批制度。一是推动省市级政府管理权限向自由贸易试验区下放。对虽触及部门核心利益，但符合国家规定、有利于深化改革、符合市场经济运行规律的权限要"舍得放、真正放"；对已经下放的权限，不得以审核或备案为由，变相收回下放权限；放权要"完整"，杜绝出现只下放受理权或初审权，终审权、发证权没有下放的现象；注重"事权""人权"尤其是投资管理权限的同时下放。二是通过取消审批、审批备案、告知承诺和联合验收等方式，最大限度地减少行政审批事项，在自由贸易试验区内部探索实现"验收即拿证"，提升项目审批速度，降低企业各类评审等资金成本。三是在自由贸易试验区内部探索实施告知承诺制，即"承诺代审批"。与企业签订投资合同后，除施工图纸需要在事前进行严格审查外，其他内容企业可按照合同约定进行自主建设，规划许可、施工许可等不再作为项目开工前置条件，实施边建设、边办理。四是积极搭建跨部门、跨区域信息监管共享平台。推动各监管部门数据收集的统一化、标准化、程序化；打破原有各个部门之间的数据壁垒，通过数据交换提高监管效率；构建跨部门、跨区域的信息监管共享平台，明确"共享即监管"的理念，通过信息、数据共享分担监管责任，提高监管的有效性。

第三，把克服形式主义作为推动政府职能转变的重大任务。一是强化政府业绩考核的结果导向。过于注重对过程而非结果的考核，是形式主义产生的重要条件。建设高水平自由贸易试验区，要注重坚持目标导向与结果导向相结合，考核部门和干部的工作业绩，强化政府执行力。注重形成以人民为中心的干部考核制度，把市场主体的获得感、城乡居民的获得感作为政绩考核的重要指标，建立长效机制，细化问责机制，促进责任落实的规范化、制度化。二是探索引进政府业绩的第三方评估机制。对政府业绩进行第三方评估，既能促进公共服务满意度的提升，也有利于改变对上负责、对下不负责的行政运行机制。建议充分发挥第三方机构的专业性优势，对政府重要职能履行进行客观评估，并作为考核的依据。

（二）深化经济体制改革，营造良好的营商环境

河南自由贸易试验区获批以来，已经在经济领域进行了许多有益探索，实施了一系列创新举措，取得了良好的效果。河南在高水平建设自由贸易试验区的过程中，要通过加快投融资体制改革、推进财税体制创新等，营造良好的投资贸易环境。

第一，加快投融资体制改革。科学合理的投融资体制是促进自由贸易试验区发展的重要制度保障，能够为自由贸易试验区内企业提供充足的资金需求。高水平建设河南自由贸易试验区需要借鉴先进经验，加快推进投融资体制改革。一要完善政府投资体制。加强对自由贸易试验区内政府投资项目的管理，有效发挥政府投资对社会资本的引领和示范作用。构建自由贸易试验区内政府投资项目的全过程咨询和评价体系，严格审核政府投资建设项目的项目建议书、可行性研究报告、初步设计等前期文件，做好前期咨询服务；开展建设项目的过程评估，建立动态评估机制，及时调整和优化投资结构与投资方向；进行建设项目的后评价，总结经验和教训，为制订发展规划和计划提供有益参考。建立自由贸易试验区政府投资项目三年滚动计划，鼓励各片区提前将重点建设项目上报，列入项目储备库。二要积极拓宽融资渠道。鼓励自由贸易试验区内制造业企业、现代服务业企业、现代农业企业等各类符合条件的企业在纳斯达克、A 股市场、B 股市场等国内外资本市场上市，对于首次上市企业给予一定的奖励。设立先进制造业发展基金、现代农业发展基金、战略性新兴产业发展基金等各类产业发展基金，以注入资本金、中长期贷款等形式为企业提供资金支持。鼓励自由贸易试验区内金融机构提供知识产权质押贷款、信用贷款等形式多样的贷款方式，解决中小微企业的资金需求。

第二，推进财税体制创新。财税体制创新是河南自由贸易试验区制度创新中的重要内容，是推进河南自由贸易试验区投资和贸易便利化的政策基础，是促进河南自由贸易试验区投资贸易体系与国际投资贸易规则体系相衔接的重要举措。制定与河南自由贸易试验区发展相配套的财税体制需要在以下四个方面做出努力：一要完善"互联网+税务"功能。完善网上自动赋码、网上自主办税、网上审批备案、网上资格认定等功能，为自由贸易试验区内纳税人提供更加便利化的办税服务。二要创新税收服务方式。完善自助办税终端设备和移动办税平台的功能，简化办税流程，为企业提供更加方便的自助办税服务。探索税收服务新模式，引入第三方中介机构承担税务咨询、资料预审等非核心税收业务。定期举办税收政策、软件操作等讲座，实现办税服务的个性化定制。确保自由贸易试验区内企业的涉税资料不重复报送，减轻企业负担。三要争取国家税收优惠政策。在严格落实国家现有税收优惠政策的基础上，在战略性新兴产业、高新技术产业、现代服务业等领域争取更多的税收减免政策。四要探索实行首席税务联络员制度。首席税务联络员直接参与税企沟通，针对增值税发票领用问题，在防控风险的前提下，对于信誉良好的企业，列出一个长长的白名单，放宽领用条件，只要有经营需求，就可以随时增加领用量。

（三）加快推进制度创新，激发市场主体活力

河南在高水平建设自由贸易试验区的过程中，应遵循"人无我有、人有我优、人优我特"的原则，围绕制度创新，完善自由贸易试验区"自由贸易、服务贸易与投资便利化、人民币国际化、理顺政府和市场之间关系"四大功能，突出河南特色，走差异化道路。在当前全面深化改革的背景下，如何实现从"等、靠、要"政策红利向制度创新转变，将是制约河南自由贸易试验区建设实践，实现内陆全面开放这一终极目标的重要问题。以往的政策红利是国家针对某一特定区域出台相应的政策文件，在工商、税务、金融等领域实施相应的优惠政策，从而扶持该地区优先发展。而自由贸易试验区的制度红利则是依靠制度创新促进企业各种交易成本的降低，提升企业竞争力，促进区域经济快速发展。从政策红利到制度红利，体现的是中央政府和地方政府在推进地方发展方面角色的转变，在促进自由贸易试验区发展过程中，中央政府赋予地方政府更大的改革自主权，鼓励地方政府在不同领域进行先行先试，进行制度创新。河南自由贸易试验区加快推进制度创新需要注重如下方面：

第一，高标准对接《区域全面经济伙伴关系协定》（RCEP）等高标准国际经贸规则。一是积极研究制定自由贸易试验区跨境服务贸易负面清单，以"程序简化、流程优化、精简便利、风险可控"为原则，不断推动跨境服务贸易便利化改革。二是探索实行原产地累积政策。探索面向RCEP的原产地累积政策，在自由贸易试验区生产销往RCEP缔约方货物时所使用的其他缔约方的原产材料，均可视为本国的原产材料，并享受相关优惠关税。三是探索实行加工增值原产地政

策。支持自由贸易试验区发展高附加值进料加工，加工完毕后销往市场，促进鼓励类产业中具有原料进口需求的产品生产加工企业集聚。

第二，超前探索以"零关税"为特征的制度安排。一是在自由贸易试验区划定特殊区域探索实施更高水平的开放政策，如对部分进口产品不设置配额限制，大部分货物无须许可证即可零关税进口（危险品、医药品、军火等产品必须办理进口许可证）。二是完善国际贸易"单一窗口"。新增通关物流、关税查询、展品监管、政策咨询等特色应用，实行通关一体化、预约通关等具体措施简化通关手续，降低口岸总体通关时间。在口岸设置服务专窗，帮助企业选择适用"一体化通关"等便利通关模式，为跨境电商出口企业拓展海外市场铺设"快车道"。同时，针对跨境电商货物通关时效要求高的特点，对跨境电商 B2B 出口货物实施优先安排查验、"简化申报"等一系列便利措施，帮助企业稳住外贸订单，不断拓展海外市场。三是支持机构资质审批试点。支持开展与货物贸易相关的产品、管理和服务业务认证机构资质审批试点。对在空港自由贸易区注册的认证机构，申请从事国家统一推行的认证项目的认证业务的，优化审批服务；申请从事其他领域的认证业务的，实行告知承诺制。

第三，全面推动实施事中事后监管制度创新。一是推进市场主体信用信息全覆盖，探索设立"自由贸易试验区项目监管平台"，对自由贸易试验区监管实行网上留痕操作，并将企业违规操作上网登记，与企业信用评定关联，通过监管手段的创新，助力园区把接下的权力用好管好。二是推动落实跨区域、跨部门联动协同监管。积极推动各部门加强监管联动，建立健全监管的资源统筹调配机制，尤其是垂直部门要加强跨区域之间的信息共享与执法协作，确保能有效整合监管资源，及时协同开展跨区域、跨层级联合监管执法。三是在自由贸易试验区推广以信用监管为主的事中事后监管。在自由贸易试验区探索建立覆盖企业生产经营全过程，监管、执法相衔接、协调运转的信用监管新机制，在严格信用监管的同时，推动企业信用信息在行政审批、资质等级评定、定期检验、表彰评优以及政府采购、拨付财政性补贴资金等方面的有效使用。四是推进市场监管标准化。以权责清单为依据，厘清部门监管职责，防止"监管空档""一事多罚""以罚代管"，重点加强对取消调整审批事项的后续监管。此外，应注重推动实现监管程序过程标准化，制定政府监管行为标准，以标准化明确监管依据、权限、程序和责任，减少政府自由裁量权的滥用，使监管过程更加科学、规范、透明。

第四，激发民营经济活力，拓宽民营企业融资渠道。加大信贷基金对民营企业的支持力度，鼓励和引导民营企业利用资本市场筹措资金；设立政府基金等方式，引导金融机构为符合条件的民营经济主体提供融资支持；在获取土地、贷款等生产要素以及投资补助、贷款贴息等方面设立政府投资资金，缓解民营企业生产要素制约和"融资难""融资贵"等现实难题。

（四）着力发展跨境经济，丰富对外开放平台

河南在高水平建设自由贸易试验区的过程中，要着力发展跨境经济，构建多元化贸易平台。

第一，高标准建设跨境贸易综合服务平台。对于河南自由贸易试验区内的外贸企业来说，转型发展不是盲目发展新业态，而是要结合自身优势，充分利用河南跨境贸易的平台优势，通过采用大数据、互联网、物联网等计算机技术为现有产业提供新手段、新媒介，实现制造业、农业、纺织服装等产业与互联网融合发展，推动跨境经济实现转型发展。网络化、信息化能够促使商品销售环节的减少，增加消费者的选择空间和选择范围，从而降低贸易成本。信息化可以使商品生产者突破地域限制，与互联网上的国内外消费者直接对接，并通过长期消费数据的收集进行大数据分析，掌握不同地区消费者的消费偏好，及时调整产品方向，提供更加符合消费者实际需求的高质量产品。河南应推进河南自由贸易试验区和中国（郑州）跨境电子商务综合试验区协同发展，两个国家战略的政策措施可以互相适用，促进河南自由贸易试验区内外贸企业良性发展。

第二，高质量打造国际航空货运配套服务基地。一是利用空港自由贸易区政策，重点发展全货机航空运输相关服务业，培育机场平台制造、飞机维修、模拟机教学、飞行培训等新业态，做大做强保税检测维修、保税存储、融资租赁等综合服务贸易业务。二是打造国际航空物流配送基地。针对全球不同客户需求推动航空运输服务、供应链管理服务、仓储服务等创新发展，通过保税仓储、分拨配送、供应商库存管理（VMI）等多业态创新，提供高水平的国际供应链解决方案。三是抓住 RCEP 机遇深耕东盟航空货运市场。把握我国与东盟国家跨境贸易增长的新契机，优先开拓东盟货运市场。以顺丰收购东南亚嘉里物流为起点，实现与东南亚国家航空货运运营网络体系资源共享，打通东盟国家跨境货运快递的"最后一公里"，实现开拓东南亚国际货代市场的新突破。借助 RCEP 协定落实加强与东南亚、日韩等周边热点地区的航线联结，培育具有区位优势地区的航空货运网络。

第三，高标准规划建设专业性货运机场大枢纽。一是参照国际一流标准，加快公共仓储、国际货站、关检设施、查验场地、机场消防站等设施建设，形成高水平的快件仓库、冷链专用仓库和跨境电子商务专用设施等。建设智慧机场，打造我国民航新基建"四型机场"示范标杆。二是加快形成国际国内航线网络新布局。依托顺丰覆盖全国的中转能力、联通世界的快运网络，加快畅通至京津冀、长三角、粤港澳、成渝、中原、关中平原等国内主要城市群的轴辐式骨干航线网络，连通国内年货邮吞吐量1万吨以上的机场，实现高品质物流服务国内24小时覆盖。三是探索研究货运第七航权和第八航权的可行性。推动新郑机场试点探索货运第七航权和第八航权的可行性，在平等互利的基础上允许外国航空公司承载经河南至第三国的货运业务，积极向国外航空公司推荐并引导申请进入中国市场的国外航空公司直飞新郑机场，促使更多航空公司在郑州建立运营基地或航空货运转运中心。

第四，实现跨境贸易向跨境经济的转变。随着全球经济联系日益紧密，开放与合作成为经济发展永恒的主题，区域经济一体化的范围也在不断扩大至全球范围，"一带一路"建设便是全球范围内区域经济一体化合作的优秀倡议和范本。在这样的背景下，拉动对外贸易大发展的跨境贸易正在升级转变为更高层次的跨境经济，这也将重塑全球贸易格局。跨境经济旨在通过共享输出新信息基础设施及电商平台服务能力，将可以帮助其他发展中国家的中小企业一起成长，实现全球经济的普惠性增长。相比跨境贸易，跨境经济更加符合全方位、多层次、宽领域的对外开放新格局的要求。在当前跨境贸易税收政策趋紧的大背景下，跨境经济作为一种贸易形式创新，其将有效拓展河南对外贸易的生存空间，增加企业"走出去"的渠道，是河南实现对外开放转型升级和高水平建设河南自由贸易试验区的重要路径。

（五）拓展金融服务功能，深化金融领域创新

第一，加快推进金融制度创新。一是创新金融组织体系，这是金融制度创新的基础。应积极支持和鼓励符合国家相关规定的社会资本和民间资本依法依规设立金融机构，丰富金融市场主体，为入驻企业提供多元化的融资服务，满足企业不同发展阶段的需求。同时，支持符合国家相关规定的银行业金融机构在河南自由贸易试验区各片区设立分支机构，并依法依规开展经营活动，提升金融服务的覆盖面和质量。此外，还应积极支持在河南自由贸易试验区内设立互联网保险机构，并鼓励专业保险机构开展互联网保险试点工作，推动保险业务的创新发展。二是创新金融产品和服务模式，这是提升金融服务质量和效率的关键。应鼓励银行、证券公司、保险类金融机构积极进行金融业务创新，根据科技、环保、能

源、交通、物流等领域企业的不同需求，开发出形式多样、灵活便捷的金融产品，从而满足企业的合理融资需求。同时，大力支持科技金融发展，探索投贷联动试点，为河南自由贸易试验区注入更多的活力和动力。此外，还可以积极探索成立河南自由贸易试验区金融创新专家咨询委员会，负责研究自由贸易试验区金融改革创新方面的重要课题，为未来的金融创新提供智力支持和理论支撑。三是创新外汇管理，这是提升河南自由贸易试验区国际化水平的重要一环。借鉴上海自由贸易试验区的成功经验，创新外汇管理体制，在河南自由贸易试验区内开展人民币资本项目可兑换试点，逐步提高资本项下各项目可兑换程度。与此同时，严格落实国家的相关外汇管理措施，放宽外汇资金集中运营管理准入条件，为企业的跨境贸易和投资提供更大的便利。此外，还应积极鼓励河南自由贸易试验区内银行机构争取总行支持，与中资银行海外分支机构开展合作，积极探索开展离岸结算业务和跨境投融资业务，以进一步推动河南自由贸易试验区国际化进程。

第二，构建跨境结算便利政策。一是推行人民币跨境结算试点。推进人民币可自由使用和资本项目可兑换先行先试。扩大人民币跨境使用，积极推进大宗商品贸易、跨境电子商务等领域使用人民币计价结算，着力提升人民币在经常项目和直接投资中的跨境收付比例，探索提高人民币跨境结算便利化水平。二是积极研究制订"优质企业跨境人民币结算便利化方案"。在优质企业的认定上，向快递物流、光电子元器件、生物医药、航空航天、新能源和智能网联汽车、智能制造等重点发展产业领域的企业倾斜，将更多优质中小企业纳入更高水平跨境人民币结算便利化政策范畴。三是积极推动银行可试点凭支付指令。为优质客户办理真实合规货物贸易和服务贸易结算，实现银行真实性审核从事前审查转为事后核查等政策，促进跨境货物贸易、服务贸易和离岸国际贸易，让更多的市场主体享受政策红利。

第三，提升跨境金融便利化水平。一是试点构建多功能自由贸易账户管理体系。允许单位和个人开立本外币合一银行结算账户；支持符合条件的跨国企业集团建立本外币合一资金池，在境内外成员之间集中开展本外币资金余缺调剂和归集业务；允许自由贸易区内融资租赁企业或金融租赁项目子公司开立自由贸易账户并实行分账核算管理。二是鼓励支持自由贸易试验区内部企业开展跨境融资，允许企业利用合格境外有限合伙人（QFLP）按照余额管理模式自由汇出、汇入资金，简化外汇登记手续，在依法合规前提下在境外发行人民币计价的债券等产品引入境外人民币资金等政策，助力重点产业项目跨境融资。

第四，大力推进金融数字化转型。数字、信息作为推动地区经济发展的重要载体，河南自由贸易试验区拓展金融服务功能应注重探索制定数字化发展战略、树立数字思维，推动科技企业积极发展数字金融产业，强化金融领域核心技术攻关，探索打造具有竞争力的河南数字金融产业体系。积极搭建金融数字化公共服务平台和金融数字化企业交流合作平台，通过推动外贸大数据应用、开展贸易数字化地方探索、提供精准化的数字金融服务。此外，自由贸易试验区还应通过强化数据治理顶层设计，明确数据流通中各环节规范，推动实现对金融数据的动态分析、对金融需求的精准感知和对金融资源的高效配置。加强对数字金融的监管，积极推动监管与科技的融合，利用数字化技术解决监管信息不对称等问题，提高对金融数字化的监管质量和监管效率。

（六）完善人才激励机制，吸引高端创新人才

高端创新人才是河南自由贸易试验区建设的具体操作者和直接实施者，是推进自由贸易试验区建设和促进自由贸易试验区向自由贸易港转型的宝贵资源。河南在高水平建设自由贸易试验区的过程中，应该在以下三个方面采取有效措施，完善人才激励机制，吸引高端创新人才：

第一，优化工作和生活环境，提高对高层次人才的吸引力。现阶段，河南自由贸易试验区在环境方面存在高端人才生活配套缺乏的问题，尤其是适合外国高端人才生活环境的构建尚不成熟，这些基础环境的建设将是影响自由贸易试验区发展层次的一个关键因素。实现高端人才的自给自足，应建立合理的人才培养体系，建立外国教育示范区和文化教育创新示范基地，加快"产业社区"建设，完善产业园区基础设施和生活服务配套，努力解决人才居住、子女入学等问题。改善城市人居环境，使高端人才能够"留得住、回得来"。此外，要把扶持资金用在打造适宜高端人才需求的环境上，因为在现阶段，仅仅给出高额的收入报酬已经无法吸引高端人才蜂拥而至。南京等地的信息产业发展态势良好，一个重要原因是打造了适宜高端人才的环境。

第二，完善自由贸易试验区人才引进体系。在人才引进方面，建议实施"政府出面引进，为企业服务"策略，即企业根据自身需求向政府提出人才需求信息，政府针对企业的实际需求，制定有吸引力的高层次人才引进措施，吸引各类高层次人才入驻自由贸易试验区。在税收方面，对自由贸易试验区内企业的高级管理人员、高级技术人员给予个税优惠。从政府自身的队伍来说，也要积极地推进公职人员的国际化，使公务员队伍的理念和素质能够深入对接高端人才的需求。可深化聘任制公务员制度改革，加大外向型培训力度，探索政府、企事业单

位公职人员与国际企业人才"双向挂职"制度，建设一支具有全球国际视野，具备跨界交流能力，综合业务素质突出的公职人员队伍。此外，还应赋予高端创新人才和高端创新团队更大的科研经费使用自主权，对引进的高层次人才实行年薪制，充分激发创新人才干事创业的活力和动力。

第三，健全高端创新人才培养体系。一是加大高等教育投入力度，加强与国外高水平大学的交流与合作，鼓励省内高校与国外高水平大学在自由贸易试验区内建设各类国际合作学院，联合培养高层次人才，尤其是为自由贸易试验区发展培养外向型人才，如精通东道国投资环境、语言、具有高超谈判能力的高层次复合型人才等，为河南自由贸易试验区发展提供智力支撑。二是定向培养符合自由贸易试验区内外向型企业需求的职业化人才。企业作为支撑自由贸易试验区发展的重要主体，在实践过程中，往往需要数量庞大的技术工人作生产支撑。因此，河南应推进职业教育快速发展，鼓励龙头企业和社会资本开办职业技术院校，针对各类企业的实际需求，为企业培养专业化的技术工人。

第七章　高水平建设河南自由贸易试验区的功能定位

建立中国自由贸易试验区是党中央、国务院作出的重大决策，是新形势下全面深化改革、扩大开放和深入推进"一带一路"建设的重大举措。截至2023年，国家已分批设立了22个自由贸易试验区，北至黑龙江，南至海南，东至江浙沪，西至新疆，从沿海到内陆，跨东中西区域，分布于全国各地，形成了开放新"雁阵"，自由贸易试验区建设进入了从东部"一条线"向中西部的"面"推进的阶段。新发展阶段，深入实施自由贸易试验区提升战略意义重大，如何高水平建设河南自由贸易试验区？以下内容将从河南自由贸易试验区高水平建设的顶层设计和具体实践视角进行展开分析。

一、高水平建设河南自由贸易试验区的顶层设计

（一）指导思想

2017年3月15日，国务院印发《中国（河南）自由贸易试验区总体方案》，为河南自由贸易试验区的建设作出了顶层设计。河南自由贸易试验区建设的指导思想是，全面贯彻党的十八大和十八届三中、四中、五中、六中全会精神，深入贯彻习近平总书记系列重要讲话精神和治国理政新理念新思想新战略，认真落实党中央、国务院决策部署，统筹推进"五位一体"总体布局和协调推进"四个全面"战略布局，坚持稳中求进工作总基调，牢固树立和贯彻落实创新、协调、绿色、开放、共享的新发展理念，进一步解放思想、先行先试，以开放促改革、促发展，为加强与共建"一带一路"国家和地区交流合作拓展新空间、搭建新

平台，为全面深化改革和扩大开放探索新途径、积累新经验，发挥示范带动、服务全国的积极作用。

（二）战略定位

根据《中国（河南）自由贸易试验区总体方案》，河南自由贸易试验区的战略定位是：以制度创新为核心，以可复制可推广为基本要求，加快建设贯通南北、连接东西的现代立体交通体系和现代物流体系，将自由贸易试验区建设成为服务于"一带一路"的现代综合交通枢纽、全面改革开放试验田和内陆开放型经济示范区。具体可以展开为：

以制度创新为核心——不仅要追求创新的深度和广度，还要确保其具有实际的操作性和长远的可持续性。制度创新是自由贸易试验区发展的灵魂，是推动各项改革措施取得实效的关键，有助于探索更加高效、灵活的管理和运营模式，为自由贸易试验区的长远发展奠定坚实基础。

以可复制可推广为基本要求——每一项制度创新，不仅要在自由贸易试验区内取得成功，还要具备在全国范围内推广的潜力和价值，即确保自由贸易试验区的创新成果能够最大限度地惠及更广泛的区域，推动全国经济的整体转型升级。

加快建设贯通南北、连接东西的现代立体交通体系和现代物流体系——充分利用自由贸易试验区的政策优势和地理位置优势，通过加大基础设施建设投入，优化交通网络布局，提高物流运输效率，将河南自由贸易试验区打造成连接国内外市场的重要枢纽，进而不仅能够提升河南自由贸易试验区的整体竞争力，还能为全国经济的持续发展注入新的动力。

将自由贸易试验区建设成为服务于"一带一路"建设的现代综合交通枢纽、全面改革开放试验田和内陆开放型经济示范区——通过加强与共建"一带一路"国家和地区的经贸合作，推动贸易和投资自由化、便利化，为国内外企业提供更加广阔的市场机遇和更加便捷的服务平台。与此同时，河南自由贸易试验区未来还应成为国家全面深化改革开放的重要窗口和内陆开放型经济的典范，为全国其他地区提供可借鉴的成功经验和发展模式。

（三）发展目标

根据《中国（河南）自由贸易试验区总体方案》，河南自由贸易试验区的发展目标是：经过3~5年改革探索，形成与国际投资贸易通行规则相衔接的制度创新体系，营造法治化、国际化、便利化的营商环境，努力将自由贸易试验区建设成为投资贸易便利、高端产业集聚、交通物流通达、监管高效便捷、辐射带动作用突出的高水平、高标准自由贸易试验区，引领内陆经济转型发展，推动构建全方位对外开放新格局。

（四）基本原则

综观国家已经批复的 22 个自由贸易试验区，梳理其总体实施方案即可看出，国家对自由贸易试验区的规划和建设有着总体的考虑，也有基于区域特征的特色谋划。因此，归纳起来，自由贸易试验区建设的总体原则可以概括为以下五点：

1. 改革是第一要务

从 1978 年党中央提出改革开放到以开放促改革促发展，其实际含义随着中国经济发展进入新常态和高质量发展阶段，体现出了一定的变化。现在的改革开放越来越多地和体制改革结合在一起，进一步的开放一定需要大刀阔斧的改革才能真正实现。因此，以扩大开放为目的的自由贸易试验区建设，尤其是高水平的自由贸易试验区建设，一定要坚持改革是第一要务。从经济全球化、贸易自由化或者经济一体化的角度来说，现在的改革开放越来越强调革新边境内措施，又称国内管制措施协调、规制合作等。这意味着它不再是边境的问题，不只是开放的问题，而是改革的问题，从一体化的角度来看就是国内体制机制的协调与合作。比如金融业开放，不单纯是开放的问题，更多的是监管的问题。从政策文件上来看，大力提出开放金融服务业，如允许外资进入保险等行业，但是，在实际执行层面，国外金融业进入国内市场要经过审批。归根结底，对外开放，实际上很多是制度改革的问题。因此，自由贸易试验区在实际推进过程中，不仅要开放，更多地要进行政府职能调整、政府监管模式改革。

在此方面，上海自由贸易试验区走在了前列。正是通过一系列的改革探索，如负面清单制度等，上海自由贸易试验区积累了一些制度创新的成果，并在其他地区的自由贸易试验区复制推广。但是从总体上来看，中国目前除香港地区外，还没有建设出能够同国际先进自由贸易试验区对标的自由贸易试验区。只有通过改革，破除国内自由贸易试验区在要素流动、金融市场、贸易体制机制、知识产权等方面的诸多障碍，提高贸易的自由化程度，才能真正建设高水平的自由贸易区，中国也能借此在国际经贸规则重构中获得主动权和话语权，引领和把握新一轮国际经贸规则重构，构建能够面向未来的自由贸易试验区建设框架。因此，高水平建设河南自由贸易试验区的第一重任是改革，以破除一切不合时宜、阻碍自由贸易试验区发展的体制机制障碍等。

2. 开放是最终目的

2018 年，习近平主席在首届中国国际进口博览会开幕式上演讲时提出，中国将坚定不移奉行互利共赢的开放战略，实行高水平的贸易和投资自由化便利化政策，推动形成陆海内外联动、东西双向互济的开放格局。开放是中国一贯的态度，也是一直以来坚持的做法。面对全球经济不景气、贸易保护主义有所抬头的大趋势，尤其是面对美国单边主义、保护主义、霸权主义，全球化进程遭遇强大"逆流"，多边贸易体系遭遇重创的背景下，中国坚定推动开放型经济新体制以及开放型世界经济体系建设，深入实施自由贸易试验区提升战略，全力打造自由贸易试验区战略的制度框架，将有望在国际复杂变局下赢得主动，创造新的战略机遇期。因此，高水平建设河南自由贸易试验区的定位要有目标导向和长远的战略导向，自由贸易试验区的基本定位应是高水平推动河南开放型经济建设、深入推动制度型开放。自由贸易试验区的建设目的是为全面深化改革和扩大开放探索新途径、积累新经验，这一原则无论何时都不会有所改变，无论面对多么复杂的国际国内环境都要坚持下去。开放的动力源自改革，改革的动力源于创新，河南自由贸易试验区的战略导向是全面深化改革、大力推动体制机制创新。河南作为不沿边、不靠海的内陆省份，开放更是其提升经济增长的重要动力。因此，河南要不遗余力扩大开放，对标先进自由贸易试验区，实现更高水平的开放，高水平建设河南自由贸易试验区。

3. 转型是必经之路

实际调研发现，市场主体对自由贸易试验区建设的理解出现了偏差，大家下意识地认为自由贸易试验区涉及的是开放型经济，是贸易型企业，对于那些供应链、生产链、创新链本地化的企业而言，自由贸易试验区似乎没有积极参与和了解的主动性。同时，从政府引导的层面看，实际调研中，政府部门仅满足于增加自由贸易试验区企业登记注册数量，而对于入驻后企业能具体做些什么、能否带来企业经营效益的改善等并不清楚。其实这是没有深刻地理解国家在各自由贸易试验区建设总体方案中都提到的"转型"两字。中国经济进入新常态，要实现高质量发展，各行各业都要面临经济转型所带来的巨大挑战。尤其是当前数字经济、数字贸易成为经济贸易发展的新的增长点，以大数据、区块链、5G 等为代表的新一轮科技革命给传统经济和传统贸易带来了转型升级的重大机遇。数字贸易可能会重新定义国际经贸规则，全球化的格局面临重新洗牌。因此，自由贸易试验区的建设和每一个参与自由贸易试验区建设的主体都应该深刻明白转型的重要性。在这个过程中，尤其重要的是传统企业、产业的转型升级。转型并不意味着从头再来，而是要善于利用好新一轮技术革命带来的技术上、管理上、商业模式上的创新，为传统产业注入发展的新鲜血液和活力，革新旧的生产流程、管理流程，实现传统产业的升级改造。

因此，对于自由贸易试验区建设，要善于抓住中国当前经济正处于转型升级期的机遇，帮助入驻自由贸易试验区的企业实现转型和升级，为企业解决实际困难，即政府管理部门不应仅满足于吸引企业入驻从而提升自由贸易试验区的规模，更要从企业转型、政府职能转型的角度，思考如何提高自由贸易试验区的建设质量，使自由贸易试验区真正成为扶持企业成长的贸易便利化平台。无论是从学界的理论研究，还是从国际知名自由贸易区的实践来看，自由贸易试验区的建设都有意或无意地实现了所在地区的产业高端化和合理化，这对于正处于经济转型升级、经济结构迫切需要调整优化的中国经济而言十分重要。这也意味着，自由贸易试验区的高水平建设有助于推动中国经济在一个更加国际化和更加有效率的市场经济体制框架下运行。因此，依托自由贸易试验区这个平台，推动实现中国经济转型升级，提升中国经济的国际竞争力，是高水平建设自由贸易试验区的应有之义，更是自由贸易试验区理应发挥和具备的功能之一。

4. 创新是动力之源

从全球自由贸易试验区发展实践来看，每一个自由贸易试验区的成功建设都离不开各方面的创新。

首先是体制机制的创新。在制度创新领域，自由贸易试验区无疑将成为推动建立更具活力和灵活性的市场经济体制的重要力量。这种创新不仅涉及政策层面的调整，更关乎如何更有效地适应全球化趋势，以及如何通过改革促进国内经济的稳定增长。上海自由贸易试验区作为改革开放的前沿阵地，通过持续推进投资管理、贸易便利化、金融创新以及事中事后监管四个核心领域的制度创新，显著提升了区域内的经济活力和效率，为其他自由贸易试验区提供了有力的参考。具体来看，上海自由贸易试验区已经在 28 项关键性的改革事项上取得了一系列具有很强可复制性和推广性的试验成果。例如，境外投资备案管理制度的实施，极大地简化了企业对外投资的流程，为"走出去"战略提供了有力的政策支持；外商投资项目备案管理制度进一步改善了外商投资环境，吸引了更多的外资进入；注册资本认缴制降低了创业的门槛，激发了市场主体的活力；贸易监管制度的优化使进出口流程更为高效，为跨境贸易提供了极大的便利；跨国公司外汇资金运营管理制度的完善，为跨国公司在我国开展业务创造了有利的条件。自由贸易试验区是构建全面对外开放新格局、打造对外开放新高地的重要抓手，这种新格局和新高地的实现离不开体制机制的创新。创新是真正实现自由贸易试验区高水平建设的动力之源。中国的改革已然走到了"深水区"和攻坚期，中国的开放是更高层次的制度型开放，自由贸易试验区在这一背景下应运而生，其建设需要强有力的倒逼机制和创新机制，才能将中国的改革向更深层次推进。创新有成功也有失败，全社会如何构建起鼓励创新、包容失败的制度环境，事关自由贸易试验区建设的有序推进。在体制机制创新的过程中，政府部门往往是主体、是主导、是引领，政府要有敢于创新、不怕出错的决心，更要有破除不合理体制机制和障碍的定力和魄力，敢于向利益相关者阻碍改革的举动宣战，才能真正改善自由贸易试验区建设的国内环境。

其次是创新型经济的发展。自改革开放以来，中国依靠制造经济积累了巨大的经济规模和体量，由此获得了飞速发展，经济增速连续多年保持在两位数的水平。但如今，在中国人口红利逐步消失、要素禀赋优势日益降低、国际竞争压力逐步加大的背景下，中国的制造经济急需向智造经济和创新经济发展。在全球价值链重构的大背景下，中国如何优化在全球经济价值链中的地位，向"微笑曲线"的两端攀升，离不开创新经济的发展。而自由贸易试验区是发展创新经济的最好平台。从全球自由贸易试验区建设实践，自由贸易试验区内更容易集聚服务型、创新型企业主体，包括跨境贸易、跨境物流、医疗健康产业、离岸金融等。这类企业的长远发展离不开自身的创新，更离不开自由贸易试验区创新型政策保障体系的支撑，这也是自由贸易试验区区别于其他形式的开发区、高新区的显著特点。具体举例，自由贸易试验区内的医疗和健康产业展现出了巨大的发展潜力。通过自由贸易试验区，可以更便捷地从发达国家引进先进的药物和医疗技术。除医疗和健康服务之外，教育产业也同样是自由贸易试验区未来应重点发展的产业，自由贸易试验区可以通过引进国外优质教育资源，推动教育体制的改革和创新，从而培养出更多具有国际视野和创新能力的人才。同时，随着自由贸易试验区内跨境贸易、高端制造、医疗和健康等产业的蓬勃发展，金融服务的需求也日益增长，特别是离岸金融，作为金融服务业的一个重要分支，正在成为自由贸易试验区发展的重点领域。

综合而言，自由贸易试验区在我国全面深化改革的宏伟蓝图中，担负着示范引领与先行先试的重要角色，被视为改革创新的试验田和突破口。然而，自由贸易试验区的创新发展并非盲目和无序，必须紧紧围绕服务国家经济发展这一核心任务进行创新实践与探索。换言之，所有的制度创新、政策创新都应以提升经济发展质量和效益为目标，确保改革成果能够切实转化为经济增长的动力。值得注意的是，自由贸易试验区的发展并非孤立存在，它仍然深深地依赖于周边腹地经济的发展，腹地经济为自由贸易试验区提供了丰富的资源、广阔的市场以及多样化的人才，这些都是自由贸易试验区得以繁荣发展的基石。然而，当前多数自由贸易试验区在发展路径上似乎陷入了某种思维定式，往往沿袭了传统产业园区的开发模式，过度强调从基础设施、土地资源等硬件方面入手，试图通过大规模的基础设施建设来拉动经济增长。在园区规划上，这些自由贸易试验区也表现出高度的一致性，纷纷将新兴产业、高端制造业、高端服务业等作为发展的重点，但这种表面上的繁荣与共性，实际上掩盖了一个深层次的问题，即这些地区在高端产业发展上仍然存在明显短板，产业升级疲软无力。一些自由贸易试验区"千篇一律"的发展模式，不仅无法充分发挥自由贸易试验区的独特优势，还可能因为资源的过度集中和竞争的同质化而导致浪费和低效。因此，自由贸易试验区在未来的发展中，必须更加注重差异化和特色化，切实解决高端产业短缺和产业升级乏力的问题，从而真正实现其作为改革试验田的价值和使命。

进一步地，像河南自由贸易试验区这样的内陆型自由贸易试验区，其成功与否的评判标准在很大程度上取决于其是否具备培养和提供高附加值服务的能力，这种能力不仅包括金融、咨询、信息技术等现代服务业的发展，还涉及研发创新、品牌建设等高端环节。此外，内陆型自由贸易试验区要取得长足发展，另一个关键因素在于其能否吸引和留住高端人才，以及是否能够引进国外的先进生产要素。这是因为，高端人才的聚集可以带动区域内的知识创新和技术进步，而国外高级生产要素的引入则能够提升本地产业链的水平和国际竞争力。自由贸易试验区作为一种特殊的经济区域，其自身就具备显著的贸易投资便利化优势，包括但不限于简化的行政审批流程、优惠的税收政策、高效的物流体系以及完善的法律保障等。然而，尽管自由贸易试验区拥有这些得天独厚的政策优势，但这并不意味着自由贸易试验区的设立就一定会推动开放型经济发展。自由贸易试验区的发展是一项复杂而系统的工程，涉及政策、法律、市场、技术等多个方面，创新是其中一个不可或缺的因素，不仅包括制度创新、政策创新，还包括技术创新、商业模式创新等，只有通过不断的创新，自由贸易试验区才能保持其竞争力和活力，才能在全球经济中占据一席之地。

5. 特色化是发展之需

从目前全国各个自由贸易试验区的总体建设方案来看，每个自由贸易试验区的建设定位各不相同。这就意味着，从顶层设计的角度来看，国家对于自由贸易试验区建设成果的期许各有侧重。但在实践过程中，自由贸易试验区的建设，尤其是处于经济欠发达地区的自由贸易试验区，其在思考和定位自由贸易试验区发展思路时缺乏特色化，自由贸易试验区的建设大多停留在复制推广已有自由贸易试验区的发展经验，对于自身的特色定位理解不到位，推行不彻底，从而导致实践中出现自由贸易试验区的产业、政策、布局雷同。从区域内部实践来看，自由贸易试验区和高新区、开发区等政策特色化区域没有明显差别。尤其是在招商引资和产业引进的过程中，许多自由贸易试验区普遍采用了粗放的发展模式，这种模式往往注重短期内的快速引进和资金到位，而忽视了长期的产业规划和发展质量。由此，自由贸易试验区在发展过程中出现了产业混合定位的现象，即不同产业领域的企业混杂在一起，没有形成明确的产业集聚和产业链上下游的协同配合。因此，自由贸易试验区在招商引资和产业引进方面，必须摒弃粗放的发展模式，转向注重质量、效益和可持续发展模式。例如，通过明确产业定位、优化资源配置、加强环保监管等措施，推动园区向专业化、集约化、绿色化方向发展，从而提升整个自由贸易试验区的竞争力和可持续发展能力。

回顾各个自由贸易试验区的总体方案，其中提出的定位是从全国区域经济发展的大格局深层谋划、总体布局的一种战略构想，是完善构建对外开放新格局的规划蓝图。需要各省份、各地自由贸易试验区管理部门深入思考和理解，并结合区域经济发展特色和比较优势，提出适合区域经济发展的具体实践方案。比如，以黑龙江自由贸易试验区为例，该地区不仅拥有东北老工业基地的深厚产业优势，更因其毗邻俄罗斯，使其具备了面向东北亚地区的得天独厚的区位优势。基于这些优势，黑龙江自由贸易试验区重点发展高端产业集聚，积极打造建设面向国际陆海通道的陆上边境口岸型国家物流枢纽，提升黑龙江乃至整个东北地区的物流效率和国际贸易便利化水平。除此之外，黑龙江自由贸易试验区还致力于打造中俄战略合作中的东北亚开放门户，通过深化与俄罗斯的经贸合作，推动"中蒙俄经济走廊"建设，进而推动"一带一路"与欧亚经济联盟的战略对接。同样，山东自由贸易试验区也着重发挥了其毗邻日韩的独特区域优势，注重在海洋特色产业发展、港口集群建设等方面发挥出更大潜力，积极探索中日韩三国跨区域经济合作的新模式，进而成为中国面向南亚和东盟地区的对外开放窗口。

此外，结合自由贸易试验区自身的发展基础和联动效应情况不难发现，自由贸易试验区建设可以通过吸引投资、促进贸易、技术创新以及人才培养等，对周边地区产生巨大的溢出效应和乘数效应。因此，自由贸易试验区的定位不能仅局限于其自身的地域和发展，更需要充分考虑周边地区的整体经济、技术、人才等综合能力和资源。具体而言，各个自由贸易试验区应该根据自身的地域、资源、产业等优势，实施精准定位、差异化发展，进而避免低层次恶性竞争，确保自由贸易试验区与所在区域的长远发展目标高度一致。进一步地，各个自由贸易试验区之间的竞争，不应该是围绕争取中央的优惠政策或资金支持展开，而是应该围绕如何深化改革、创新体制机制、提高服务效率等方面展开。以河南自由贸易试验区为例，学界对其定位已经有了基本统一的定论，主要包括四个方面：一是建设国际物流中心，利用其得天独厚的交通位置，打造陆海空全方位、多式联运、内外畅通的国际物流集散分拨中心；二是构建国际商贸中心，通过搭建大宗商品交易、期货交割、跨境贸易电商以及保税展示交易等平台，推动商贸活动的繁荣；三是积极打造内陆开放高地，通过营造与国际规则接轨的投资贸易环境，吸引更多的国际企业和资本进入；四是建设管理创新先行区，不断探索和推进政府服务模式和监管模式的创新，为全国乃至全球的自由贸易试验区提供可借鉴的经验。这样的定位，不仅充分发挥了河南自由贸易试验区的各项优势，更为其未来的发展指明了方向。

二、高水平建设河南自由贸易试验区的总体思路

随着新一批自由贸易试验区试点的公布设立，中国自由贸易试验区数量已增至 22 个，并且逐步形成了以上海自由贸易试验区为"领头羊"，由沿海地区扩展至中西部地区的新格局。新设自由贸易试验区高度契合了中国区域经济发展总体战略，并与国家新一轮改革开放的总体战略布局相一致，中国高标准的自由贸易区网络雏形初现。自由贸易试验区是经济全球化和区域经济一体化的产物，同时也是中国经济深化改革的产物。从更深层的意义而言，自由贸易试验区所肩负的改革使命甚至远远高于其所承担的单纯的经济使命。自由贸易试验区的核心在于制度创新和促进开放，自由贸易试验区如何引领开放型经济发展，高水平建设自由贸易试验区的总体思路应该高瞻远瞩、谋划清晰。

（一）高水平建设河南自由贸易试验区的内在机理

研究河南自由贸易试验区的功能定位，必须深刻理解国家实施自由贸易试验区战略的考虑和出发点，理解自由贸易试验区引领高水平开放的内在机理。党的十八届三中全会通过的《中共中央关于全面深化改革若干重大问题的决定》指

出，"建立中国（上海）自由贸易试验区是党中央在新形势下推进改革开放的重大举措……在推进现有试点基础上，选择若干具备条件地方发展自由贸易园（港）区"。可见，党中央选择一些地区建设自由贸易园区，核心战略意图是进一步深化改革开放。目前，自由贸易试验区的建设不仅复制了上海在外贸监管、负面清单管理等方面的经验，而且结合本地实际提出了深化改革方面的创新。河南作为中国构建全方位对外开放新格局的重要区域之一，高水平建设自由贸易试验区是打造对外开放新高地的重要抓手。

从国家对自由贸易试验区的选择和定位来看，自由贸易试验区需要几个基础条件：一是区域管理能力强。包括对内的政治管理能力和对外的经济管理能力，其中对内政治管理能力体现为政府能够高效地处理内部事务，提供良好的公共服务；对外经济管理能力则要求该区域能够有效吸引外资，推动对外贸易发展，进而实现经济的稳步增长。二是区域经济发展程度和开放程度要达到较高水平。区域必须拥有坚实的经济基础，产业结构合理，经济增长稳定且可持续。同时，开放程度也要与之相匹配，不仅要对内深化改革，还要对外积极开放，具备一定的对外辐射能力，能够吸引全球资源和要素流入，形成内外联动的良好局面。三是区域必须有自己的特色。这些特色能够使区域在国内外市场上形成独特的竞争力，吸引更多的关注和投资。同时，区域还应具有一定的示范效应和差别定位，既能产出可复制推广的先进经验，又能避免与其他地区的同质化竞争，从而实现差异化发展。高水平建设河南自由贸易试验区将促进河南"向东""向西""向南""向北"的宽领域全方位开放格局，为在地理上和经济上具有战略枢纽地位作用的河南提供了前所未有的开放发展机遇。

中国目前的自由贸易试验区不同于国际通行的 FTA（即两个或两个以上独立关税主体之间签订协定，取消关税壁垒实现贸易自由化）概念，也不是完全意义上的自由贸易试验区（FTZ）概念。而是一个功能上超越 FTZ，而规则上又不同于 FTA 的具有中国特色的自由贸易试验区的概念。无论是 FTA 还是 FTZ，自由贸易试验区本身都是一种旨在降低交易成本、实现贸易投资自由化的制度创新。从经济学的视角来看，这种制度安排天然地具备两大效应优势，并因此带动开放型经济发展。

1. 自由贸易试验区的极化效应

极化效应这一概念源自区域经济学中的增长极理论，描述了一个地区在经济发展达到一定水平后，会形成一种自我强化的循环，即当该地区的经济增长超越了初始的起飞阶段，就会开始累积各种有利因素，如资本、技术、人才等，这些因素的集聚又为地区的进一步发展创造更加有利的条件。简言之，这是一个正向的、自我加强的循环过程。在国家战略部署中，自由贸易试验区不仅享有贸易投资自由化的政策优势，更因试点地区政府的积极创新、大胆尝试，释放了一系列制度红利，使自由贸易试验区从其成立之初就成为所在区域内的重要经济增长极。自由贸易试验区能够借助其政策优势和强大的号召力，迅速集聚各种资源，发挥极化效应，进而加速资金、信息、技术和人才等关键要素的汇聚，并推动要素的高效利用和优化配置。随着这些要素的集聚，自由贸易试验区开始显现出规模经济的优势，自由贸易试验区内部企业的生产规模会逐步扩大，单位产品的生产成本会逐渐降低，从而提高了整体的经济效益，以及市场的运行效率，使该区域成为国内外投资者和企业的首选之地。因此，自由贸易试验区的极化效应是一个自我强化的过程，并通过政府的引导和市场机制的发挥，迅速集聚各种优势资源，形成强大的经济增长动力，进而推动整个区域的持续、健康发展。

2. 自由贸易试验区的扩散效应

自由贸易试验区在成为区域经济增长极的同时，也会从腹地经济大量吸纳和集聚各种生产要素，即腹地经济支撑力。依托这种强大的极化效应，随着自由贸易试验区的不断发展和成熟，自由贸易试验区会逐渐跨越极化效应的发展阶段，迎来迅速成长和壮大的新阶段，即进入扩散效应阶段。在扩散效应阶段，自由贸易试验区不再仅仅是资源集聚的"增长极"，更成为技术和创新的源泉。自由贸易试验区所积累的先进技术、高效的管理模式等生产要素，开始向外围地区扩散，为周边区域提供了宝贵的发展机遇。而这种扩散不仅促进了资源的优化配置，更推动了整个区域经济的均衡发展，这种"以点带面"的发展模式，不仅有助于提升自由贸易试验区自身的竞争力，更为整个区域经济的可持续发展注入了新的动力。当然，极化效应和扩散效应并没有严格的时间分割，两者可能同时存在、同时进行。与此同时，扩散效应的发生机制是一个复杂且多维度的过程，主要体现在区位优势明显的区域通过各种要素的流动和转移，对处于区位劣势的城市和区域产生示范和辐射作用，这些要素包括但不限于资本、人才、技术和市场等。对于自由贸易试验区而言，要素的流动和转移具有更广泛的内涵和更深远的意义。首先，自由贸易试验区作为改革开放的前沿阵地，其要素的流动和转移不仅局限于传统的资金、技术和人力资本，还包括制度创新、体制机制改革等深层次、全方位的变革。这些变革为自由贸易试验区注入了强大的发展动力，同时也为周边区域提供了可借鉴和学习的范例。其次，自由贸易试验区的要素流动和转移是面向全球的，不仅从国内其他区域吸引和集聚优质要素，更通过开放的政策和良好的营商环境，吸引全球的资金、技术、人才等资源的汇聚，使自由贸易试验区成为连接国内外市场的重要桥梁和纽带。此外，自由贸易试验区还通过物流信息网络共享、综合交通运输体系构建等方式，加强了与周边区域的联系和互动。这些举措不仅提高了自由贸易试验区的物流效率和运输能力，更为周边区域带来了便捷的物流服务和更广阔的市场机遇。综上所述，自由贸易试验区的扩散效应是一个多元化、全球化的过程，通过资本、人才、技术、市场等要素的流动和转移、集聚和扩散，不仅推动了自身的快速发展，更对周边区域产生了深远的示范和辐射作用，也为全球经济一体化和区域均衡发展作出了重要贡献。

3. 自由贸易试验区的溢出效应

实际上，任何一个增长极同时存在极化效应和扩散效应，两者的综合影响称为溢出效应。从要素流动的角度来看，由于自由贸易试验区同时具备极化效应和扩散效应，使其成为一种可在全球范围内实现要素优化配置的制度安排，成为各种开放型经济发展所需要素自由进出的一个平台，而构建开放型经济体系，是把"引进来"和"走出去"、出口和进口放在同等重要的位置去考虑，其背后的逻辑也是实现要素的自由流动。因此，自由贸易试验区的极化效应和扩散效应是引领开放型经济发展的内在机理。

对河南自由贸易试验区而言，要想充分利用自由贸易试验区制度红利引领开放，一方面要充分发挥自由贸易试验区的极化效应，其关键在于制度创新；另一方面要充分发挥扩散效应，重点在于紧抓定位。发挥极化效应的核心在于制度创新。自由贸易试验区能否成为区域发展的新增长极，极化效应能否有效发挥，核心是制度创新。由于河南自由贸易试验区本身处于对外开放的洼地和初期阶段，因此，围绕促进开放、吸引高端要素集聚以及区位优势发挥等方面的一系列政策制度创新，都将成为推进河南自由贸易试验区建设的重要"法宝"。时至今日，自由贸易试验区设立的区域含义早已不是传统意义上的"政策红利"，而是在中国经济新常态的特殊背景下，如何通过一系列的制度变迁和创新，不断激发"制度红利"，倒逼改革。

河南自由贸易试验区推进的工作重点主要是以下两个方面：一是复制和推广上海、天津等自由贸易试验区建设的先进经验。在这一过程中，需要深入研究先进自由贸易试验区在制度设计、政策实施、服务保障等方面的先进举措，并结合河南自由贸易试验区的实际情况，将这些经验进行本土化的改造和应用。为了更有效地进行复制和推广，可以采取实地考察、交流学习等多种方式，确保先进经验的成功落地。同时，这一过程中也必然伴随着大量的政策创新举措，以适应河南自由贸易试验区的特殊需求和实际情况，这些创新不仅是对先进经验的补充和完善，更是推动河南自由贸易试验区持续发展的重要动力。二是落实自身建设方案和规划目标。根据河南自由贸易试验区的定位和特色，制定切实可行的建设方案和规划目标，并严格按照既定方案进行推进，核心目标在于全面实现内陆地区的对外开放。为了实现这一目标，必须坚持深化改革，打破传统体制的束缚，推动制度创新。制度创新的关键在于建立高度市场化运作的管理体制，让市场在资源配置中发挥决定性作用，同时辅以必要的行政管理，进而确保市场的稳定和有序。在制度创新方面，上海自由贸易试验区的负面清单制度为河南自由贸易试验区建设提供了宝贵借鉴。河南自由贸易试验区在进一步制度创新和深化改革时，应着重考虑以下几个方面：其一，建立以市场机制为主、行政管理为辅的管理制度，充分发挥市场的自主调节功能，促进效率的最大化；其二，逐步缩小负面清单的范围，通过开放倒逼政府减少对市场的过多干预，激发市场活力；其三，真正践行"法无禁止即可为"的原则，及时出台负面清单外各项政策落地的实施细则，确保这一原则成为切实落地的具体措施。

4. 自由贸易试验区的三个"现代"

充分发挥扩散效应的重点在于紧抓定位。河南自由贸易试验区的建设定位着重突出三个"现代"，即现代立体交通体系、现代物流体系和现代综合交通枢纽。在全国自由贸易试验区格局中，河南自由贸易试验区定位的实质为凸显优势、服务大局。因此，构建辐射全国乃至全球的综合型现代交通、物流体系，建设现代综合交通枢纽，既是河南自由贸易试验区的历史使命，也是河南自由贸易试验区发挥扩散效应、引领开放的物质载体。

第一，建设现代立体交通体系的重点在于"立体"。现代立体交通体系旨在对公路、铁路、站场、航道、航空等多种交通运输方式统筹规划，协调发展，建设成为综合性的大通道、大枢纽、大节点、大网络。对于河南而言，其在公路和铁路基础设施建设方面已经取得了显著成就，运载能力处于国内领先水平，特别是郑州航空港航空客货运输能力的快速提升，以及中欧（郑州）班列的强势崛起，进一步增强了河南的交通实力，也使河南现代立体交通体系的基础架构基本成形，并已经初步具备了立体、多元化的特征，不仅为人们提供了更多的出行选择，也为企业提供了更加便捷和高效的物流通道。然而，尽管河南的交通基础设施已经相当完善，但是如何实现公路、铁路、航空等多种交通方式的无缝衔接，依然是现阶段面临的主要难点和"瓶颈"。例如，不同交通方式之间的换乘和转运还不够便捷，信息共享和协同管理有待加强，交通运输管理水平较为滞后和现代服务供给能力不足。因此，未来河南在现代立体交通体系的建设过程中，应从全局和战略的高度出发，对交通体系进行整体设计和规划，确保其科学性、合理性和可持续性，更加注重统筹规划和前瞻布局，在进一步优化交通结构的同时，积极引进新技术、新设备，推动交通体系的智能化、绿色化发展，加强各种交通方式之间的协调和配合，实现真正的无缝对接，构建更加高效、便捷、绿色的现代立体交通体系，为河南的经济社会发展提供更加坚实的支撑。

第二，建设现代物流体系的核心在于"现代"。现代物流体系旨在利用先进的电子信息技术，通过优化整合各个物流环节，实现智能化管理，从而有效地为经济和社会活动提供物流支持和全方位服务。建设现代物流体系必须实现提供完善的物流服务、确保快捷的配送服务、保持较低的物流成本、优化物流企业的规模、达到合理的库存五个基本目标。因此，现代物流体系已经远非我们通常所理解的"快递"行业，它对现代信息技术、先进管理模式的需求与日俱增。建设现代物流体系必须从设施建设、政策支持、人才教育、管理创新等方面给予保障。结合河南"十三五"规划来看，建设现代物流体系与建设高成长服务业大省目标密切相关。因此，现代物流体系的建设、现代物流产业的发展不仅关系自由贸易试验区建设的成功，同时也事关河南经济转型的成败。对于河南而言，实现信息化、智能化的物流管理系统是建设现代物流体系构建的关键。

第三，建设现代综合交通枢纽的重点在于"枢纽"。国家定位中明确提出建设服务于"一带一路"的现代综合交通枢纽，因此，河南自由贸易试验区如何塑造和提升自身的国际枢纽地位，服务于"一带一路"建设和国家全面对外开放大局，是急需思考和解决的重要问题。现代综合交通枢纽是综合交通运输体系的重要组成部分，是以"客运零距离换乘、货运无缝衔接"为主要特征，以信息技术为依托，高效衔接多种运输方式，辐射一定区域的客货转运中心，是优化资源配置，构建物流集散中心、贸易中心的基础平台。从目前来看，中欧（郑州）班列、卢森堡货航"郑州号"都是非常好的实践和尝试，在融入"一带一路"方面取得良好成效。郑州不仅是河南自由贸易试验区现代综合交通枢纽的中心城市，也是"一带一路"的重要节点城市，其地理位置、交通优势和战略地位凸显。随着"一带一路"倡议的深入推进，郑州应积极发挥其自身的战略区位优势，继续完善自身的基础设施建设和服务体系，提升综合竞争力和国际影响力，加强与共建"一带一路"国家和地区进行经贸合作和人文交流，为河南乃至全国的经济社会发展注入新的活力。《郑州现代综合交通枢纽发展规划（2014—2020 年）》指出，郑州是国家确定的全国性综合交通枢纽城市。近年来，河南不断加大投入，客货运枢纽场站建设成效显著，全国性综合交通枢纽地位不断巩固和提升。其中，铁路枢纽地位不断强化，公路枢纽地位更加巩固，航空枢纽地位初步确立。未来，应进一步凸显现代交通枢纽对"一带一路"的支撑作用，完善铁路、公路、航空、水运等立体交通网络建设，提升河南的物流效率和运输能力；在充分发挥郑州、洛阳等丝绸之路经济带重要节点城市的辐射带动作用的基础上，积极鼓励和引导其他省辖市和省直管县（市）参与其中，加强区域合作，促进资源共享和优势互补，形成协同发展的良好局面，进而推动构建河南全面参与"一带一路"建设的新格局，提升河南在"一带一路"建设中的地位和作用，将是河南自由贸易试验区建设的一大关键所在。

（二）自由贸易试验区高水平建设要着力打造四个中心

1. 国际交通枢纽中心

推动交通基础设施跨越式发展，构建东联、西进的畅达内陆通道，交通基础设施的建设和完善是支撑区域经济带状发展的根本。因此，高水平建设河南自由贸易试验区，必须大力推动交通基础设施建设实现跨越式发展。首先，为加快推动河南自由贸易试验区高质量发展，进一步提升河南作为现代综合交通枢纽的地位，应加速推进航空港、国际陆港以及"米"字形铁路等关键通道的建设，提升物流效率和交通通达性。具体而言，在航空领域，可开通更多的郑州至"一带一路"沿线国家和地区的货运航线，与沿线国家和地区建立更为紧密的航空合作，以提升航线的覆盖范围和运营效率，进而促进河南与这些国家和地区的贸易往来，巩固郑州作为国际货运枢纽的地位。在铁路运输方面，应积极推动建立中欧通道铁路运输、口岸通关协调机制，简化通关手续，提高运输效率；继续打造和培育中欧（郑州）班列品牌，通过提供高效、准时的货运服务，使其成为连接中国与欧洲的重要物流通道，推动郑州真正成为全球物流、人流、信息流的集散地，提升河南自由贸易试验区在"一带一路"建设中的地位和作用。其次，推动航空经济实现大飞跃，打造"空中丝绸之路"经济带核心。自由贸易试验区的本质就是中国要形成全方位、立体型对外开放新格局。因此，河南依托郑州航空港经济综合实验区，争取使郑州成为"空中丝绸之路"经济带核心区，这将在整个对外开放格局中占据十分重要的战略地位。打造"空中丝绸之路"核心区，就要贯通全球，不断拓展国际重要航线，争取形成连接亚欧非拉美的全方位空中通道。"空中丝绸之路"核心区的发展动力源于对航空偏好型产品和货物的需求，以及稳定且持续增长的货物来源。具体可围绕如下三个方面打造"空中丝绸之路"核心区：一是大力发展临空经济。目前，河南自由贸易试验区手机、生物医药等产业发展势头良好，未来还应积极围绕黄金珠宝、鲜活产品、高级冷冻食品、花卉等方面展开新的探索，丰富临空经济产业结构，为"空中丝绸之路"核心区提供更为多元化的货物来源。二是推动产业高端化。集中力量发展高精尖产业，如高端制造业、高新技术产业等，打造临空制造业体系，提升产品的附加值和市场竞争力。三是推动多式联运发展。随着全球化的深入推进，单一的运输方式已经无法满足日益增长的物流需求，应积极整合铁路、公路、航空等多种运输方式，构建高效、便捷的多式联运体系，为"空中丝绸之路"核心区建设提供更为强大的物流支撑。总的来说，通过发展临空经济、推动产业高端化和发展多式联运等手段，可以为"空中丝绸之路"核心区建设注入更为强劲的发展动力，推动其成为连接全球的重要物流枢纽和新的经济增长极。

2. 国内枢纽经济中心

河南因其在地理和交通上的优势，是中国传统的交通枢纽，现在正逐步发展成为全国重要的经济枢纽。河南自由贸易试验区的定位中明确提到要建设"两体系一枢纽"，其中的物流体系更是离不开枢纽的支持。在数字经济时代，单纯的交通意义上的枢纽已经不能满足经济发展的需要，对于河南自由贸易试验区而言，要紧抓枢纽定位，顺势发展枢纽经济，才是建设高水平自由贸易试验区的重要工作。理解枢纽经济首先必须理解何为枢纽。狭义上的枢纽一般指交通枢纽，交通枢纽的构成要件包括三个方面：基础设施、运输服务载体和集散中心。枢纽经济则突破了狭义的交通枢纽的经济内涵，是一种能够嵌入全球创新体系的新经济模式。枢纽经济以交通枢纽、信息服务平台（信息枢纽）、金融服务平台（金融枢纽）等为载体，以优化发展要素配置为目标，重塑产业空间分工体系，是一种综合性的社会经济与数字城市、互联网产业相结合的新发展模式。航空经济是依托飞机这种先进的交通运输方式，以发展航空偏好型产业为主导的一种现代经济模式。与一般经济形态相比，航空经济强调多个开放的、相互作用的区域存在，强调了空间经济，把内生增长理论成功应用到空间经济学，发展了原来的分工理论，说明了航空大都市发育的内生过程。

综合来看，枢纽经济在本质上是一种开放型经济，其演化逻辑为：从交通枢纽到经济枢纽，从经济枢纽到枢纽经济。航空经济是以航空枢纽为载体的一种枢纽经济。两者相比，枢纽经济比航空经济范围更广、内涵更丰富、发展空间更大。我们可以将枢纽经济理解为航空经济转型升级的方向和未来。因此，以发展航空经济为主导的郑州航空港具有发展枢纽经济的天然优势。发展枢纽经济是新时代的战略要求，也更加符合郑州航空港培育发展新动能、拓展发展空间、提升开放水平和辐射带动能力的现实需求。

从省域层面来看，目前河南正在大力发展枢纽经济，尤其是率先依托郑州航空港战略优势和航空经济基础发展枢纽经济，为全省枢纽经济的发展提供可复制推广的经验和思路。从郑州航空港自身发展层面来看，航空经济从内涵上要远小于枢纽经济，因此，枢纽经济的发展有助于拓宽河南的增长空间和培育新的发展动能。从区域竞争层面来看，目前国内多个省份、城市都提出要大力发展枢纽经济，这使河南自由贸易试验区的发展面临巨大挑战和激烈的外部竞争形势。因此，要通过大力发展枢纽经济，丰富航空经济内涵，拓展郑州航空港和自由贸易试验区的发展空间，从而使河南自由贸易试验区维持自身独特优势进而获得持续性的高质量发展，真正肩负起打造高水平自由贸易试验区、对外开放新高地的职能。

3. 中部对外交往中心

高标准、高水平的自由贸易试验区建设，离不开所在城市国际影响力的提升。因此，河南自由贸易试验区要想突出重围，真正成为中西部地区对外开放的新高地，必须致力于打造中部地区对外交往中心。在此方面，成都、重庆、武汉都走在了郑州的前面。2018 年，成都市委、市政府发布《建设西部对外交往中心行动计划（2017—2022 年）》，提出到 2022 年，努力把成都建设成为国家内陆开放型经济高地和国际友好往来门户城市，推动泛欧泛亚有重要影响力的国际门户枢纽城市建设取得明显成效。该文件是推动成都建设成为国家内陆开放型经济高地和国际友好往来门户城市的指导性文件，也体现了成都深入推进更高层次开放的决心。2018 年发布的《重庆市城市提升行动计划》提出力争在本世纪中叶全面建成国际化、绿色化、智能化、人文化的现代城市。2019 年重庆外办主任会议也透露，重庆市政府外办将聚焦内陆开放高地建设，谋划实施国别交往合作计划，建设中西部地区国际交往中心。重庆与新加坡合作打造的"渝新欧"陆海新通道，将会提升重庆对于西南地区的辐射力度，进而影响东南亚地区。对标成都，河南要借鉴其先进经验，尽快出台构建中部地区对外交往中心的相应政策文件，占据打造开放高地的先机。

武汉在《武汉市国际化水平提升计划（2018—2020 年）》中提出，要建设中部地区国际交通枢纽，中部地区国际经贸合作高地，中部地区国际交往中心，具有全球影响力的产业创新中心，国际人才会聚高地。《郑州市 2017 年提升对外开放水平推进城市国际化实施方案》中提出，要紧紧围绕建设国家中心城市总目标，以推进城市国际化、全面提升竞争力为主线，以航空港经济综合实验区、河南自由贸易试验区、中国跨境电子商务综合试验区等国家战略平台为载体，着力推进金融、会展、旅游、文化、人才、科技、规划、教育、卫生等重点领域的国际化建设，全面提升城市国际竞争力。相比成都、重庆和武汉，郑州提升城市国际化水平是围绕国家中心城市建设来展开的，针对自由贸易试验区的功能和角色是从加快完善对外开放平台这个层面进行定位和布局的，并没有充分发挥和挖掘自由贸易试验区的对外开放属性，也缺乏从国家全局或者中部地区布局出发自由贸易试验区建设的相关规划和设想。因此，河南自由贸易试验区建设相关政府部门亟须提高认识，超前谋划，深入挖掘河南的独特区位优势、交通优势、经济基础优势、文化优势等，打造自己的城市名片，努力成为中部地区对外交往中心。比如，积极塑造河南国际新形象，聘请相关专业机构，对城市形象推广作出高水平、具有较强操作性的整体策划，设计统一的城市标识、吉祥物，构建世界知名的、唯一的文化城市之都。同时，要依托黄河生态保护与高质量发展这一重大国家战略，继续改善空气质量，建设城市通风廊道系统，加强水生态环境建设。此外，为了促进可持续发展和改善生态环境，必须积极培育环保产业。例如，大力推进"绿城"品牌的恢复与全面建设，把更多的城市绿地升级为景观优美、环境宜人、公众可自由进出的城市核心绿地，将城市中央绿心打造成高品质绿色空间和国际化社交场所，带动城市整体品质的提升，吸引国内外的游客和投资者，在推动城市更加宜居、宜业、宜游的同时，促进国际间的交流与合作。

4. 中部金融中心

自由贸易试验区建设的重要任务之一是推进金融改革。从全国金融发展的结构布局上来看，中部地区需要一个金融中心。因此，河南要有以一域谋全局的决心和担当，借助自由贸易试验区建设的机遇，以郑州商品交易所的创新发展、高新区的科技金融、航空港区的空港金融及文化金融四个方面致力于河南金融的创新发展，占据打造中部地区金融中心的先机。

2024 年 1 月 11 日，中国（深圳）综合开发研究院发布"第 15 期中国金融中心指数"显示，郑州在全国 31 个金融中心城市中排名第 12 位，稳居区域金融中心"第一方阵"。由于郑州拥有郑商所的独特稀缺资源，郑州金融市场规模得分历来高于其他区域性金融中心；但在金融生态环境方面，包括旅游吸引力、城市交通、文化娱乐、上市公司数量等方面则有"短板"要补。从中部地区来看，中部区域金融中心有 5 个，分别是武汉、长沙、郑州、合肥和南昌。报告认为，郑州表现得尤为突出，与中部金融发展的"领头羊"武汉综合竞争力的差距不断缩小，目前综合竞争力得分仅落后武汉 5% 左右，而相对于长沙、合肥、南昌的领先优势则在不断扩大。从评分金融产业绩效、金融机构实力、金融市场规模和金融生态环境四个指标看，郑州分别位于全国第 10 位、全国第 14 位、全国第 5 位和全国第 15 位。具体来看，在金融生态方面，郑州落后于中部六省的武汉和长沙，排名第三，是亟须补齐的"短板"。金融生态环境主要包括金融人才环境和金融商业环境。其中，在金融人才环境方面，高等教育、医疗卫生和城市绿化是郑州的强项，而在旅游吸引力、生活成本、城市交通、文化娱乐等方面落后于中部金融中心平均水平。在金融商业环境方面，郑州在专业服务上具有较强的优势，执业律师数、注册会计师数、专业保险中介机构数分别排名全国第 10 位、第 8 位和第 15 位。但是在中部六省的省会城市中，郑州金融机构的综合实力还是逊色于武汉。因此，河南尤其是郑州要借助自由贸易试验区建设机遇，迎头赶上，发挥优势，着力构建先进的区域性金融中心。因此，综合来看，河南尤其是郑州建设成为中部金融中心机遇与挑战并存，"金融豫军"的快速发展和强势崛起，为郑州补齐金融发展短板奠定了坚实基础，为打造中部金融中心提供了有力支持。

三、高水平建设河南自由贸易试验区的战略重点

（一）抓好"两体系一枢纽"战略定位，优先发展枢纽经济

第一，继续完善和构建现代综合交通运输体系。其一，从顶层设计的角度出发，全面深入研究并制订枢纽经济发展的总体规划。不仅要明确枢纽经济发展总目标，还要根据目标设定切实可行的发展路径，结合实际情况，包括交通物流的便捷性、产业链的完整性、空间布局的合理性等，制定出能够推动枢纽与产业、空间融合发展的策略，如优化枢纽的组织功能，提高其运营效率；推动枢纽与产业的深度融合，形成产业链的有效衔接；合理规划空间布局，实现枢纽与周边区域的协同发展。此外，还应特别注重近期目标与远期战略的相结合。在制订规划时，既要考虑到当前的实际情况和发展需求，也要预见到未来的发展趋势和挑战，从而确保规划的前瞻性和可持续性。同时，还需要在规划中加强留白设计，预留出足够的发展空间，以便在未来根据实际情况进行灵活调整和优化。其二，

构建优质高效的现代综合交通运输服务平台。在目前这个阶段，物流以及交通运输短缺的问题已经解决，应将着力点放在提高运作效率上，融入新的技术，如区块链、大数据等，从而优化现代综合交通运输体系，真正实现智慧交通。其三，积极构建现代物流生态体系。引入先进的技术和管理理念，瞄准智能交通发展趋势，利用大数据、云计算、物联网等现代信息技术，探索构建集交通、物流和多种运输方式于一体的智能交通系统，进而实现交通设施的高效运营和物流的顺畅流转，满足现代社会对快速、准确、高效物流服务的需求。推动交通设施与生态环境的协同发展，建设生态型交通基础设施，采用环保材料和节能技术，减少对自然资源的消耗和环境的破坏。此外，为实现物流枢纽间的信息共享和协同作业，还应通过完善数据交换、数据传输等标准，进一步提升不同枢纽信息系统的兼容性和开放性，建立物流枢纽间综合信息互联互通机制，实现物流信息的实时共享和高效利用，提高整个物流行业的运作效率和服务质量。

第二，完善客货运枢纽体系。继续提升郑州枢纽能级，拓展枢纽功能，优化网络衔接，提高组织效率，打造与国际物流中心相适应的"三港、多站、大口岸"货运枢纽体系。"三港"即航空港、公路港、铁路港。要优化货运场站和物流节点，强化与海港功能对接，促进多港联动发展，打造"三港"一体与海港功能融合的国际化现代综合货运枢纽。同时，对现有的枢纽布局进行科学合理的调整和优化，创新服务方式，健全畅通有序的"六枢纽+多站"客运枢纽体系，增设多个辅助站点，形成一个覆盖广泛、层次分明的客运网络，为乘客提供更加便捷、高效的客运服务，推动城市交通的持续发展。"六枢纽"即对接全球、全国及区域主要陆空通道，以郑州机场、郑州南站、郑州东站、郑州站和郑州西站、小李庄站为主体的综合客运枢纽。高铁是中国的一张亮丽名片，高铁网也是当代中国的一项伟大成就。高铁加速了城市间人流、物流、信息流、技术流的快速流通，也为城市发展提供了新的动力。进入高铁时代的郑州要善于借势发展，勇于弯道超车，积极吸引更大范围内的高层次要素集聚，培育枢纽经济发展土壤，推动枢纽偏好型产业落地生根。以高铁为引领，以产业为支撑，重塑竞争优势，让城市发展跑出"高铁速度"。同时，要继续探索以郑州和国外重要枢纽城市协同联动的"双枢纽"发展模式，积极复制郑州—卢森堡双枢纽发展经验，扩大郑州航空"双枢纽"朋友圈。

（二）抢抓数字经济先机，大力发展数字贸易

在数字经济时代，数字贸易成为国际贸易的焦点和竞争的热点。河南自由贸

易试验区具备发展数字经济的先进技术基础和数字贸易发展的良好经验。当前，大数据逐渐从技术成为人类社会的基础设施，以数据的汇集为基础，直接催生了数据存储、管理、交换等需求，衍生出数据挖掘、分析等产业业态，进而带动数字呼叫、数字文娱、数字金融等数据应用产业的发展，也因此产生了信息服务型经济模式。当前，数字经济发展的典范和代表城市是贵阳。在大数据时代，只需要一根宽带，数据就可以联通四海，面对前所未有的机遇，贵州举全省之力发展数据经济，凭借得天独厚的自然环境和成本优势，率先开放省级政府数据，以市场换投资引入龙头企业，创办平台赛事打通大数据全产业链，成为第一个互联网时代的新型数据枢纽城市。河南在大数据发展方面并不落后，2016年10月8日，国家发展改革委、工业和信息化部、中央网信办发函批复，同意河南省建设国家大数据综合试验区，河南成为继贵州之后第二批获批建设的国家级大数据综合试验区的省份之一。河南在多个方面均展现出显著的优势。其一，河南数据资源种类繁多。得益于河南作为全国人口大省份及农业大省的地位，河南的人口大数据和农业大数据资源非常丰富。不仅如此，河南在工业、交通以及环境治理等领域的数据资源也极为可观。其二，河南的网络基础设施较为完善。值得一提的是，河南是全国七大互联网信源集聚地之一，显示了其在互联网领域的重要地位，郑州为十大国家级互联网骨干枢纽城市，进一步强化了河南在互联网及大数据领域的实力。其三，河南在技术应用方面布局超前。早在2015年，北斗（河南）信息综合服务平台就已投入使用，该平台不仅是我国目前精度最高的省级北斗信息综合服务平台，还是全国首个省级的北斗大数据处理中心，这充分体现了河南在技术领域的领先地位。此外，河南还吸引了众多的国内外技术巨头落地。例如，中国（郑州）跨境电子商务综合试验区的设立，七个国家级电子商务进农村综合示范县（市）的设立，以及阿里巴巴、IBM等顶尖互联网公司与河南的紧密合作，都为河南大数据产业的发展增添了浓重的一笔。

因此，河南数字经济的良好基础为自由贸易试验区抢夺数字贸易发展机遇提供了良好的支撑。在此方面，中国（郑州）跨境电子商务综合试验区已经走在了全国乃至全世界数字贸易发展的前列。河南自由贸易试验区在数字贸易发展方面做出了重大创新，并形成了驰名国际的"郑州模式"。中国的跨境电商试验始于中原，而由这场试验，催生了"1210"海关监管模式，建立了EWTO框架体系，构建了跨境电商与世界交互的"河南方案"。"1210模式"这一概念，源自于河南保税集团的独特创新，具体指的是"保税区内备货+个人纳税+邮快递终端配送"的综合性监管服务模式。"1210模式"的推出有效地解决了在全球跨境零售（B2C）交易过程中遇到的诸多问题，如清关流程烦琐、成本高昂，政府税收流失，消费者权益难以得到充分保障等。通过在保税区内备货，企业能够更高效地管理库存，减少清关环节的复杂性和时间成本，消费者能够享受到更为便捷、安全的购物体验，还加强了政府的税收监管，无疑为全球跨境零售交易的发展注入了新的活力。EWTO是指基于现行世界贸易组织（WTO）框架体系，在自愿基础上建立起来的政府间国际性组织，旨在推动E贸易关税协定、关务规则、准入协定、质量管理、贸易服务等的监督、管理和执行，规范EWTP运营，为EWTP快速发展提供良好环境和政策支持。河南自由贸易试验区应依托这两个重大创新，继续将其对当前数字贸易领域产生的重要影响发扬光大，在数字贸易成为新一轮国际经贸规则重构的焦点和重点的当下，为中国对外开放和对外贸易的发展赢得主动。

（三）聚焦服务型消费，助推服务贸易创新式发展

当前，服务贸易已经成为推动全球自由贸易进程和拉动世界经济增长的重要引擎，也是国际经济合作竞争和经贸规则重构的重点和焦点，服务贸易在全球贸易格局中的重要性日益凸显。然而，长期以来，中国服务贸易发展面临的结构不优、逆差较大等问题未能破题，服务贸易的传统比较优势未能得到充分发挥，新优势、新动能的培育面临激烈国际竞争。2019年3月5日，十三届全国人大二次会议将"推动服务贸易创新发展"列为推动全方位对外开放、培育国际经济合作和竞争新优势的重要抓手，这为中国服务贸易的未来发展指明了方向。因此，如何利用好新一轮科技革命和数字经济带来的机遇，探索改善服务贸易结构的路径，将是破解服务贸易"大而不强"的关键，从而最终实现贸易强国的建设目标。服务贸易同样也是河南对外开放和国际贸易的短板所在。目前，河南服务贸易出口项目主要是国际旅游服务、国际运输服务和建筑安装及劳务承包服务等，都属于传统服务贸易，金融、保险、计算机和信息等服务贸易出口远低于全国平均水平。因此，提升服务贸易比重也将是实现河南外贸供给侧结构性改革的有力抓手。与此同时，河南作为中华文明的发源地，虽然在现代服务贸易的发展上起步较晚，但却拥有得天独厚的资源优势和巨大潜力。河南不仅拥有丰富的旅游资源、壮丽的自然风光和珍贵的历史遗迹，还是中原文化、河洛文化的发源地，文化底蕴深厚。此外，河南还蕴藏着丰富的中医药资源，这些传统服务贸易领域都赋予了河南鲜明的比较优势。为充分发挥这些优势，河南可以通过自由贸易试验区这一重要平台，加强与国内外的交流与合作，接触更广阔的市场和更多的资

源，有针对性地支持文化、旅游、建筑、软件、研发设计等服务的出口，打造具有国际影响力的"河南服务"品牌。同时，河南还应着力推进省级服务外包示范园区建设，通过扶持一批优势突出、带动效应显著的龙头企业，以及创新能力强、特色鲜明的中小企业，逐步形成服务贸易的产业集群，提升行业的竞争力和影响力。此外，河南还应积极鼓励境内外企业利用其自身的先进技术、管理经验、服务理念和服务模式，参与到河南传统服务贸易企业的转型发展中来。借助自由贸易试验区的先行先试平台，为河南带来新鲜血液和创新力量，推动河南服务贸易的快速发展和升级换代。

当前，河南在自由贸易试验区服务贸易发展方面还存在一定的政策空白，应全面考虑服务贸易的特性和需求，尽快研究出台自由贸易试验区服务贸易发展促进方案以及具体的支撑政策，确保政策的针对性和实效性。服务贸易与货物贸易在本质属性和外在特征上存在明显差异，这些差异主要体现在交易对象、交易方式、价值实现等多个方面。正是由于这些显著差异，自由贸易试验区内适用于服务贸易发展的体制机制创新与货物贸易领域的体制机制创新必然会有所区别。因此，在制定相关政策时，必须充分认识到服务贸易与货物贸易的不同特点，确保政策的针对性和有效性。为了避免"一刀切"，在制定和实施政策时，应根据服务贸易和货物贸易的不同属性和特征，分别制定适用的监管措施、扶持措施和政策体系。例如，服务贸易企业通常具有轻资产的特征，缺乏重资产作为银行贷款的抵押物，这可能导致其在获取银行贷款时面临一定的困难。对此，可以引导金融机构创新金融产品和服务，如开发基于服务贸易企业特色的信贷产品，降低服务贸易的融资门槛和成本。同时，还可以通过提供担保、贴息等方式，增强金融机构对服务贸易企业的信贷支持意愿，帮助服务贸易企业更好地享受到自由贸易试验区带来的政策红利，进而促进其快速发展，提升服务贸易的整体竞争力。

（四）坚持创新驱动发展，推动开放类体制机制创新

创新的前提是积极学习和复制推广已有的先进经验。河南自由贸易试验区应积极学习上海自由贸易试验区等发达地区关于自由贸易试验区建设推进的先进经验。河南自由贸易试验区可以设立专门职位、专门人员，尝试构建自由贸易试验区协调交流机制，及时掌握上述地区已经探索发现的先进的监管模式、管理模式、商业模式等，并研究探讨其对于河南自由贸易试验区的实用性，进而有针对性的复制推广。创新驱动自由贸易试验区高水平建设的核心和关键是体制机制创新。在调研中发现，体制机制创新往往也是最难推进、最难产生创新的领域。体

制机制的创新涉及多部门、多系统的沟通和协调，需要打破诸多利益藩篱和壁垒障碍，往往需要协同工作共同配合才能完成。因此，体制机制的创新既是一个系统工程，也是自由贸易试验区建设过程中需要咬牙啃下的"硬骨头"。体制机制的创新离不开自由贸易试验区建设实践，其无法通过"拍脑门"产生，也无法靠想象得出，它需要开阔的视野和敢想敢试的勇气，只有深入建设一线，发现制约自由贸易试验区建设的因素和问题，才能顺势而为思考如何进行制度创新。

从理论支撑层面来看，要构建能够促进自由贸易试验区发展的"产学研"一体化体系和合作平台，鼓励支持学界加强对发达国家、地区自由贸易试验区发展的先进经验进行梳理和研究，从中提炼适合河南自由贸易试验区发展的有效措施。河南自由贸易试验区可以建立自由贸易试验区发展评价指数和自由贸易试验区年度发展报告，从理论上形成对河南自由贸易试验区发展的脉络梳理和现状评估，及时发现其中存在的问题并提出具备可操作性的对策建议。

四、高水平建设河南自由贸易试验区的推进难点

新时期河南发展面临三大现实困境，主要表现在：第一，河南当前发展面临严峻的国内国际形势。由于历史原因，河南未能充分利用开放初期相对宽松的政策环境，在新时代的高水平开放中，河南需要迎接更为艰巨的挑战，更加严苛的国际标准和环保要求，依靠简单的加工贸易就能轻松换取大量外汇的时代已经一去不复返了。第二，河南的传统比较优势正在逐渐减弱，这也是一个不容忽视的问题。尽管河南一直是一个农业大省，但河南距离成为真正的农业强省还有很长的路要走。目前，粮食安全保障的压力正在日益加大，而农业科技创新的水平却仍然较低，不能满足现代农业发展的需求。在这样的背景下，河南必须加大农业科技研发的投入，努力提高农业生产效率，以确保粮食安全，并推动农业向现代化、高效化转型。此外，随着资源环境约束的日益趋紧，河南还面临着产业结构调整的巨大压力，过去的人口优势，在现今的形势下，反而可能成为一种人口压力。为了应对这一挑战，河南必须积极推进产业结构的优化升级，努力提高劳动力的技能和素质，以适应新的产业发展需求。第三，国家战略的多重区域性布局，使区域发展的竞争日趋激烈。具体来看，高水平建设自由贸易试验区存在以下难点：

（一）"一区三片"协同难度较大

河南自由贸易试验区三个片区分别位于三个城市，空间上的分割及行政区划的存在，将为三个片区协同推进自由贸易试验区建设带来现实困境。这种困境一方面，来自空间距离会带来沟通上的时滞；另一方面，经验表明，这种特殊的制度安排，在实际推进过程中面临着多头管理、层级不清、体制机制不顺畅等问题。之所以出现这样的问题，根本原因在于实践过程中难以建立一种行之有效的片区联动合作机制。因此，未来一定要明确并坚守河南自由贸易试验区三大片区各自定位，完善管理体制的顶层设计，并进行相关立法，确保管理体制运行顺畅。

（二）各部门管理权限不明晰

为了进一步提升自由贸易试验区的自由度，河南省级政府积极行动，主动出台了一份详尽的权限清单，将省级经济管理权限赋予河南自由贸易试验区。这一举措旨在减少审批层级，使自由贸易试验区在经济管理上拥有更大的自主权和决策权，从而提高办事效率和灵活性。现阶段，虽然河南省级层面对自由贸易试验区首批下放了455项省级经济社会管理权限，但郑州、洛阳和开封三个自贸片区往往难以承接省级经济社会管理权限，导致河南省政府的放权在一定程度上流于形式。原因在于，河南自由贸易试验区三个片区的领导班子、机构设置都是刚刚设立，在短时间内并没有配置足够多人员编制，因此出现编制少、人手不足问题，严重制约了自由贸易试验区相关工作的顺利开展。同时，自由贸易试验区管委会十分缺乏学者型管理人才，而对于各片区承接省级层面下发的几百项管理权限，需要从理论层面进行专业的研究和理解，然后进行合理的组织落实，在此方面，各个自由贸易试验区片区都亟须专家、学者型管理人才的支持。调研发现，省级政府在放权过程中配套设施不完备，且已经下放的省直权限由于大多涉及行政审批事项，需要履行专家论证程序，而省级层面的专家数据库建设尚不完善，导致专家论证程序难以顺利开展。为充分发挥政策的优势和效果，需要进一步完善配套设施、加强专家数据库建设、提高权限下放的精准性和针对性。

（三）跨区域沟通协调机制不畅

在对河南自由贸易试验区三个片的调研中发现，各片区制度创新的协调成本较高，自由贸易试验区的工作推进涉及多个部门，是一个系统工程，需要中央部委与地方的协调，也需要自由贸易试验区各片区与省（直辖市）直机关的协调，还包括自由贸易试验区各片区与当地政府部门之间的协调。自由贸易试验区体制机制不顺畅，部门间沟通协调难度大、成本高已成为郑、汴、洛三个自贸片区普遍存在的问题。这种沟通协调机制的不顺畅表现在自由贸易试验区向上的沟通机制不顺畅。通过调研发现，虽然河南自由贸易试验区具有制度创新的积极性，但由于制度创新要突破各种法律法规及部门规章的刚性约束，而目前全国22个自由贸易试验区中，除上海、广东、天津、福建自由贸易试验区获得了全国人大常委会授权国务院可以审批其调整相关法律规定的申请外，其他自由贸易试验区均无此权限，且中央部委放权的积极性和力度与河南自由贸易试验区的期望存在较大差异，增加了河南自由贸易试验区制度创新的协调成本。因此，河南自由贸易试验区向上沟通协调的成本较高，难度也较大，客观上阻碍了制度创新的积极性和活力，表现在自由贸易试验区向下沟通或者内部沟通的协调机制不够完善。因此，应尽快构建服务于自由贸易试验区三个片区之间沟通协调的专属、专用机制，构建服务于自由贸易试验区制度创新事务的快速响应机制和绿色通道，运用合理的行政手段加速和保障自由贸易试验区的制度创新快速推进。

（四）战略联动机制尚未建立

第一，战略联动实践较为滞后。河南发展享有五大国家战略，联动发展可以形成"1+1+1+1+1>5"的合力优势，这是河南自由贸易试验区发展区别于其他自由贸易试验区梯队的绝对优势。尤其是河南自由贸易试验区、郑州航空港经济综合实验区和郑洛新国家自主创新示范区这三大战略之间，存在紧密的联系。自由贸易试验区以其独特的政策优势和贸易便利化措施，为郑州航空港经济综合实验区发展提供了广阔的物流和市场空间；郑州航空港经济综合实验区作为连接国内外的交通枢纽，为自由贸易试验区进出口业务提供了便捷的通道；郑洛新国家自主创新示范区则通过创新驱动，为前两者提供了源源不断的技术支持和产业升级的动力。

第二，对战略联动机制缺乏深入研究。战略联动具有显著的溢出效应，意义重大，但这一问题目前尚未得到足够重视。真正发挥三大战略的合作优势，需要对每个战略的总体规划、实施方案及预期目标都有清晰、全面的把握，深入了解每个战略的内涵和特点，准确地找到它们之间的合作基础和共同点，进而构建高效、协同的战略联动机制，推动区域经济的持续、健康发展。此外，河南自由贸易试验区、郑州航空港经济综合实验区和郑洛新国家自主创新示范区三大战略平台各自拥有独特的管理体制和运行机制。自由贸易试验区聚焦于贸易自由化和便利化，航空港致力于打造国际航空枢纽，而自主创新示范区则侧重于科技创新和产业升级。由于三大战略各自承担着庞杂的任务和目标，因此在战略联动机制等顶层设计缺失的情况下，三大战略平台往往各自为战，缺乏合作的热情和动力。然而，从全省一盘棋的大局观来看，三大战略平台在人才、资金、技术、创新和改革等多个领域存在巨大的合作空间。例如，在人才培养和引进方面，三方可以共享资源，共同打造人才高地；在资金运作上，可共同探索建立联合投融资平台，实现资金的优化配置；在技术创新和成果转化方面，更可以互通有无，携手推动产业升级和科技创新。与此同时，值得一提的是，三大战略平台在地域范围内也存在重合，这无疑为其相互之间的深度合作提供了更为便利的条件，有助于实现资源共享、优势互补和协同发展。对此，河南自由贸易试验区建设可以借鉴上海"双自联动"机制经验，建设自创示范区，将自主创新示范区的改革试验内容全部引入自由贸易试验区，构建高效的"双自联动"机制和工作方案。同时，在此基础上，借鉴上海自由贸易试验区建设"举省体制"，举全省之力建设河南自由贸易试验区，组建自由贸易试验区、航空港实验区、自主创新示范区"三合一"国家战略领导小组，完善"两级三层"高效管理体制，建立省区市联席会议制度，充分发挥国家战略的乘数效应。

（五）创新驱动力不足

虽然河南自由贸易试验区在制度创新方面已经展现出不俗实力，但整体看来，河南自由贸易试验区的创新活力仍有待进一步挖掘和提升。目前，河南自由贸易试验区的一些片区在制度创新上的尝试多集中在碎片化、非核心的制度微调上，如推进备案事项的多证合一等。然而，对"难度大、意义大"的关键性制度创新却极少涉及。深入剖析其原因，河南自由贸易试验区制度创新动力不足主要在于制度创新的风险与收益之间存在不平衡，这种不平衡严重影响了自由贸易试验区进行制度创新的积极性。制度创新往往需要打破现有的利益格局，同时还需要面对未来的诸多不确定性。河南自由贸易试验区制度创新缺乏专门的法律法规保障，这无疑增加了制度创新的风险。例如，当河南自由贸易试验区尝试放宽市场主体的准入门槛，如将企业注册资本由验资制改为备案制，监管方式从事前监管转变为事中事后监管时，就会面临放开容易监管难的问题。如果不对制度创新过程中出现的风险进行科学合理的免责处理，将抑制河南自由贸易试验区制度创新的积极性和主动性。

（六）制度改革相对滞后

第一，制度改革和创新仍然停留在模仿复制层面。目前河南自由贸易试验区总体方案中对主要任务和措施、保障机制的设立思路方面主要借鉴已有自由贸易试验区梯队的发展经验，尚未有针对自身发展特色形成的可复制的经验。上海自由贸易试验区的"负面清单"虽然是市场化管理的典范，但在实际中也存在清单范围过大问题。因此，实现借鉴经验的本地化复制推广是自由贸易试验区的一大关键问题。

第二，自由贸易试验区优惠政策不多，主要以贸易、投资便利化为主。目前，虽然河南自由贸易试验区总体方案在促进贸易和投资便利化方面已经提出了详细的任务和具体措施，然而在税收、投资优惠以及金融支持等方面的相关政策却并不多见，这无疑制约了自由贸易试验区的进一步发展和吸引力的提升。为推动自由贸易试验区的持续发展，为自由贸易试验区内的企业争取更多的资金支持和金融扶持措施，需要进一步细化文件内容，从而进一步增强自由贸易试验区的竞争力和吸引力。

第三，自由贸易试验区薪酬标准偏低，难以激发制度创新的动力。对此，在调研中也发现一些比较好的做法，如福建自由贸易试验区厦门片区为了吸引高端人才，专门出台了"自贸专才"的招聘计划，对于入选"自贸专才"的高端人才，给予最高 80 万元的年薪。这种做法在一定程度上缓解了自由贸易试验区制度创新动力不足的问题，值得河南自由贸易试验区借鉴。

（七）缺乏专业化高素质人才

第一，引进人才政策落地困难。自由贸易试验区的发展迫切需要高端人才的支撑，然而在实际发展过程中，河南自由贸易试验区发展遇到了"选人难、高端人才成本高、政策约束"等问题。具体来说，选拔合适的高端人才难度较大，且现有的政策环境并未形成对高端人才的强有力的吸引力；政府工作人员管理理念陈旧，素质不高及缺乏国际化视野等，在一定程度上影响了对高端人才的引进。

第二，高端人才培养计划相对滞后。目前，河南现有的高端人才培养计划无法满足国家战略发展的需求。同时，人才培养是一个长期的过程，需要时间和资源的投入，河南自由贸易试验区人才引进存在"远水不解近渴"的困境，即无法立即形成足够的人力资本和智力支撑，进而助推自由贸易试验区发展。长久以来，省内高等教育发展落后、高端人才培养计划的匮乏使河南高端人才储备不足。高端人才生活配套的缺乏使人才引进缺乏吸引力，政策落地较为困难。

另外，要想实现高端人才的自给自足，必须先建立合理的人才培养体系，建立教育示范区和文化教育创新示范基地，改善城市人居环境，使高端人才能够"留得住、回得来"。从长远来看，这是为自由贸易试验区提供可持续性人力资本支撑的必由之路。应加快推动河南从人力资源大省向人力资源强省转变，通过加快推动郑州航空港引智试验区、中国中原人力资源服务产业园等平台建设，进一步扩大高层次人才和技能型人才规模。同时，要抓好用好河南优势，把握人才流动规律，积极构建并随时更新在外豫籍人才数据库，通过建立健全与人才沟通联络的工作机制，积极搭建与人才沟通联系交流的平台。通过重大节假日对接与日常联系、"走出去"与"请进来"、线上交流与线下互动等方式和人才建立起紧密联系。通过举办人才交流大会、人才创新创业成果展、"人才看家乡"等各种形式的活动，组织海内外人才回家交流洽谈，共襄家乡发展。同时，搭建人才参与家乡建设的事业平台，积极引导人才回家乡投资兴业，注重邀请人才参与各级党委、政府政策咨询，进一步激发调动人才帮助家乡发展、参与家乡建设的热情。调研发现，实践中已有政府部门推动构建在外豫籍重点人才数据库，但对这一工作没有形成长效机制，重点人才定义不够清晰，实际进入壁垒较高，且缺乏向公众的宣传力度，数据库本身也缺乏人才自荐功能，其影响力有限。

总体而言，当前河南自由贸易试验区面临着一系列现实困境，包括功能定位出现偏差、制度创新过程中协调成本高昂、难以有效承接省级经济管理权限，以及制度创新动力不足等问题。这些困境的存在，使地方政府在推进自由贸易试验区建设时，往往表现出"重申请、轻创新"的倾向，不仅影响了自由贸易试验区制度创新的深入推进，也制约了自由贸易试验区在促进地方经济发展中发挥更大作用。河南自由贸易试验区这种"重申请、轻创新"的倾向对自由贸易试验区的制度创新存在诸多不利影响。因此，需要深入分析这些困境产生的原因，并寻求有效的解决策略，以推动河南自由贸易试验区在制度创新方面取得更大的突破和进展。

第八章 高水平建设河南自由贸易试验区的体制机制创新

一、贸易服务体制机制创新

（一）贸易便利化体制机制创新

以上海自由贸易试验区为例，建立上海自由贸易试验区的核心是转变政府职能，同时积极推进服务业扩大开放和外商投资管理体制改革。体制机制创新是关键所在，因此自由贸易区的体制机制创新往往是重中之重。通过产学研进行先行先试的储备研究，如实施促进贸易的税收政策，通过个人所得税方面的优惠，培养吸纳创新人才和高端国际型人才等措施，都是属于直接或者间接地促进贸易便利化的体制机制创新。

具体来看，一要以加强体制机制创新为切入点，全面提升贸易便利化水平。截至 2020 年，河南自由贸易试验区已向全省复制推广 47 项改革创新事项。贸易体制机制的创新主要围绕两个方面，一是降费，二是增效。未来的提升要继续对标国际，建立高水平的进出口营商环境。要围绕"快、省、精、准"这几个方面发力。在口岸的通关上，这个环节基本上做到了"快"，但是还有很多体系化的工作没有做到，如端到端速度需要进一步简化。"省"就是要省费用，包括中间商、政府的费用还要进一步省。"精"就是利用大数据技术，对物流的运作做到点对点的即时配送。

二要积极创新发展新业态。跨境电商、保税展示以及围绕进出口方面的跨境金融服务，通过自由贸易试验区这个载体，可以稳步向前推进。在新业态的培育上，在贸易通关便利化方面的表现是最明显的。比如跨境电商，就商品个体而言，原来进出口都需要报关，如今通过体制的创新，对整个报关流程做了快速简化。未来，围绕贸易便利化方面，跨境供应链的打造和提升应该是整体供应链中非常有潜力、有价值的一环。供应链中的核心要素，如物流、金融、互联网以及通关便利化等，应实现有机联动。其中，物流是整个供应链的基础，金融是保障，互联网是推动物流发展的手段，而通关便利化是整个跨境供应链中核心的关键环节，要进一步理顺和推动。因此，在自由贸易试验区的贸易便利化上，应该围绕基本的定位，为国家改革试制度，为贸易便利化立标杆，为跨境供应链发展筑高地，瞄准这个核心定位进行体制创新，为高水平建设自由贸易试验区提供重要路径。

同时，要创新自由贸易试验区的发展思路，着力推动"跨境贸易"向"跨境经济"转变。随着全球经济联系日益紧密，开放与合作成为经济发展永恒的主题，区域经济一体化的范围也在不断扩大至全球范围，"一带一路"倡议便是全球范围内区域经济一体化合作的优秀范本。在此背景下，改变传统贸易方式、拉动传统贸易实现新增长的"跨境贸易"正在升级转变为更加全面、更高层次的"跨境经济"，这也将重塑全球贸易格局。"跨境经济"旨在通过共享输出新信息基础设施及电商平台服务能力，实现全球经济的普惠性增长。相比"跨境贸易"，"跨境经济"更加符合全方位、多层次、宽领域的对外开放新格局的要求。"跨境经济"作为一种创新型的贸易形式，将有效拓展河南对外贸易的生存空间，增加企业"走出去"的渠道，是河南对外贸易转型升级的重要路径。因此，为培育外贸发展新业态，应尽快出台省级外贸综合服务企业的认定管理办法和支持政策，规范外贸综合服务企业的运营行为，推动外贸行业健康发展；积极引进全国知名的外贸综合服务企业，鼓励其在河南设立分支机构，引入成熟的管理经验，为河南外贸企业提供更加便捷、高效的服务；支持传统外贸企业利用跨境电商平台开拓国际市场，争取跨境电商零售出口有较大突破。除此之外，还应通过加强与国内外优秀外贸企业交流学习，借鉴其成功的管理模式和经验，提升自身的管理水平和运营效率，推动河南外贸行业的持续繁荣和发展。

（二）服务贸易体制机制创新

随着服务贸易在国际贸易格局中重要性的不断攀升，自由贸易试验区的发展亟须重点关注服务贸易发展的体制机制创新，未来，自由贸易试验区创新发展的重要突破一定要在服务贸易领域寻找。2023 年，河南服务业产值占 GDP 比重的

53.4%，成为经济增长的主动力。河南自由贸易试验区承载不断推进服务业开放与创新、大力推动服务贸易繁荣与发展等战略任务。河南自由贸易试验区覆盖了郑州、开封、洛阳三大片区，每个片区都根据自身的功能与特色，实现了差异化、协同化发展，尤其是在服务业领域，三大片区各有其独特的发展重点。其中，郑州片区作为河南的交通枢纽与经济中心，其重点发展的是现代服务业，包括现代物流、国际商贸、跨境电商、现代金融服务等，以及服务外包、创意设计、商务会展以及动漫游戏等新兴服务业。开封片区则注重文化与医疗旅游的结合，致力于创意设计、文化传媒、艺术品交易等文化产业的发展。洛阳片区以洛阳厚重的文化底蕴为依托，大力发展研发设计、服务外包、国际文化旅游、文化创意、文化贸易以及文化展示等产业，为当地经济注入了新的活力。河南自由贸易试验区三大片区虽然定位具有较大差异，但服务贸易所占比重都相当高。反观河南服务贸易的发展实践，服务贸易逆差大，结构不够合理，传统服务贸易领域竞争力未得到充分发挥，新兴服务贸易领域面临激烈竞争。因此，要特别重视依托自由贸易试验区这个平台，重点关注服务贸易发展的体制机制创新。

具体来看，一是要借鉴学习上海自由贸易试验区针对服务贸易列出的负面清单制度，尽快建立科学的服务贸易统计体系。2018年，为在服务贸易领域开展制度创新，上海决定在上海自由贸易试验区实施跨境服务贸易负面清单管理模式。为此，上海编制印发了《中国（上海）自由贸易试验区跨境服务贸易负面清单管理模式实施办法》（以下简称《实施办法》）以及《中国（上海）自由贸易试验区跨境服务贸易特别管理措施（负面清单）（2018年）》。该负面清单根据《国民经济行业分类》，共梳理出159项特别管理措施，涉及13个门类、31个行业大类。根据规定，对列入负面清单的跨境服务贸易行为，由各部门按照相应法律法规实施管理。而对于未列入负面清单的服务项目，则遵循境外服务与境内服务提供者待遇一致的原则来进行管理。值得注意的是，《实施办法》将"跨境服务贸易"的概念界定为"由境外向自由贸易试验区内开展服务交易的商业活动"。这一定义不仅涵盖了跨境支付、境外消费、自然人流动三种模式，也是一种成功的创新，为其他地区，包括河南自由贸易试验区深化服务贸易体制创新提供了宝贵的经验和借鉴。

二是尽快探索建立河南自由贸易试验区关于服务贸易的负面清单制度。建立这一负面清单制度的前提是要对河南省服务贸易的发展概况、服务业行业发展情况、服务贸易监管措施、现行的服务贸易促进措施等进行摸底排查。目前在河南省统计局网站及统计年鉴中并没有关于服务贸易统计这一栏的相关数据，所能查到的仅仅是有关于服务贸易项下的一些零散数据，如对外承包出口、对外承包工程营业额、派出人员、旅游创汇收入、接待入境游客人数等。为此，要借鉴发达国家（地区）经验，加快建立服务贸易统计、发布与分析制度，强化服务贸易企业自主直接报送信息工作，形成科学、全面的服务贸易统计数据收集与汇编体系。构建服务贸易统计数据的分析体系，研究分析方法，完善分析手段。定期发布河南服务贸易统计报告，全面分析和评估服务贸易的发展状况、展望趋势，从而提出促进服务贸易发展的具体建议。

三是以自由贸易试验区作为促进服务贸易创新发展的大平台。为此，河南应着力完善服务贸易政策支持体系，创新服务贸易发展模式，改善河南服务贸易发展环境，提升"河南服务"的国际竞争力和影响力，充分发挥服务贸易在对外开放、稳外贸、稳外资方面的作用。"十四五"期间，河南应充分利用得天独厚的区位优势和政策叠加优势发展服务贸易，以专业化、高端化、精细化、国际化为导向，积极融入国家"一带一路"建设，重点发展以大数据、人工智能、第五代移动通信技术（5G）、众创空间等为核心的新兴服务贸易领域，做大做强以跨境运输、金融服务、旅游文化为核心的优势服务贸易领域，做精做优以计算机软件、影视动漫服务、文化创意为核心的特色服务贸易领域。把握全球数字经济发展机遇，提高服务贸易企业技术创新、服务模式创新、管理创新能力，推动服务贸易向高质量发展、向全球价值链高端跃升。

二、政策保障体制机制创新

（一）政府服务体制机制创新

服务体制机制创新是高水平建设河南自由贸易试验区的关键。2017年10月30日，河南省政府出台了中国（河南）自由贸易试验区建设"1+5"专项方案，"1"是指一个重大改革总体方案，"5"是指政务服务、监管服务、金融服务、法律服务、多式联运服务五大服务体系建设专项方案。明确河南省工商局、郑州海关、中国人民银行郑州中心支行、河南省法院、河南省交通运输厅为五大专项牵头单位，成立专项计划工作小组，形成了改革合力，全面深化"放管服"改革。未来，河南自由贸易试验区应紧紧围绕这一方案部署，继续深化、细化落实专项方案，围绕方案的五大服务体系着力推进政府服务体制机制创新。

1. 政务服务体系创新

政务服务体系方面，全力推进以"一次办妥"为核心的政务服务改革。在商事登记领域，率先探索"二十二合一"，以减证带动简政，并在此基础上，形成"三十五证合一"。时任河南省省长陈润儿主持召开河南省政府常务会议，审议通过推进"三十五证合一"改革实施意见，2017年8月在全省正式铺开。2018年6月，根据国家市场监管总局关于做好全国统一"多证合一"改革工作要求，调整实施"三十二证合一"。在此方面，要积极借鉴贵州、杭州等地的先进经验，要在"大数据+政务服务"创新上积极谋划，快速推进。在监管服务体系的建设与优化方面，河南自由贸易试验区应全力以赴推动海关监管制度创新改革，力求在"提速、减负、增效"三大方面取得显著成果。具体来说，对进出口食品、农产品以及水产品的检验方式进行重要调整，由原先烦琐的"批批检验"转变为更高效的"双随机"布控检验，不仅可以简化检验流程，更使检验检疫通关效率同比提高63%，为企业节省了大量的时间和成本。同时，河南自由贸易试验区应针对特殊生鲜冷链货物，实施"提前报关、货到验放"以及"机坪理货、机坪验放"的快速通关模式，进一步缩短货物在海关的停留时间，保证生鲜产品的新鲜度和质量。此外，随着中欧班列（郑州）进口邮件试点的全线贯通，河南在国际邮件运输领域也取得了重大突破。这一里程碑式的事件标志着河南国际邮件陆路往返运输通道全面打通。未来，河南将在中部地区率先实现国际邮件利用中欧班列渠道直达欧洲、欧洲邮件直达河南的供应链闭环，提升邮件的运输效率，进一步加强河南与欧洲的联系，为河南的国际贸易发展注入了新的活力。与此同时，邮件尤其是进口邮件到达国内之后，如何解决好个人邮件的快速通关和配送"最后一公里"也需要重点关注。自由贸易试验区和河南海关等部门要通力配合，改善个人进口邮件服务。

2. 金融服务体系创新

金融服务体系方面，全力推进金融开放创新。中原银行、郑州银行、国家开发银行、中国人保财险以及郑州商品交易所等权威金融机构，都通过充分利用河南自由贸易试验区这一平台，实现了业务的创新突破，尤其是推动了跨境融资、飞机等大型设备租赁、重大技术装备保险等金融创新业务快速发展，不仅丰富了自由贸易试验区的金融服务体系，也为自由贸易试验区内企业提供了多元化的金融解决方案。在金融创新方面，郑州宇通财务有限公司取得了里程碑式的成就，成为河南首家获得即期结售汇业务经营资格的非银行金融机构。这一资格的获得，不仅提升了郑州宇通财务有限公司的金融服务能力，也为河南非银行金融机构参与国际金融市场开辟了新的道路。此外，中欧班列（郑州）在跨境汇款方面实现当天到账，最快仅需2分钟，大大提高了跨境交易的效率和便捷性。未来，河南自由贸易试验区在创新构建金融服务体系方面要更加注重发挥"金融豫军"的积极性和主动性，尤其要提高金融机构为自由贸易试验区服务的意识，而不是仅仅停留在依靠自由贸易试验区发展自身这一单向增长水平上。

3. 法律服务体系创新

法律服务体系方面，要全面提升法治服务水平。河南自由贸易试验区在法治建设和服务创新方面取得了显著进展。目前，河南自由贸易试验区已经成功设立了国际商事仲裁院和自由贸易试验区法庭，为区内商事争议提供了专业、高效的解决平台。同时，郑州知识产权法庭的揭牌成立，进一步加强了知识产权保护力度，为创新创业提供了坚实的法律保障。在探索新型服务模式方面，河南自由贸易试验区积极开展调解与仲裁、仲裁与诉讼相衔接的尝试，这种新型服务模式不仅提高了纠纷处理的效率，还降低了当事人的维权成本，进一步优化了自由贸易试验区的法治环境。针对自由贸易试验区涉外案件的处理，河南自由贸易试验区还创新引入小额诉讼程序及诉前调解程序，大大简化了案件审理流程，实现了简案快审的目标，提高了司法效率，进一步提升了河南自由贸易试验区的法治化水平。未来，河南自由贸易试验区应继续创新法律服务方式，培养更多法律服务提供主体，鼓励法律事务机构开辟专门的自由贸易试验区服务窗口，最大限度地支持自由贸易试验区发展。

4. 综合服务体系创新

多式联运服务体系方面，要依托大数据、区块链等，充分发挥自由贸易试验区和大数据综合试验区的联动优势，为河南自由贸易试验区建设全国乃至全球领先的多式联运服务体系提供思路。在全省范围内构建统一的多式联运数据交易服务平台，整合郑州机场、高铁、中欧班列等交通运输部门的数据信息，积极协调物流机构、快递公司共享数据网络，更快更好地提升多式联运的服务质量。

此外，高水平建设河南自由贸易试验区还需解决好三个问题，分别是能力建设、制度建设和跨境网络建设，这三点都和服务体制机制创新密不可分。第一，能力建设。这意味着在营商环境方面，河南自由贸易试验区在2025年和2035年要分别与上海和香港看齐，更要在吸引和保留人才方面与上海和香港两个国际大都市相媲美，能够吸引全国乃至全球的优秀人才，并为他们提供卓越的服务，确保他们能够长期留下来。为实现这一目标，河南自由贸易试验区需要构建宜居、绿色、智慧、开放和共享的环境。第二，制度建设。探索建立与上海、香港相当的投资环境，对外资、民资和国资一视同仁，在实施负面清单管理和准入前国民待遇时，真正做到"法无禁止皆可为"。这意味着，在法律规定的范围内，各种资本都可以自由参与市场竞争，从而充分发挥市场在资源配置上的决定性作用。同时，政府也应更好地发挥其角色，为市场发展提供必要的支持和保障。第三，跨境网络建设。河南自由贸易试验区的高质量发展需要一流的大学，一流的科研院校，一流的直接融资平台，一流的直控型技术支撑体系，一流的创新企业来引领。聚集这些一流资源，建立一个开放的跨境网络平台成为关键。通过这个网络，河南自由贸易试验区可以广泛吸引全球范围内的人才、科研装备，甚至包括高端的旅游休闲和生物医药医疗等资源。这意味着，河南自由贸易试验区要积极营造能够吸引全球人才、创新企业和研发机构的环境，推动全球顶级资源在河南自由贸易试验区集聚，只有如此才有可能在高质量发展方面取得显著成效，对周边乃至更广泛的区域产生积极的带动作用。

具体来看，其一，改革行政管理方式，政府部门要注重提高办事效率和质量，逐步减少财政负担。其二，要注重生产标准、知识产权保护和经济纠纷处理及其仲裁与国际全面对接，实行同一规则，这是对标国际高标准自由贸易试验区的首要前提。其三，要积极减负，降低税费，特别是内外资政策要一致，防止逆向选择。其四，要强化财政硬约束，所有财政收支一律纳入预算，所有预算支出除应急的外均由人大逐项审批。其五，要完善市场运行保障机制，强化信用约束，同时还要健全风险分担机制，为自由贸易试验区建设保驾护航。其六，要完善宜居环境。这个宜居，不只是人员宜居、人才宜居，还包括企业宜居，要引得来、留得住，包括医疗卫生、教育、文化环境的便利与国际水准。

（二）政策保障体制机制创新

第一，建立科学的考核机制。建议研究制定自由贸易试验区专属的政府领导考核办法，新的考核机制应着重强调营商环境改善、服务体制机制创新举措的政策效应、放管服改革的推进情况，贸易、投资便利化举措的可行性等方面，要弱化自由贸易试验区经济规模、GDP 增长速度、入区企业数量等指标的权重，建立科学的自由贸易试验区评价体系。这有助于在对政府管理人员松绑的同时，帮助其了解和摸清自由贸易试验区发展的真实情况，从而使自由贸易试验区真正聚焦制度创新，打造高标准的营商环境，释放制度创新红利，进而为全国形成可复制、可推广的制度创新经验。

第二，理顺中央与地方权责以及自由贸易试验区自身的管理体制机制，降低各方协调成本。实现这一目标需要从两个方面入手：一方面，进一步明晰中央和地方之间的权责关系。建立部际之间、部委与河南自由贸易试验区之间的定期沟通协调机制，加大中央部委的放权力度，赋予河南自由贸易试验区更多的自主权，从而减少其在制度创新过程中的协调成本。另一方面，明确河南自由贸易试验区的核心任务是制度创新，引导其在为国家试验新政策、为地方谋求发展之间找到合理的平衡点。理顺河南自由贸易试验区管理体制机制。科学界定河南省自贸办的职能定位，明确其作为统领各片区制度创新的核心机构，推动自贸办主动与中央部委进行对接，与省直相关部门保持密切联系，以确保各项政策的顺利实施。

第三，积极营造鼓励创新、包容试错的优质环境。为更有效地激发自由贸易试验区工作人员对制度创新的热情，可以适当提高相关人员的工资待遇，促进其积极投身于制度创新实践。同时，从法律法规和政策层面为河南自由贸易试验区提供更大的支持。具体来说，当河南自由贸易试验区进行制度创新时，为其提供充分的前期论证和合理理由，对于非主观原因导致的创新失败，进行合理免责，进而有效降低制度创新的风险，让自由贸易试验区勇于尝试和突破。此外，要结合自由贸易试验区的实际情况，科学地设计出一套符合自由贸易试验区创新发展的薪酬制度，激发工作人员进行制度创新的积极性。

河南的发展要开放，眼光要放得开，不能被现有的自由贸易试验区模式所局限。要敢于对标国际知名自由贸易试验区，致力于建设内陆第一无水自贸港，从实现中华民族伟大复兴的中国梦的高度和完善国家治理体系现代化的战略角度，研究探索打破现有社会经济发展"瓶颈"。从体制机制创新角度，从中部地区崛起的政策角度，大胆提出建设全域自由贸易区。实现由自由贸易试验区到自贸市到自贸省的扩展，从简单的功能概念到自然地理概念再到行政区划概念的升级，从小范围的试验到一个行政区域的整体试行，从而整体拉动河南经济的快速发展，这才是建设高水平河南自由贸易试验区的应有之义。

三、法律法规体制机制创新

随着经济全球化、区域一体化发展，开放的内涵不断演进，标准不断提高。

自由贸易试验区立法应根据本国国情和地区的具体情况，完善透明度原则，尽快建立符合自由贸易试验区发展要求的税收优惠制度，在自由贸易试验区内建立完整产业链，注重自由贸易试验区内部法律法规体系的体制机制创新。河南应尽快以立法形式明确河南自由贸易试验区建设领导小组、河南自由贸易试验区工作办公室和三个片区管委会的法律地位，并参照国外典型自由贸易试验区在管理模式方面的先进经验，进一步理顺管委会与所在行政区相关部门之间的关系，构建科学合理的河南自由贸易试验区管理体制。

（一）夯实投资领域相关立法

一是积极简化行政手续，力争做到"只进一扇门""最多跑一次"，总体上要求做好"简政放权，降低门槛"的细则工作，在外资准入的审核或备案工作中实现"高效服务，创造便利的营商环境"。在审批程序中，要使审批机构具有权威性，防止机构重叠，尽量减少审批环节，提高办事效率。此外，还要坚持开放发展，实行互利共赢的战略，实现高水平的贸易和便利政策，坚持"走出去"和"引进来"并举的方针，大幅放宽市场准入，坚持营造透明稳定可预期的投资环境，保障企业的合法投资权益，坚持外商享有国民待遇条件，创造公平竞争的市场环境。

二是注重立法的主要任务是充分体现市场化、国际化、法治化的方向，构建一部新的促进和保护外资投资的基础性法律，制定一部统一的外商投资法。

三是外资企业的投资形式进一步放开，放大到并购、收购。通过认购可转换债券的方式进行投资，并在法律上予以保护。对外资企业的保护作出明确规范，特别是知识产权、出资、利润收益的自由汇出等。

四是借鉴国际通行的立法实践，建立正式的国家安全审查制度，运用国家安全审查制度提高法律的层级。这项工作全国人大已经列入到立法日程，进一步促进中国形成全面对外开放的新局面。

（二）完善法治化行政支撑

一是创新确立"容错机制"。河南可以颁布实施《河南自由贸易试验区容错机制条例》，规定在自由贸易试验区内进行创新但未能实现预期目标的企业，如果符合国家确定的改革方向、决策程序符合国家法律法规规定，对有关单位和个人不作负面评价，免予追究相关责任。从源头上鼓励政府部门、企事业单位及个人的创新，并从保障机制上予以积极大力配合，将容错机制更加具体化，为自由贸易试验区大胆开展制度创新提供保障。

二是倡导准入前国民待遇和负面清单管理模式，对外资坚持开放。一般情况下，外资进入自由贸易试验区不需要经过政府审批，只要按相关规定及时提交申请书；给予外国投资者在企业设立、投资运营、资产转让、税收政策等方面不低于本国投资者的待遇；任何外国货物，除法律法规禁止或危害公共利益、安全外，都可以自由进入自由贸易试验区。自由贸易试验区的管理机构致力于为入驻的外资企业提供全方位的服务支持。这些服务涵盖工商注册、金融对接、专业咨询等多个领域，旨在帮助外资企业顺利在自由贸易试验区内开展业务。此外，对于自由贸易试验区内的外国企业，管理机构同样应提供工商注册、金融对接服务，还包括法律咨询和人力资源等方面的专业支持。这些综合服务的提供，使外国企业在试验区内能够便捷地获取所需资源，无须再单独与各个政府部门进行烦琐的联系和沟通。

三是为进一步优化管理体制，河南自由贸易试验区可以积极借鉴国外典型自由贸易区在管理方面的先进经验，通过整合行政资源，提高行政效率。例如，河南自由贸易试验区可以成立多个专项工作推进组，如规划建设推进组、金融创新推进组、营商环境推进组等，以更加专业和有针对性的方式推动自由贸易试验区的各项工作。此外，引进专业化公司负责河南自由贸易试验区的运营管理工作也是一项重要的举措。这些专业化公司可以利用其丰富的经验和专业知识，为自由贸易试验区的日常运营提供有力保障。

四是构建司法改革和法律服务新格局。成立自由贸易试验区法院和检察院开展综合示范法院改革试点，探索跨行政区划管辖案件。推动中国自由贸易试验区仲裁合作联盟、粤港澳商事调解联盟、国际航运、海事物流、国际金融等专业仲裁调解机构落户河南自由贸易试验区，积极构建知识产权快速维权中心、国际法律查明研究中心。在自由贸易试验区内建立拥有全国范围内国际化程度最高的仲裁员名册，不断拓展来自港澳台地区和国外的仲裁员数量。

（三）推动产业标准的规范化

一是积极打造高端生产型服务业制度环境。积极创建产业创业投资体系，将金融中心、贸易中心、航空中心、文化中心等整合在一起，将大消费、大基建的体系与自由贸易试验区紧密结合在一起。在此基础上，积极发展临空大数据产业，构建合理的制度环境。具体而言，制定的优惠政策惠及大数据链的每一个节点，也可以聚焦某一点，如数据存储、数据处理、数据分析，之后再纵向发展。

企业根据自身条件，实行个性化发展，如轻资产企业，可以只做数据分析与呈现，重资产企业可以聚焦数据存储与传输。

二是持续优化有助于产业发展的制度环境。进一步简化市场准入的许可流程，切实降低制度性交易成本，为企业创造更加宽松的市场环境。完善产权保护制度，最大限度地激发市场活力和创新力，加快推进财政、金融等关键领域的改革，促进劳动力、技术、资本等生产要素的自由流动，从而优化资源配置，提高市场效率。此外，市场监管部门也需要积极转变监管理念，创新事中事后监管方式，确保监管程序的合法性、规范性和正当性，提升市场监管的整体水平。深化商事制度改革，创新"容缺后补"的登记制度，进一步简化企业登记注册的程序。借助互联网、大数据等技术，加快推进涉企服务的数字化进程，为企业提供更加便捷、高效的服务。

三是深化标准化领域的国际合作。积极发挥标准化在"一带一路"建设的服务支撑作用，促进沿线国家在政策沟通、设施联通、贸易畅通等方面的深度互联互通。通过与欧盟、美国、俄罗斯等国家和地区的经贸、科技合作框架，深化标准化合作机制，共同推动国际标准化合作。同时，积极推进太平洋地区、东盟、东北亚等区域的标准化合作，以服务亚太经济一体化的大局。探索建立金砖国家标准化合作新机制，加大与非洲、拉美等地区的标准化合作力度，共同推动全球标准化进程均衡发展。

（四）加快监管制度标准化

自由贸易试验区的有效运转，海关监管制度是重点。探索政府事中事后监管，推动监管部门将工作重心由事前审批向事中事后监管转变，积极建立"双随机、一公开"监管模式。具体而言，为更有效地规范市场主体行为，自由贸易试验区可通过构建由诚信管理、分类监管、风险管理、联合惩戒以及社会监督等多个组成部分的综合监管体系，积极构建"五位一体"或"多位一体"的事中事后监管机制，全面规范市场主体行为，提高市场运行的效率和公平性，推动自由贸易试验区的健康、有序发展。积极构建"政府公共信用信息服务平台"，这个平台可以由信息查询、信用监管、信用名单、信用服务、信息归集、效能监督、法规政策和系统管理等组成。随机抽取检查对象和选派的执法人员，检查结果及时向社会大众全面公开，不断提高公正性和时效性。关于主动披露，建议企业可以聘请专业机构积极主动应对披露事项，进行事先全面核实，准确判断问题性质，严格履行相关程序，保证企业确实能够享受到主动披露的优势和益处，并切实维护企业的合法权益，避免出现因企业处理不当导致利益受到更大损失的情况。在信用监管方面，加快国家层面信用体系建设顶层设计及信用管理立法，建立协同高效的信用管理联动机制；加快完善全国信用信息共享平台；尽快建立全国统一规范的信用大数据池，完善信用数据的规范化、格式标准化、及时性和准确性；加强推动各市场主体信用信息的开放共享共用，打破信用信息的部门"藩篱"；大力推动联合奖惩措施落地；对已签署发布的联合奖惩合作备忘录进行梳理，建立联合奖惩措施清单，推动各部门切实把各项联合奖惩措施落到实处；建立信用联合奖惩的跟踪、监测和评估机制；建立相应的督查和考核制度，对信用奖惩措施落实不力的部门和单位进行通报和督促整改。

四、营商环境体制机制创新

随着全球经济一体化的发展转向区域主义，设立自由贸易试验区已经成为一种新型国际经济合作模式。与此同时，中国在国际上面临着日益激烈的国际竞争，国内经济则处于换挡减速过弯的新常态，经济发展必须寻找新的驱动力。为扩大内陆地区开放，促进中部地区崛起，国务院作出设立河南自由贸易试验区的重大决策。河南自由贸易试验区拥有"一带一路"倡议等政策优势以及"两体系、一枢纽"的区位优势，为打造国际化自由化法治化的国际营商环境，自由贸易试验区应积极对标国际高标准经贸规则，借鉴国内外成功经验，积极推进"放管服"改革，形成一系列制度创新，促进贸易监管、金融体制创新。

（一）营造高效透明的政府环境

积极承接省级"放"权。自由贸易试验区的核心生命力在于管理制度创新，河南自由贸易试验区各片区应大力推进"放管服"改革，按照法律法规规定的权限、程序和方式，按照权责一致的原则承接下放的455项省级权限，包括108项行政许可事项和204项行政处罚事项，直接下放的57项行政检查、行政确认、其他职权，另外还有委托自由贸易试验区各片区管委会实施的其他职权86项，确保权力放得下、接得住、用得好。积极对标国际高标准投资和贸易规则体系，借鉴其他自由贸易试验区的经验，按照负面清单和河南自由贸易试验区管理试行办法，结合各片区实际简政放权，在行政审批服务方面进行改革、创新，实行

"互联网+政务服务"，创新"四个五"链条式行政审批服务新模式。

一是投资建设项目审批"五个一"。"五个一"即"一口受理、一体审查、一文批复、一链监管、一网运行"五个环节，各环节之间紧密相连，形成一套高效、规范的审批机制。其中，"一口受理"确保了项目申请能够统一接收，避免了多头提交、重复劳动的问题；"一体审查"实现了对项目申请的全面、综合评估，提高了审查的准确性和效率；"一文批复"简化了批复流程，使项目方能够更快速地获得审批结果；"一链监管"加强了对项目实施过程的监督和管理，确保了项目的顺利进行；"一网运行"借助互联网技术，实现了审批流程的透明化和可追溯性，进一步提升了审批效率和服务质量。

二是提高投资项目效率的五项保障措施，包括以规划代立项、多规合一、整体评勘、联合图审和统一验收。其中，以规划代立项能够确保项目在规划阶段就明确方向和目标，避免盲目投资和资源浪费；多规合一是指通过各种规划的协调和整合，提高规划的科学性和实施性；整体评勘和联合图审是指通过专业的评估和审查，确保项目的可行性和合规性；统一验收是指确保项目能够按照既定的标准和要求进行交付，保障了项目的质量和效益。

三是提高投资项目服务的五项措施，包括缺席默认、容缺预审、联合踏勘等，旨在优化投资审批流程，提升服务质量。其中，缺席默认能够确保审批流程顺利进行，避免因个别环节的缺失而影响整个审批进度；容缺预审允许在项目申请资料不齐全的情况下进行预先审查，提高审批的灵活性和效率；联合踏勘则实现了多个部门的协同工作，减少重复劳动和资源浪费。通过这些措施的实施，能够进一步优化投资审批流程，提高投资项目服务的水平和质量。

四是商事制度五大类，即许可默认备案、信用承诺即入等特色套餐服务。"四个五"行政审批服务新模式运行后，可以优化审批流程 127 个，精简行政审批申请材料 75% 以上，整体压缩审批时间 50% 以上。通过制度设计，把一些专业性、技术性较强的公共管理服务职能交由社会组织承担，发挥行业协会和专业服务机构在行业准入、认证鉴定、标准制定等方面的作用。对区内提交的企业年报公示信息进行严格的审核。为确保审核的公正性和随机性，将采用电脑随机摇号的方式，按照被抽查企业和检查人员"双随机"的原则对提交的企业年报公示信息进行严格审核，并通过专门的企业信用信息公示系统，及时且依法将抽查结果公之于众，更有效地监管企业运营状况，保障市场经济的公平竞争。

（二）完善平等有序的市场环境

申请建设集海关、检验检疫、税务为一体的综合部门。河南自由贸易试验区各片区海关，应在通关方面积极推行"单一窗口""货物分类监管""先入区后报关""批次进出、集中申报"等制度，提高通关效率。加快培育跨境电子商务服务功能，建立相应的海关监管、检验检疫、退税等支撑系统以提升贸易便利化程度。河南自由贸易试验区各片区应积极培育新型贸易业态，开展保税仓储、出口加工、国际采购、保税展示、融资租赁、期货保税交割等新型贸易业态。支持区内企业发展离岸业务，加快对外文化贸易基地建设，推动生物医药、软件信息、数据服务等外包业务发展。设立第三方检验鉴定机构，按照国际标准采信其检测结果，试点开展境内外维修业务。建立综合保税区，加大减税力度，为扶持入区企业发展，片区应重视税收的导向作用，企业货物入区可享受出口退税政策，区内新型业态可试点增值税即征即退政策，优化所得税政策，对小微企业、新型业态及新能源产业，如跨境电商、融资租赁等行业，企业可享受低税率或免税期，另外可采用延期纳税或财政补贴等方式给予个人所得税方面的优惠。加大金融创新方面，自由贸易试验区各片区应逐步推动金融制度改革创新，加大在融资便利、汇兑自由、人民币跨境使用、利率开放和外汇管理等方面的改革力度。大力引进各级各类金融机构、金融后台服务中心，以及律师事务所等配套服务机构，符合法定条件的中资民营企业可设立中小型银行等金融机构，支持保险机构在区内开展业务创新。扩大金融服务创新，促使金融业承担培育贸易新型业态的服务职能，同时做好金融机构监管和金融市场风险的防范工作。河南自由贸易试验区各片区应将"文化+"战略拓展到自由贸易试验区，发展文化金融，探索新的文化产品融资模式，鼓励并积极开展版权、专利等质押贷款业务；较大文化企业可以通过银团贷款模式提供金融支持，小微文化企业通过产业基金、租赁、保理、众筹等渠道实现融资；不断拓宽融资租赁产品范围，并在此基础上积极构建相应的无形资产信用评估、认证机构。

（三）构筑更高层次的跨境经济体系

跨境电商生态系统是一个复杂多元的商业网络环境，以跨境电商平台为核心媒介，通过各种形式的优势互补与资源共享，汇聚了众多参与主体，推动了商品、信息和资金等各方资源在系统中的自由流动与循环。供应商和客户是跨境电商生态系统的关键主体，支付、物流、海关、商检、金融等支撑主体则为整个生态系统提供必要的服务和保障，确保交易的顺利进行。除此之外，跨境电商生态系统还涵盖了咨询服务、技术外包、网络营销等多元化服务，这些服务为生态系统的运行提供了更多的便利和可能性。在跨境电商生态系统中，各参与主体之间必须以互生共赢为基础，通过交流合作实现互惠互利，进而推动整个生态系统的持续发展和繁荣。为了促进跨境电商生态系统的健康发展，应进一步加强河南自由贸易试验区开放新动能的挖掘，进一步推动跨境电商生态系统的完善和升级。同时，注重国家方针政策的保驾护航作用，为跨境电商生态系统的发展提供有力的保障。此外，还应根据省情需要重构跨境电子商务适用规则，打通境内、境外两个通道，使双边之间的监管平台互联互通，共享双边企业的商品订单、合同、发票、运单，真正实现单边放行、单边商检，并逐步实现跨境贸易向跨境经济的转变。随着全球经济联系日益紧密，开放与合作成为经济发展永恒的主题，区域经济一体化的范围也在不断扩大至全球范围。在这样的背景下，拉动对外贸易大发展的"跨境贸易"正在升级转变为更高层次的"跨境经济"，这也将重塑全球贸易格局。跨境经济也将有效拓展河南对外贸易的生存空间，拓宽企业"走出去"的渠道，是河南实现对外开放转型升级的重要路径。进一步地，为推动跨境电商可持续发展，河南自由贸易试验区应进一步积极完善相关的法律法规和政策制度，及时出台更多的具体政策，积极解决跨境电商在运营过程中可能遇到的各种问题和挑战，为跨境电商发展营造良好的运营环境。对此，可以基于区块链的诸多特性，如可追溯性、不可篡改性以及时间戳技术等，构建高效透明的跨境货物溯源体系，探索建立仓储和运输的全程监控系统，以及数字货币与实物价值的对等平台，提高跨境电商交易的透明度和安全性，为消费者提供更多信心和保障。此外，还应积极以市场为导向，灵活调整跨境电商进出口的产品类目，推动产业的持续创新和发展，提高整个跨境电商生态系统的竞争力和活力。与此同时，在强化跨境电商的信息化建设方面，应通过实现数据信息在跨境电商参与主体之间的共享与交换，更好地了解消费者的需求和偏好，从而为企业提供更精准的市场定位和营销策略，进而实现跨境电商生态系统的高效运行。

（四）创新产业供应链协同管理体系

为增强河南自由贸易试验区的核心竞争力，需要积极探索建立基于内部共生机制的供应链协同管理体系。这个体系主要涵盖三个层面：一是战略协同。包括资源的有效整合、投资规划的科学制定、知识的共享与传播，以及供应链运作最优方案的制订，从宏观角度优化整个供应链的布局和策略。二是策略协同。涉及具有直接供需关系的上下游企业之间的各种协同活动，如需求协同、采购协同、设计制造协同、分销协同和配送协同等，这些协同措施有助于确保供应链各环节之间的顺畅衔接，提高整体运作效率。三是技术协同。以信息技术为基础，实现供应链的同步运作和信息协同，包括网络技术、平台构建、信息传输和标准统一等，主要为供应链的高效运作提供强大的技术支持。推进构建自由贸易试验区产业聚集供应链协同管理体系，应在政府的引导下，积极探索打造多元化的供应链协同管理联盟，该联盟以龙头企业为核心，同时吸纳上游供应商、下游经销商、同行合作企业、同行竞争企业、综合服务机构，以及高校和科研院所等多方参与。具体实施方式如下：首先，探索建立一个相对稳定的联盟模式。联盟中的企业通过签署协议或出资入股的方式形成紧密的合作关系，共同承担风险并分享收益。其次，在联盟内部各企业利益和目标基本一致的前提下，探索构建产业聚集供应链协同信任机制，即当某个企业面临危机时，其他企业应及时提供资金或技术等方面的支持。再次，探索建立科学合理的绩效评估和激励机制。通过对联盟企业协同成果和共担风险情况的评估，建立合理的利益调节机制，实现多方平衡并分享收益。最后，对于联盟内部不遵守诚信的企业，利用联盟契约进行教育和惩戒；对于违法的欺诈行为，则必须采用法律手段进行严厉惩处。此外，还可以通过产业的聚集发展，拉长产业链、延伸价值链，构建巨大的资源池，在资源池中，注重多种要素的组合，推动资源实现最优配置。具体可在市场主导下，充分发挥政府的协调作用，通过统筹谋划、突出重点、协力推进品牌塑造等措施，在促进品牌互补发展、协同发展的同时，聚焦中高端产品、自营品牌和核心品牌的发展，使品牌营销资源更加聚焦、投入更加精准、管控更加有效、市场反应更加迅速。此外，还应加强重点企业和样板企业的品牌建设。对于已有的知名品牌，应在注重塑造大品牌形象的同时，进一步优化提升系统性、科学性和针对性的品牌传播策略，强化保护和支撑措施；聚焦企业在研发、技术、运营、推广、客服等方面的全方位服务需求，积极探索制订"全球品牌创建计划"，在自由贸易试验区集聚高能级的全球服务机构，创新发展专业化的高端服务经济。

第九章 高水平建设河南自由贸易试验区与高水平对外开放战略的深入对接

自由贸易试验区战略与高水平对外开放战略是新时代构建双循环新发展格局背景下，实施开放转型、区域协同发展的重要内容。自由贸易试验区本身就是一种特殊形态的开放，实现高水平建设自由贸易试验区与高水平对外开放战略对接的关键在于，深入把握自由贸易试验区与高水平开放战略的辩证关系，深入了解自由贸易试验区与高水平开放战略对接的现状和问题，推动自由贸易试验区相关领域的先进举措更好地惠及全社会、全领域经济发展。

一、自由贸易试验区与高水平开放的辩证关系

（一）自由贸易试验区是贸易自由化的一种形态

贸易自由化理念来源于亚当·斯密和大卫·李嘉图的比较优势理论。这一经典理论主张，一个国家在生产某些产品时，若拥有超越其他国家的绝对优势，那么专注于这些产品的生产无疑是有益的；同时，即便是在某些只具有相对优势的行业，进行专业生产也同样能够带来利益。换句话说，一个国家不必在所有领域都具有绝对优势，只要在某些领域相对于其他国家有优势，就可以通过专业生产这些领域的产品来获得利益。当各国之间通过贸易往来互通有无，每个国家都可以在自己相对生产效率较高的领域进行专业化生产，这样的分工与合作，不仅能优化资源配置，而且有效地推动各国真实财富的增长，进而实现全球经济效率和财富总量的提升。第二次世界大战结束以来，发达国家的贸易限制已大幅度降

低，贸易自由化的路径大体上可以分为以下两种：一种是在全球范围内，国家与国家之间基于非歧视原则，相互降低或消除贸易壁垒。例如，在世界贸易组织及其前身关税及贸易总协定的框架下，任意两个成员国所达成的关税减让协定，都将无差别地扩展至其他所有成员国。另一种是基于地域的考量，由几个国家组成小型集团，并签署区域性的贸易协议。在这类自由贸易协定的安排下，贸易集团内部成员国将降低或取消彼此间的贸易壁垒，而对非成员国的贸易壁垒则可能相对较高。值得注意的是，在这类贸易协定下，每个成员国仍然拥有决定自身国内政策的自主权，但其贸易政策需给予集团内其他成员国优惠待遇。

自由贸易区作为一种特殊的经济一体化组织，是由几个贸易国家通过签订贸易协议共同建立的。在自由贸易区内，成员国之间会相互取消所有的关税和非关税贸易壁垒，使区域内的厂商可以自由地进行商品的输入和输出。然而，每个成员国仍然保留了对非成员国的贸易限制措施。与自由贸易区类似的概念还包括关税同盟、共同市场和经济联盟，这些都是不同层次和形式的区域贸易协定。值得一提的是，与上述国际间的自由贸易区不同，我国的自由贸易试验区是在国家内部划定的特定区域。在这些区域内，任何货物在进口关税和其他税收方面都被视为在关境之外，且不受常规的海关监管制度约束。这种"境内关外"的特性使这些区域在推动贸易自由化和投资便利化方面具有显著优势，从而有利于吸引更多的外商投资并促进贸易量的增长。

（二）自由贸易试验区是推动高水平开放的必然选择

改革开放初期，中国以低端生产要素的角色融入了全球价值链体系，特别是中国的制造业，主要通过贴牌代工或加工贸易的形式，嵌入了由跨国公司主导的全球价值链。为了满足发达国家的技术规范和消费者的需求，许多最终产品的生产制造商并未采用国内的技术设备，而是直接引进了国外的先进设备和技术。现阶段，中国开放经济体制逐步完善。在这一独特的体制框架内，各级政府扮演着举足轻重的角色，多种经济成分共同发展。所有制企业，如国有企业、民营企业以及外资企业等，各自发挥着独特且不可或缺的作用。这种经济体制不仅体现了中国政府对经济发展的深思熟虑和战略规划，更展示了中国在经济发展道路上的创新和智慧，在出口导向型经济的驱动下，中国创造了连续 30 多年高速增长的经济奇迹，并在全球经济体中确立了"经济大国"和"贸易大国"的地位。然而，在这个过程中，也暴露出一些问题。由于国内加工制造业过于依赖发达国家的先进技术和设备，弱化了本土企业自主创新的能力和发展先进技术的动力，使制造业被锁定在全球价值链的低端环节。此外，新发展时期，面临新的发展形势，政府行政管理也暴露出一系列的问题。例如，以发展为导向的政策虽然实现了经济的规模化增长，但却难以推动经济结构的优化升级；在引进外资方面，政府虽然围绕税收和土地等领域制定了一系列的优惠政策，但外商投资仍然面临诸多困难；政府大力推动制造业出口，但带来的收益却主要集中在价值链低端环节。随着生产要素比较优势的逐渐减弱，以及国际竞争的加剧，出口导向型的发展模式已经面临严峻的挑战。

为在国际上争取更多主动权，应采取积极行动，主动推进国内经济的深层次转型，这一转型涉及产业结构的优化升级、经济增长方式的转变等，旨在打造更加健康、可持续的经济体系，实现开放型经济的高质量发展，提升国际竞争力和影响力。对此，需要实现两个根本转变：一是实现经济驱动力的转换，即从过去主要依赖出口导向的策略，逐渐转变为由国内需求和国外需求共同协调拉动的模式；二是进行生产要素的升级，改变过去过度依赖低端生产要素的状况，转向依靠创新要素来推动经济发展。应重视科技创新和人才培养，通过提高技术水平、优化人才结构，来提升经济的质量和效益。然而，中国现行的收入分配制度、行政管制等机制，在某种程度上限制了国内市场需求的扩张，阻碍了企业由依赖技术引进向自主创新的转变，由招商引资向获取国外高级生产要素的转变。

因此，实施高水平对外开放的核心问题可以归结为：如何通过深化现有体制机制改革，激发企业创新活力、扩大国内市场需求；如何通过构建与国际高标准经贸规则对接的市场环境，吸引国际高端要素集聚、助推企业转型升级。改革开放 40 多年来，中国改革已进入攻坚区和深水区，面临着一些深层次的挑战和困难，剩下的是难啃的"硬骨头"。例如，要素价格改革、垄断行业改革、收入分配体制改革以及民营企业和中小企业发展等方面都存在一些困难和阻力。然而，这并不意味着我们已经到达了终点；相反，这恰恰是我们向更高层次迈进的重要契机。在当前国际竞争日趋激烈的背景下，中国如果无法推动深层次改革的顺利实施，那就可能在新一轮的世界经济格局重塑中错失发展良机，处于非常被动的地位。对于一个市场化程度相对较低，且区域间发展差距较大的发展中大国而言，如若整个国家在短期内想要实现全面开放，有其现实难度和风险。因此，一个可行的策略是，在境内建立自由贸易试验区，将其作为对接国际市场的窗口，并通过高水平建设这一开放窗口，逐步实现与国际高标准经贸规则的对接，进而推动制造业和服务业高质量发展，以及相关行业的改革创新。随着时间的推移和经验的积累，再进一步扩大开放范围，实现与国际市场的整体对接。

（三）自由贸易试验区引领高水平开放的三个转变

第一，高水平建设自由贸易试验区有助于推动实现从"多边开放""双边开放"向"单边开放"的转变。中国自加入世界贸易组织以来，通过多边开放极大地推动了对外贸易和外资引进的跨越式发展。然而，近年来多边贸易体系面临困境，多哈回合谈判的破裂使各组织成员国开始加速双边自由贸易协定的谈判进程。中国也积极参与其中，与五大洲的多个国家和地区签订了自由贸易协定。尽管双边开放促进了各贸易伙伴国之间的经贸合作，但这种一对一的谈判模式耗时较长，且开放领域相对有限，从而影响了对外开放的推进速度。自由贸易试验区的出现，推动了"单边开放"模式的开展，这种模式突破了传统规则体系的束缚，允许东道国根据自身经济发展水平和需求自主设定规则体系，主动与国际市场对接。与此同时，发展中国家在国际贸易中的地位和谈判能力相对较低，而"单边开放"模式则有助于帮助发展中国家摆脱此类限制，充分挖掘大国市场优势，增强发展中国家在世界经济中的影响力。更重要的是，单边开放意味着可以跳过"一对一""一对多"谈判模式，可单方面对国际市场开放，并在不断优化完善风险控制体系的过程中，与国际市场形成更广泛的对接。由于"单边开放"是单方面的主动开放，将会对国内市场产生较大冲击，使国内市场面临较大的竞争压力，将迫使国内持续深化改革，推动企业创新，积极主动与国际高标准经贸规则对接。目前，中国在制造业和货物贸易方面的开放程度已经相当高，但在服务业、行政垄断行业和投资领域，还有进一步开放的空间，这些领域也正是当前谈判的关键内容，同时也是中国深化改革、加快开放的重要机遇。对此，可通过实施"单边开放"，在新的国际贸易和投资规则形成之前，进一步深化改革、扩大开放，提升中国在国际谈判中的地位。与此同时，"单边开放"的实施也将有助于打破市场和行业垄断，推动金融、技术、信息、劳动力、产权等多个关键领域的深入改革与开放，进而促进各类生产要素的自由流动，打造更加公平、透明的市场环境，提升中国在全球经济体系中的地位和影响力。

第二，推动政府管理方式从"正面清单"向"负面清单"转变。在上海自由贸易试验区内，过去的"正面清单"管理方式已被"负面清单"所取代。这意味着，过去企业仅限于从事清单上明确列出的活动，如今只要未被列入负面清单，都属于"法律未禁止即可为"的范畴，这种管理方式赋予了企业更大的经营自由度和灵活性。同时，为外商投资提供了更为广阔的空间和更为公平的竞争环境；取消了以往对民营企业市场准入或经营范围的诸多限制，通过放宽市场准入条件，降低了原本被垄断或审批门槛很高行业的进入难度，使更多的资本有机会进入这些领域。这一变化不仅极大地促进了市场的开放程度，还为各类企业，尤其是民营企业，提供了更广阔的发展空间，也为市场注入了新的活力和商机。总的来说，取消对民营企业的诸多限制是一个积极的信号，标志着中国市场经济体制的不断完善和市场环境的持续优化。进一步地，良性竞争的形成，不仅有助于提升产品或服务的质量，还能推动行业的持续创新和健康发展。

第三，自由贸易试验区促使中国从过去主要参与制造业产品内国际分工向全球价值链两端攀升。在开放型经济的起始阶段，中国的制造业得益于其低成本的生产要素，在国际贸易中，主要参与劳动密集型以及技术含量相对较低的生产加工环节，导致中国制造业在全球价值链中主要处于低端位置，负责基础的制造和装配、加工工作。然而，全球价值链的两端，即前期的设计研发环节和后期的品牌营销环节，才是真正的高附加值部分，也是众多制造业企业所追求的目标。因此，虽然中国制造业在开放型经济初期依靠低成本优势取得了显著发展，但想要在全球经济中占据更有利的位置，就必须向全球价值链的两端延伸，即加强设计研发和品牌营销能力，从而实现制造业的升级转型，进一步提高产品的市场占有率和利润空间。对此，一方面，政府职能的转变对于经济环境具有深远的影响。这种转变不仅改善了企业的经营环境，减少了不必要的行政干预，还为企业提供了更多的自主权和灵活性，进一步推动了中间需求的增长。与此同时，国内市场的持续扩大也为企业提供了更广阔的发展空间。随着市场规模的扩大，企业有更多的机会获得规模报酬递增的效益，而生产服务业，如物流、金融、信息服务等则逐渐成为支撑制造业和其他产业发展的关键。另一方面，自由贸易试验区作为与国际市场对接的重要窗口，其独特的开放性和国际化环境为企业和人才提供了宝贵的成长平台，不仅有助于培育出一批具备全球化视野和创新意识的高级人才，也将有助于提升中国企业在国际市场上的竞争力。进一步来看，过去，企业可能更多地依赖于低端生产要素，如廉价劳动力和基础资源，来获取竞争优势。然而，在自由贸易试验区的影响下，企业将逐步转变为依靠高端生产要素的投入，如技术创新、品牌建设、高级人才培养等，来构建高端竞争能力。这种转变不仅体现了企业对市场环境变化的敏锐洞察，也是其持续发展和提升竞争力的必然选择。这一转变意味着，企业将逐渐剥离那些非核心、低附加值的业务环节，将更多的资源和精力投入提供高附加值的服务活动中。例如，企业可能会加强研发创新，推出更具市场竞争力的新产品或服务；或者提升品牌营销能力，打造独具特色的品牌形象。这些高附加值的服务活动不仅为企业带来更大的利润空间，也将推动生产服务业的蓬勃发展，为整个产业链条的升级和转型提供有力支撑。

二、河南高水平对外开放的框架体系

党的十八大以来，河南省委、省政府深入学习领会习近平总书记关于对外开放的重要论述，按照党中央、国务院的决策部署，把扩大对外开放作为深化改革、加快发展的战略举措，抓住"一带一路"建设等重大机遇，着力建设内陆开放高地，开放意识明显增强，开放平台不断扩大，开放型经济发展呈现良好势头。

（一）中国式现代化背景下开放理念发生重大变化

开放理念正在从商品和要素流动型开放向规则等制度型开放转变。在开放之初，贸易双方凭借要素禀赋的差异参与开放，开放的过程带来了劳动力、资本、技术等要素的流动，在流动的过程中带来经济的增长。而开放、要素流动、经济增长的三角模型就会周而复始地循环下去，最终带来贸易双方国民财富的增长。这是一个由封闭逐步走向开放的过程，其中蕴含的开放理念已经过全球众多国家的实践验证。可以说，在从封闭向开放过渡的初期阶段，开放的核心特征就是促进各种要素的自由流动，从而有效推动经济的持续增长，这一阶段的开放可以称为"商品和要素流动型开放"。然而，随着开放的深入推进，当参与开放的经济体已经实现了要素的充分流动，那么其依托要素流动所获取的发展红利也会逐渐减弱。此时，"商品和要素流动型开放"将逐渐向"规则等制度开放型开放"转变，转变的重点在于营造法治化、国际化、便利化的营商环境，而这也将成为新时代开放的主旋律。同时，开放发展越来越注重创新能力的发挥，注重对外资技术溢出效应和产业升级效应的充分利用，更加注重在全球价值链上的攀升。此外，在开放布局方面，从过去主要注重对发达国家的开放，到现在以共建"一带一路"为重点，积极扩大与发展中国家的全面合作。同时，在开放地域方面，中国从过去主要注重沿海、沿边地区的开放，到现在积极打造陆海内外联动、东西双向互济的开放格局。这种全方位的开放态势，将有助于推动中国更好地融入全球经济体系，实现资源的优化配置和高效利用。在开放方式上，从过去注重扩大出口，到现在出口和进口并重，从注重"引进来"向"引进来"和"走出去"并重转变，从注重商品贸易向注重商品贸易和服务贸易并重转变。这些转变不仅有助于优化经济结构，提高经济质量，也将进一步增强中国在全球经济体系中的影响力和话语权。

将河南放到全国大棋盘中谋划推动，在对接大局中探路子，推动对外开放不断迈上新台阶，逐步构建起河南高水平开放的框架体系。首先，着力打造"四条丝绸之路"，构建高水平开放的通道。推动空中丝绸之路越飞越广，陆上丝绸之路越跑越快，网上丝绸之路越来越便捷，海上丝绸之路越来越通达。其次，在开放平台上，继郑州航空港经济综合实验区之后，成功获批河南自由贸易试验区、自主创新示范区、跨境电商综合试验区、大数据综合试验区等国家级战略规划，改革、开放、创新三大领域都有了引领带动的示范区。郑州航空港经济综合实验区已成为全球重要的智能手机生产基地，河南自由贸易试验区一些制度创新走在了全国前列，自创区聚集了全省近50%的创新龙头企业、近60%的高新技术企业。同时，一大批经开区、高新区等不断升级，成为市县对外开放的主阵地。最后，在开放布局上，河南一手抓中心城市这个柱石，大力实施中心城市带动战略，高起点规划建设郑东新区，示范引领其他中心城市竞相发展，中原城市群成为国家重点支持的城市群，郑州跻身国家中心城市建设行列，增强了对外开放的吸引力和竞争力；另一手抓县域经济这个基石，抢抓国际金融危机后国内外产业加速转移的机遇，在全省规划建设产业集聚区，为开放招商"筑巢引凤"，融合实施百城建设提质工程和文明城市创建，不断提升城市的承载力。

（二）自由贸易试验区优化高水平开放战略的制度环境

新时代高水平开放的重要特征，已经由原来的商品和要素自由流动的开放转变为制度型开放。自由贸易试验区建设以制度创新为核心，以可复制推广为基本要求，以推动贸易投资自由化便利化、提升营商环境为目标，助力推动区域经济一体化、提高对外开放水平。围绕自由贸易试验区的战略定位及发展目标，自由贸易试验区在多个方面进行了深入的改革和创新。其中，"投资便利化、贸易市场化、金融自由化以及行政管理深度简化"是自由贸易试验区建设的四大支柱，共同为营造自由化、国际化的营商环境奠定坚实基础。自由贸易试验区是高水平开放的平台，通过自由贸易试验区的建设，河南对外开放水平得到了显著提升，同时也有力地推动了区域经济的迅速发展。自由贸易试验区建设不仅为河南外向型经济发展和实施高水平对外开放战略注入了新的活力，更成为河南经济社会发展的重要组成部分。总体来看，高水平开放战略的实施紧密依托于自由贸易试验区建设，通过自由贸易试验区的引领和带动作用，对外开放战略才得以全面推进。从区域协调发展角度而言，自由贸易试验区建设也有效地促进了中西部地区有序承接沿海的产业转移，为构建全面开放的双循环新发展格局提供了有力支撑。高水平开放战略建设要求自由贸易试验区以带动区域经济发展、提升对外开放水平、加快区域经济一体化为主要目标，因此自由贸易试验区是高水平开放战略建设的最佳助攻。

（三）自由贸易试验区是推进高水平开放战略的关键环节

在高水平开放战略推进中，以自由贸易试验区为重要支撑节点，有助于形成以点带面、协同联动的区域发展格局。从高水平开放战略沿线看，需要各开放平台和自由贸易试验区联合在一起共同发展。在区域经济一体化背景下，自由贸易试验区既是河南高水平发展战略布局中的重要节点，也是高水平开放战略联结跨市、跨区、跨省协同发展的"接力棒"。同时，自由贸易试验区的一些成果也可以运用在高水平开放战略中，有利于高水平开放战略建设的顺利推进。自由贸易试验区直接担负着推进高水平开放战略经济发展的重要任务。此外，自由贸易试验区建设显著提升了对外资的利用水平。为了进一步优化外商投资环境，应在自由贸易试验区全面推动落实准入前国民待遇及负面清单管理制度，大幅减少外商投资准入限制，提高市场的开放度和透明度，为外商投资提供更为公平和便利的条件。与此同时，应积极引进境外资金、先进技术和高端人才，提升利用外资的综合质量；大力吸引国际组织和机构、金融总部以及区域性总部入驻自由贸易试验区，进一步丰富自由贸易试验区的国际化元素；支持企业"走出去"，构建对外投资合作服务平台，改革境外投资管理方式，为企业提供全方位服务；对于一般的境外投资项目和设立企业，实行备案制，简化审批流程；对属于省级管理权限的项目，由自由贸易试验区负责备案管理，提高行政效率；确立企业在对外投资中的主体地位，支持自由贸易试验区内的企业开展多种形式的对外直接投资活动，帮助企业拓展海外市场，促进国际经济合作与交流。未来，随着自由贸易试验区的不断深化与发展，其外贸发展潜力将被进一步激发，自由贸易试验区必将成为推动高水平开放战略的重要力量，为中国的对外贸易发展注入新的活力。

（四）自由贸易试验区极大优化了高水平开放的营商环境

自由贸易试验区不仅是国家进行经济探索和改革的试验田，更是制度创新的前沿阵地。自河南自由贸易试验区成立以来，其在体制机制改革方面进行了深入探索，推出了一系列具有地方特色和创新性的政策措施。这些措施为企业注册融资和创新发展提供了极大便利，也有力地推动了自由贸易试验区内的经济活力。在金融市场领域，河南自由贸易试验区通过推动实施降低企业注册资本门槛、深化离岸金融市场改革、放宽外汇管理政策以及开放融资租赁市场等多项举措，为企业提供灵活、丰富、多元的投融资环境。这些政策不仅降低了企业的运营成本，还为其在国际市场中拓展业务提供了有力支持。在服务领域，政府充分发挥引导作用，通过实施"一窗受理、综合服务"等便利化措施，简化了企业的办事流程，提高了行政效率，同时也带动了服务行业的整体优化和提升，为自由贸易试验区内的经营主体提供了更为便捷高效的服务体验。值得一提的是，自由贸易试验区对周边地区的优势资源具有强大的"虹吸效应"。自由贸易试验区通过吸引和集聚各类优质资源，不仅提升了自身的综合实力和竞争力，还借助实施高水平开放战略进而优化营商环境，产生了显著的"空间溢出效应"，带动了周边地区的经济发展和产业升级，这种跨区域的联动效应，为河南全域的协调发展和共同繁荣注入了澎湃动力。综合来看，自由贸易试验区建设极大优化了高水平开放所需的营商环境，也必将从更深层次激发自由贸易试验区的发展潜力。

三、将设立空港自由贸易区作为河南自由贸易试验区对接高水平开放的重大任务

2021 年 3 月，河南省政府出台《关于推进中国（河南）自由贸易试验区深化改革创新打造新时代制度型开放高地的意见》，首次将"积极争取设立河南自贸试验区扩展区域"写到了公开文件之中。注重郑州航空港经济综合实验区与河南自由贸易试验区的高效对接和联动发展，推动将郑州航空港经济综合实验区纳入河南自由贸易试验区扩展范围，积极打造以郑州航空港经济综合实验区为依托的河南空港自由贸易区，成为河南深入推进高水平开放的重要路径选择。

（一）空港自由贸易区在推进我国高水平开放中的作用

1. 促进国家航空口岸高水平开放

从国际经验看，航空口岸是高水平开放的重要载体。从中国的实际情况看，

航空口岸开放程度与经济大国的地位不相适应，航空口岸开放在国内国际双循环中的地位作用尚未发挥出来。建设空港自由贸易区是培育国际一流航空货运枢纽的有效途径。所谓空港自由贸易区，是指依托机场枢纽建设的自由贸易区。与一般的自由贸易区有所不同，其特殊性在于将自由贸易区的政策优势与空港空运、中转等优势相叠加，通过自由贸易区与港区在功能、资源上整合，促进货物在境内外快速流动。从美国孟菲斯机场、新加坡樟宜机场、爱尔兰香农机场等的经验看，设立空港自由贸易区能够从开放政策上形成突出优势，在放大机场枢纽功能上行之有效。

2. 打造内陆高水平开放新高地

与沿海省份相比，内陆省份的开放程度普遍偏低。2022 年，中部六省对外贸易依存度普遍在 20% 以内，明显低于全国平均水平。打造郑州新郑机场空港自由贸易区，不仅有利于提升内陆地区的开放度，优化区域开放布局，而且有助于河南更好联通国际国内两个市场、两种资源，在构建双循环新发展格局中发挥重要的战略支点作用。

3. 稳步扩大规则、规制、管理、标准等制度型开放

党的二十大报告强调，"稳步扩大规则、规制、管理、标准等制度型开放"。打造中国首个空港自由贸易区，有利于抓住 RCEP 实施等重大机遇，在制度型开放上率先探索，加速与世界链接，积极打造内陆"新沿海"，推动实现从区域性开放走向全方位开放，从要素流动型开放走向制度型开放。对此，第一，应快速做大国际贸易流量。空港自由贸易区实行以"零关税"政策为重点的贸易自由化政策，在跨境贸易结算便利化等方面形成相关制度安排，能够有效提升机场的货源组织能力。第二，明显降低国际物流成本。空港自由贸易区实行交通运输自由便利政策，包括航权高度开放，以及保税油政策，能够最大限度降低全货机运输成本，使航空货运枢纽具有国际竞争力。第三，集聚高端要素培育具有国际竞争力的临空产业集群。空港自由贸易区实行投资自由便利政策，以及高度开放的产业政策和人才政策，能够最大限度吸引国际国内高端要素发展临空产业集群。

（二）打造郑州航空港自贸区的基本构想

目前，全国在建设专业性航空货运枢纽上并无先例可循，郑州新郑机场作为首个专业性航空货运枢纽，需要以全球视野高起点、高标准谋划建设。

1. 实行空港特色的自由贸易区政策

全球各地自由贸易区基本上都具有境内关外、自由交易、放松监管等共同特

征，但空港自由贸易区依托机场，具有国际货物集散地功能，与海港及其他类型的自由贸易区在货源结构、产业功能等方面具有明显差异。因此，郑州新郑机场空港自由贸易区应具备以下特点：第一，在功能上聚焦航空货运和物流。围绕做强做优做大航空货运和国际物流业，放大枢纽能级，借鉴新加坡樟宜机场自由贸易区的做法，由物流园区和货运区两部分组成。第二，作为"零关税"海关特殊监管区域。其一，要赋予其"零关税"政策；其二，作为海关特殊监管区域，采取统一的监管体制；其三，采取封闭围网管理。第三，实行高度开放的贸易政策和交通运输政策。实行高度开放的产业政策，突出空港的特殊性，在贸易自由便利和交通运输自由便利上实现新的突破。

2. 实现"机场+自由贸易区+临空经济区"的良性互动

遵循临空经济发展规律，以建设自由贸易区放大机场枢纽能级，辐射周边临空经济区，形成组团式发展新格局。从中国作为全球第一贸易大国，建设航空货运强国的现实需求出发，郑州新郑机场建设空港自由贸易区，不仅在产业和基础设施建设上要对标国际一流标准，在政策安排上更要对标国际一流标准，形成相对美国孟菲斯自由贸易区、爱尔兰香农自由贸易区、新加坡樟宜自由贸易区的比较优势。

3. 打造世界级专业性航空货运枢纽

第一，打造国际一流航空货运枢纽。在机场建设、物流服务、产业布局、港产城融合、开放政策等方面对标国际先进标准，打造与美国孟菲斯机场、新加坡樟宜机场、爱尔兰香农机场等相媲美，具有全球竞争力、世界影响力的航空货运枢纽。第二，打造区域性、国际化的航空货运集散分拨中心。立足短期，抓住RCEP实施带来的新机遇，助力中国—东盟自贸区3.0版建设，加快建立与东盟国家的航空货运网络，打造中国—东盟航空货运分拨中心；着眼中长期，借鉴联邦快递与孟菲斯机场的合作模式，以顺丰为载体，积极引入国际航空货运、快递头部企业进入，加快建设现代集疏运体系，建立健全多式联运通道网络，将郑州新郑机场打造成为覆盖全球的高水平航空物流转运中心。

（三）打造我国首个空港自由贸易区的重点

与国内其他综合性机场"以客为主，以货为辅"的发展模式不同，郑州航空港要对标联邦快递（FedEx）运营的美国孟菲斯国际机场、美国联合包裹运送服务公司（UPS）运营的美国路易斯维尔机场以及敦豪（DHL）运营的德国莱比锡哈雷机场等专用货运机场，通过建设空港自由贸易区，赋予其特殊的航空口岸开放政策，打造全国首个航空货运转型升级示范区。

1. 建设以临空经济为突出特色的自由经济区

以郑州新郑机场为依托，借鉴国际空港自由贸易区和国内临空经济区建设经验，通过政策赋能，建设以临空经济为特点的自由经济区，形成高端临空产业集群，将枢纽优势转化为经济发展新引擎，打造临空经济发展新高地。国内外临空经济区基础产业清单见表9-1和表9-2。

表9-1　国外临空经济区基础产业清单

临空经济区	产业类型
爱尔兰香农国际航空港	航空产业、出口贸易加工业、现代服务业、高技术产业、科研机构、休闲旅游业
美国孟菲斯空港经济区	航空物流产业、医疗服务、电子通信、计算机维修、高端制造业、旅游、科研教育设施
德国法兰克福临空物流城	航空物流产业、金融业、会展业
荷兰阿姆斯特丹史基浦临空经济区	航空产业、机场商业、制造业、花卉蔬菜种植业、IT、汽车、医药、电子、总部经济、物流、高科技产业、现代服务业
日本成田机场临空经济区（物流园区）	科学研究院、知识技术型产业
韩国仁川机场航空城	休闲旅游业、航空制造业、现代服务业、高科技产业、信息产业、物流业
新加坡樟宜国际机场自由贸易区	飞机检修和维护、总部经济、会展、物流、国际商务、高科技制造、康体休闲
迪拜世界中心国际机场	国际物流、高科技产业、休闲旅游业（购物中心、高尔夫、旅游区）、现代服务业（贸易、金融、展览）

资料来源：笔者根据相关文献整理所得。

表9-2　国内其他临空经济区基础产业清单

临空经济区	产业类型
香港航空经济区	航空运输业、科技产业、休闲购物、机场商业
北京首都临空经济区	航空产业、现代物流业、会展业、高技术产业、现代制造业
上海虹桥临空经济区	信息服务业、现代服务业、总部经济、航空服务业、现代物流业
成都双流机场西南航空港经济开发区	航空物流、都市会展业、机构制造产业、生物制药产业、电子信息产业、休闲旅游业、科研教育、新材料产业、绿色食品产业
广州花都空港经济区	电子信息、生物制药、物流、仓储、高新技术和先进制造业、航空货运

临空经济区	产业类型
重庆临空经济区	航空维修、现代服务业、物流、培训、国际商务、会展、高新制造
武汉临空经济区	航空物流、汽车及机电、钢铁化工、食品加工
沈阳航空经济区	航空制造、传统制造业、商住、都市农业、旅游
厦门国际航空城	航空维修工业区、航空物流

资料来源：笔者根据相关文献整理所得。

2. 采取"空港+自由贸易试验区"新模式

与国内其他综合性机场不同，对标国际专业性货运空港发展模式，借鉴国际专业航空货运枢纽发展的成功经验，郑州新郑机场要采取"空港+自贸区"的发展新模式，赋予空港特殊经济功能和政策，加快构建空港自由贸易区制度体系。空港自由贸易区的主要类型与功能特点见表9-3。

表9-3　空港自由贸易区的主要类型与功能特点

类型	主要功能	区域特点	典型区域
转口贸易型	口岸装卸储运、货物转运、简单加工	利用区位优势进行货物转运	新加坡樟宜自由贸易区、沙迦机场国际自由区
贸工结合型	转口贸易、加工制造	转口贸易+临港增值加工贸易	新加坡空港物流园区、爱尔兰香农自由贸易区
航空产业型	航空制造、航空维修、电子制造	临空产业特征明显，以飞机维修、零部件制造等航空产业为主	韩国忠北经济自由区（复合型航空产业园区）
出口加工型	以出口加工为主	以加工为主，贸易为辅	印度圣克鲁斯电子出口加工区
科技服务型	高技术产业、信息技术和咨询	以高技术产业为主，配套发展服务业	美国杜勒斯对外贸易区
综合型	转口贸易、出口加工、商务、旅游、现代服务	兼具上述功能	迪拜机场自由贸易区、韩国仁川经济自由区

资料来源：笔者根据相关文献整理所得。

3. 打造航空口岸高水平开放先行区

第一，在加增和获取关键航权资源等领域先行先试。积极打造航空口岸高水平开放平台，依托专业性航空货运枢纽，推进更高水平的航空口岸开放，加大国际航权谈判力度，积极与主要贸易伙伴以及共建"一带一路"国家和地区在平等互利的基础上商签更为开放的货运航权安排。第二，在通航产业开放改革上先行先试。以发展全货机为重点，建立灵活的货机引进机制，鼓励货运航空公司通过多元化的方式，如与飞机制造商、租赁公司建立长期合作关系或直接购买等，不断壮大其货机规模，提升货运能力。同时，为确保货运航空稳定运营，应积极构建稳定且多元化的航空产品供应链，该供应链应该涵盖民用航空器、发动机、关键设施设备、核心软件系统以及相关的零部件，进一步提高供应链的可靠性和效率。第三，在航空物流业开放改革上先行先试。着眼于支持和培育具有国际竞争力的航空物流枢纽与大型航空物流企业，在积极构建统一开放的航空物流市场，打破地区和行业壁垒，促进信息的透明化和资源的优化配置；大力培育多式联运的主体，鼓励和引导企业探索和发展空铁联运、空海联运等多种运输方式的组合，提高物流效率、降低运输成本；优化完善机场通关一体化服务，简化通关手续，缩短货物在机场的停留时间；简化国际航空物流流程，在提高物流效率等方面取得新的突破。

4. 高质量打造国际航空货运配套服务基地

第一，高标准规划建设专业性货运机场大枢纽。严格参照国际先进、一流标准，加快公共仓储、国际货站、关检设施、查验场地、机场消防站等设施建设，确保其功能性、安全性和高效性；高水平构建快件仓，满足日益增长的快递业务需求；契合冷链物流发展需要，高水平打造冷链专用仓库；建设智慧机场，实现对航班、旅客、货物的精准管理，推动机场在平安、绿色、智慧、人文四个方面实现全面提升，提升旅客出行体验，打造"四型机场"示范标杆。第二，构建多元化、高效率的航空服务生态。借鉴国外经验，利用空港自由贸易区政策，重点发展全货机航空运输相关服务业，培育机场平台制造、飞机维修、模拟机教学、飞行培训等新业态。与此同时，为进一步增强服务贸易综合竞争力，还应做大做强保税检测维修，建立专业的检测维修中心，提供全方位的检测、维修和售后服务；做大做强保税存储业务、融资租赁等综合服务贸易业务。第三，打造国际航空物流配送基地。针对全球不同客户需求推动航空运输服务、供应链管理服务、仓储服务等创新发展，通过保税仓储、分拨配送、供应商管理库存（VMI）等多业态创新，为客户提供高水平的国际供应链解决方案。具体而言，针对航空运输服务，结合航空运输快速、高效优势，为需要快速补货的客户开设快速空运服务；对于货量大且对时间要求相对宽松的客户，提供更为经济的空运拼箱服务。在供应链管理服务方面，利用物联网、大数据分析等现代信息技术，对供应链进行实时监控和优化，提高供应链的透明度和可追溯性，提高运营效率。在仓储服务方面，通过引入保税仓储，结合分拨配送服务，确保产品在最短的时间内准确送达客户手中，借助 VMI 进一步优化库存结构，减少资金占用。第四，抓住《区域全面经济伙伴关系协定》（RCEP）机遇深耕东盟航空货运市场。把握我国与东盟国家跨境贸易增长的新契机，以顺丰收购东南亚嘉里物流为起点，通过进一步实现与东南亚国家航空货运运营网络体系的资源共享，加强与当地政府和企业的沟通与合作，优先开辟东盟货运市场，打通东盟国家跨境货运快递的"最后一公里"，培育具有区位优势地区的航空货运网络，实现开辟东南亚国际货代市场的新突破。

第十章 高水平建设河南自由贸易试验区的对策建议

高水平建设河南自由贸易试验区可以从完善各类配套法律法规，构建国际化法治化营商环境；健全各项辐射传导机制，推动开放质效大幅度跃升；加快"买卖全球"步伐，打造促进外贸增长新动能；放大产业集聚整合效应，实现更具规模的产业协同；创新外商投资监管模式，进一步拓展投资开放领域；深化体制机制改革创新，优化管理模式和工作效率六大方面入手，逐步细化展开。

一、完善各类配套法律法规，构建国际化、法治化的营商环境

高水平建设河南自由贸易试验区，离不开完善的法治保障。未来，河南自由贸易试验区实现高质量发展，需要进一步健全综合执法体系，明确执法主体以及相对统一的执法程序和文书，积极建立联动联勤平台，完善网上执法办案系统，健全城市管理、市场监督等综合执法体系，建立信息共享、资源整合、执法联动、措施协同的监管工作机制，营造国际化、法治化的营商环境。

（一）健全综合法治保障体系

一是建立自由贸易试验区综合法律服务窗口等司法保障和服务体系。河南自由贸易试验区的法律服务还有诸多不完善的地方。对此，要注重法律信息平台的建设以及自由贸易试验区沟通协调机制的建立等。暂时调整实施其他有关行政法规、国务院文件和经国务院批准的部门规章的部分规定的，按规定程序办理。加强地方立法，对试点成熟的改革事项，适时将相关规范性文件上升为地方性法规和规章。

二是构建多元化的国际商事纠纷调解机制。在各片区积极成立综合监管和执法局、自由贸易试验区法庭、检察室、国际商事仲裁机构或商事调解中心等机构，为营造法治化的营商环境提供组织保障。建设事中事后综合监管平台，依托企业信用信息公示系统对自由贸易试验区内入驻企业实施信用风险分类监管，依据信用分类开展"双随机、一公开"抽查，全面归集行政执法信息，加强数据统计分析，对信用良好企业不举不查，对失信企业进行严格审查，有效激发市场主体活力。

三是深入实施以负面清单为核心的外商投资法律体制改革。当前，国际经济新秩序的核心议题是投资自由化，重新构建以负面清单为主要内容的投资准入规则，无疑成为推动这一议程的关键所在，也必然会成为外商投资法律体制改革的新起点。在推进这一改革的过程中，既要考虑如何进一步精简负面清单，提升国际竞争力，同时也要高度关注自由贸易试验区内通过负面清单等外商投资法律体制改革可能带来的影响，特别需要警惕外商投资自由化、便利化对内资产生的"挤出效应"，这是一个需要平衡和深思熟虑的问题。

四是重视并加强高端复合型法律人才的培养和引进工作。河南自由贸易试验区在发展过程中，对人才的需求日益凸显，特别是那些掌握国际惯例、精通法律业务且熟悉外语的高层次法律人才。这类人才不仅能够帮助自由贸易试验区更好地融入全球经济体系，还能在复杂的国际法律环境中为自由贸易试验区提供有力的法律支持。为了满足这一需求，河南自由贸易试验区应积极与郑州大学、河南财经政法大学等高等院校进行合作，集合优质教育资源，加快培养掌握贸易、金融、航空、电子商务等多领域知识的复合型高端法律人才，为河南自由贸易试验区的长远发展提供坚实的人才保障，为高水平建设河南自由贸易试验区提供全方位的法律服务。

（二）完善投资和贸易税收制度

一是构建具有国际竞争力的战略性贸易税制。从国家层面出发，需要根据相对稳定性、适度竞争性和逐渐偏中性的原则，科学合理地设计出口退税制度，既能够保持税收政策的稳定性，又能够适应市场竞争的需要，同时还要逐步向更为中性的税收政策过渡。这样的制度能够为企业提供明确的税收预期，降低其经营风险，从而增强其国际竞争力。更为理想的情况是，这样的战略性贸易税制能有助于推动零税率的实现，使增值税恢复其"中性"的本质，即税收不干扰市场的正常运行，让市场在资源配置中发挥决定性作用。加快服务贸易税制改革，完善与境外股权投资和离岸业务相关的税收制度，提高投资、贸易税制应对外部摩擦的能力，提高税制反有害税收竞争的防御能力，更有效地利用争端解决机制来维护自身的合法权益，从而增强国际竞争力。

二是完善自由贸易试验区商事制度改革的措施，配合制定自由贸易试验区投资和贸易税收的有关商事制度改革和事中事后监管管理制度。外资企业的投资形式进一步放开，放大到并购、收购，通过认购可转换债券的方式进行投资，并在法律上予以保护，充分体现市场化、国际化、法治化的方向。加快培育跨境电子商务服务功能，建立相应的海关监管、检验检疫、退税等支撑系统以提升贸易便利化程度。

三是以探索建立河南自由贸易港为契机，完善各类税收和投资制度改革。为实现投资贸易高度自由化，建议设立河南特别关税区，实行封关管理模式和简税制、低税负的零关税特殊税收体制。在个人所得税方面，可对经认定的高层次人才所缴纳个人所得税给予财政补贴；以相对少量的主体税种和相对较低的税率筹集大部分的税收收入，辅之以少量发挥调节分配、引导产业发展等作用的小税种。

（三）打造国际化、有温度的营商环境

一是解决融资难、融资贵难题。强化小微企业在授信过程中的尽职免责制度，通过明确责任边界和降低风险承担，鼓励更多的金融机构为小微企业提供贷款服务。同时，还需提高金融机构对小微企业不良贷款的容忍度，以更加宽容的态度对待小微企业在经营过程中可能出现的风险，从而减轻其融资压力。此外，为进一步激励银行机构对小微企业的贷款支持，河南省财政可以按照一定的比例给予风险补偿，该政策措施能够有效地降低银行机构在提供小微企业贷款时的风险敞口，提高其放贷的积极性和便利性。积极开展小额贷款公司试点，扶持有实力的民间金融组织发展成为小额贷款公司。实行评级授信一体化，提高授信评级的效率和适用性。同时，积极发展供应链融资和创业担保贷款。金融机构可将抵押品范围扩大到动产抵押、权利质押等权益类资产。

二是深入探索地方营商环境法治化体系建设。探索建立普通注销登记制度和简易注销登记制度相互配套的市场主体退出制度。完善知识产权评估机制、质押融资风险分担机制和方便快捷的质物处置机制。加强国际商事仲裁交流合作，提高商事纠纷仲裁国际化水平。建立健全以信用监管为核心、与负面清单管理方式相适应的事中事后监管体系，配合做好外商投资安全审查工作。

三是坚持政府主导和社会共治相结合。进一步明确各级政府及其相关部门在优化营商环境方面的具体职责，积极打造公平、公开、透明和高效的政府运行体系，确保政府行为的规范性和约束性，为企业提供更加稳定和可预测的政策环境。具体而言，线上，应通过充分利用互联网和社交媒体等渠道，大力宣传与自由贸易试验区发展密切相关的减税降费政策，以及优化营商环境的新举措；线下，通过多种方式广泛宣传和普及各项规章制度。例如，通过"纳税人学堂"为企业提供税收政策培训和辅导；通过上门服务，为企业提供个性化的政策解读和指导；通过专题宣讲，向企业深入解读相关政策法规；通过在公共场所投放电子宣传广告和张贴宣传海报等方式，让更多的人了解和关注自由贸易试验区的政策和发展动态。通过线上线下的全方位宣传和服务，为企业提供更加便捷、高效和优质的服务，进一步推动自由贸易试验区的发展。

（四）加强各项政策的协调联动性

一是完善制度搭建法律服务平台。努力促进中小微企业征信体系建设。鼓励有条件的社会组织整合行业信用信息，建立行业诚信服务系统，提供信用信息服务，改善中小企业信用环境，完善中小企业征信体系。对标高水平贸易投资规则，通过构建与高标准全球经贸规则相衔接的国内规则和制度体系，开展地区营商环境优化的"锦标赛"，降低区域制度性交易成本。

二是促进各项政策落地实施到位。建立政策服务的统一接口，帮助企业精准对接扶持政策，统筹做好资金申报、项目评估、现场核查等各环节工作，密切跟踪扶持政策的执行情况和实施效果。建立健全激励相容与风险分担机制，鼓励银行、投资、担保机构等开展"投贷联动"业务，以"股权+债权"的模式，为初创期的小微企业提供融资服务。推动建立风险补偿机制，对支持科技型中小企业的银行信贷、小额贷款、融资担保、金融租赁、保险等金融服务项目，给予适当比例的风险补偿。

三是强化自由贸易试验区顶层设计，积极主动融入国家战略。以自由贸易试验区为连接点，强化叠加放大自由贸易试验区效应，通过利益引导机制创建利益契合，实现域内各地资源禀赋与产业基础所形成的优势与特色之间的互补。以自由贸易港建设为目标，以打造全球一流的航空航运能力为依托，积极拓展国际贸易的深度和广度，重点关注离岸贸易、服务贸易、数字贸易以及跨境电商等新兴领域，并以此为核心打造开放型经济发展的新高地，加强与世界各地的经济联系与合作。不断完善事中事后监管模式，建立事中事后监管的体系框架，确保从事前审批到事中监管，再到事后追责的全方位管理，同时配套建立事后终身追责制度，保障经济活动的合规性和安全性。在风险防控方面，坚持以风险防控为底线，通过科学的风险评估和预警机制，全面提升对新兴产业的风险防范水平，及时发现并应对各种潜在风险，确保经济持续健康发展。此外，高水平建设河南自由贸易试验区应始终遵循世界贸易组织（WTO）的规则和要求，合理规避政策与国际规则的潜在冲突，避免不必要的税收竞争和补贴竞争，有针对性地制定战略性新兴产业扶持政策，更多地运用普惠性的税收政策来激励企业创新和发展，确保政策的合规性和有效性。

二、健全各项辐射传导机制，
推动开放质效大幅度跃升

世界在变，中国也在变，为适应经济全球化新形势，加快培育参与和引领国际经济合作竞争新优势，构建互利共赢、多元平衡、安全高效的开放型经济新体制，积极促进国际国内要素有序自由流动、资源高效配置、市场深度融合。河南自由贸易试验区应审时度势，积极构建并完善各类契合开放型经济发展的辐射传导机制，不断扩大和提高对外开放水平，以开放促改革、促发展，高水平、高标准建设河南自由贸易试验区。未来，从改革开放中获取巨大红利并快速前行的河南，开放的大门将越开越大。

（一）完善航运发展制度和运作模式

一是建设具有较强服务功能和辐射能力的郑州国际航空运输中心，不断提高全球航运资源配置能力。扩大国际中转集拼业务，拓展国际中转集拼业务试点范围，打造具有国际竞争力的拆、拼箱运作环境；拓展新郑机场货邮中转业务，增加国际中转集拼航线和试点企业，在完善总运单拆分国际中转业务基础上，拓展分运单集拼国际中转业务；在符合国家规定的前提下，发展航运运价衍生品交易业务。

二是促进内河航运发展。河南的内河航运历史悠久，当前河南具有复兴内河航运的现实基础，淮河、沙颍河等河流水运自然条件好，且河南正在实施千亿水运复兴工程，计划利用15年时间，完成投资1790亿元，新建航道2700多千米、改建航道 1900 多千米，新增码头泊位 280 个，新增港口吞吐能力 1.4 亿吨。未来，河南自由贸易试验区应积极探索具有国际竞争力的航运发展制度模式、发展船舶金融等航运服务业、发展航运运价指数衍生品交易、支持浦东机场国际货运航班、推进洋山港籍船舶登记、飞机船舶的融资租赁等。创新航运监管制度，扩大航运服务业，积极开展独资船舶的管理、外资控股船舶的运输，以及中资方便旗船的沿海捎带业务。

三是注重综合航运服务领域的制度创新和功能拓展。推进航运服务能级提升，由单纯的物流服务功能向贸易、物流、投资服务功能并举，促进货物和服务贸易的融合发展，提高口岸物流的配套服务能力水平。发挥郑州航空港、新郑机场国际航运枢纽港的作用，通过区内区外的联动协调，发挥海空陆铁水多式联运基础设施完备的优势条件，为国际贸易货物提供更多更有效率的运输方式。积极探索市场采购贸易方式体制机制创新，稳定市场采购出口，加快形成与之配套的较成熟的便利化贸易监管制度。

（二）推动培育发展外贸竞争新优势

一是积极推动出口价值链攀升。进一步拓展企业在全球的价值增值空间，进一步延伸跨国公司产业链和价值链。培育省级重点出口品牌，鼓励企业从贴牌加工转向以自主品牌出口；提升产品质量和附加值，全面推进出口产品向中高端发展。优化外贸出口产品结构，全力提高进口、加工贸易、高新技术产品、自主品牌产品出口比重。

二是通过创新提高产品质量和档次。推动制造业向更高附加值领域拓展，紧密围绕制造业和实体经济的发展需求，积极创造有利于技术研发、品牌设计、检验检测、物流和营销等生产性服务业蓬勃发展的体制机制环境，进而提升产业的总体竞争力。为了进一步完善市场体系，还应不断完善现有的政策体系及服务框架，助推跨境电商、市场采购、外贸综合服务等新型贸易业态的健康可持续发展。此外，为推动外贸产业的持续创新和升级，应进一步加大自由贸易试验区在新兴产业方面的招商力度，大力发展高端装备、新材料和新能源汽车等战略性高科技产业，提升河南在全球产业链和价值链中的地位和影响力，为构建现代化经济体系奠定坚实基础。

三是提升外贸发展新活力。实施"对外贸易主体培育行动计划"，推动企业从无资质状态转变为有资质状态，从有资质状态转变为有实绩状态，从有实绩状态转变为有规模状态，从有规模状态转变为扩体量状态，从扩体量状态最终实现强实力的目标，使其在国际市场上具备更强的竞争力。为了实现这一目标，高水平建设河南自由贸易试验区应着力培育外贸小微企业，通过深入开展"万企贸易成长计划"和"外贸小微企业成长三年行动计划"，帮助小微企业了解国际市场规则、提高产品质量、拓展销售渠道，全面提升小微企业的经营业务水平，推动小微企业实现快速发展，从而使其更好地融入全球贸易体系，也为国民经济的持续健康发展注入新的动力。

四是推进新业态发展，打造外贸增长新引擎。探索市场采购进口贸易机制，研究市场采购进口、出口统一监管方式。全力拓宽跨境网上大通道，充分发挥综合保税区、跨境电商产业园区等平台（园区）作用，加快推进海外仓网络布局，逐步建立跨境电子商务新型监管制度。规范经营外贸综合服务平台，推进关、检、税、汇在线一体化，推进各涉外部门信息系统建设及其与综合服务平台的信息共享。

（三）注重针对各类新兴议题的谈判

在货物贸易领域，自由贸易试验区建设面临如何在提升市场开放水平的同时，客观并准确地评估产业所受冲击及确定敏感产业的挑战，以及如何选择原产地规则及其执行方式的挑战。对此，应该深入分析各产业的实际情况，明确其在全球市场中的定位和竞争力，以此为基础评估开放市场可能带来的影响。同时，也要灵活运用原产地规则，确保其既能满足国际贸易的要求，又能最大限度地保护国内产业的利益。在服务贸易领域，情况则更为复杂。目前，中国在金融、电信、文化、医疗、教育和法律服务等多个方面仍实施着较为严格的市场准入限制。这些领域不仅关乎国家的经济安全和社会稳定，也是发达国家具有明显优势并高度关注的领域。因此，在未来的谈判中，应对这些领域给予特别关注，深入了解发达国家的诉求和关切，寻找双方利益的共同点，以期在保护国内产业的同时，也能满足发达国家的合理需求。同时，还应积极借鉴国际先进经验，逐步完善相关法规和政策，提升服务贸易的整体竞争力。

一是推进金融制度创新。针对河南自由贸易试验区内现代物流、先进制造、文化旅游等行业的独特性和差异性，通过充分考虑各个行业的运营模式、资金需求以及风险特性，深入研发符合这些行业特点的金融产品，为企业提供量身定制、多样化的融资服务，进而满足不同行业在发展过程中对资金的个性化需求。同时，为了进一步提升金融服务的质量和效率，应积极鼓励外国银行在河南自由贸易试验区开设分支机构。这些外国银行的入驻，不仅能为自由贸易试验区带来更多的金融资源，还有助于推动引入国际先进的金融理念和服务模式，在提升自由贸易试验区金融创新能力的同时，为自由贸易试验区内的企业提供更加专业、高效的金融服务。此外，还应充分利用大数据、互联网等信息技术手段，进一步完善银行、基金公司、保险公司等金融机构的服务功能，更精准地分析市场特点，更快速地响应企业需求，从而为企业提供更贴心、更便捷的金融服务。

二是推动与高标准经贸规则的积极对接。例如，积极对接 RCEP 和 CPTPP，在环境保护、劳工标准和知识产权保护方面，根据不同领域的特点，灵活调整规制权的松紧度，逐步实现与国际先进标准的对接。具体而言，在环保领域，加强环境治理力度，提高污染排放标准，积极推动绿色产业发展。在劳工权益方面，进一步完善劳动法规，保障劳动者的合法权益，推动建立良好的劳资关系。在知识产权保护上，重视创新成果的保护，加大执法力度，并通过加强法律制度建设，提高对侵权行为的惩罚力度，从而遏制侵权行为的发生，为创新创造提供良好的法治环境。此外，还应认真研究并探讨区域谈判中的"边界后议题"或"新议题"，积极参与相关谈判，以维护国家利益和推动可持续发展。

（四）打造更大更高水平的开放平台

一是建设面向全国、连接世界的航空枢纽，打造国际性、现代化、生态化、智慧型临空经济示范区。提升生活性服务业品质，优化人才发展环境，改进政务服务水平；强化金融管理中心功能，服务国家金融改革开放和风险防范，包括服务外汇管理改革创新；加快推动跨境电子商务综合试验区发展，发展新业态、新模式，积极开展跨境电商保税备货业务；聚焦高端商务，推动金融业深度融入国际市场；促进境外投资便利化、规范化，扩大金融市场对外开放；对标国际先进规则，打造一流营商环境，提升跨境贸易便利化水平。

二是积极拓展国际市场新渠道。将外贸进出口、招商引资、对外经济合作、服务贸易联合成为整体，为外贸市场拓宽发展渠道。抓住"走出去"战略机遇，充分利用现有的营销网络和海外仓储资源，强化海外仓建设和管理，推动国内产能向海外转移，在实现全球资源优化配置的同时，进一步拓宽海外购销渠道，增强国际市场的销售能力。此外，在拓宽购销渠道的同时，通过与外国企业建立紧密的合作关系，共同开发新产品、新技术，提升产业链的整体竞争力，努力实现境外产业合作园区的发展突破。为了进一步拓展市场，还应对龙头企业招商、配套产业招商以及延链补链招商等给予足够的重视，特别是在引进千亿产业和加工贸易型外资项目方面加大力度，积极与外资企业沟通对接，争取更多优质项目落户自由贸易试验区，进而培育出一批具有国际竞争力的外资企业，并使其成为推动外贸发展的新增长极，为经济的持续健康发展注入新的活力。

三、加快"买卖全球"步伐，
打造促进外贸增长新动能

近年来，河南跨境电商实现迅猛发展，跨境电商进出口单量和交易额等指标以及在综合改革和便利化水平、跨境交易水平等方面始终走在全国前列，跨境电商的"郑州模式"在全国推广。高水平建设河南自由贸易试验区，离不开跨境电商的高水平发展，跨境电商的发展对激发外贸发展新动能、优化贸易结构、实现市场多元化发展、扩大进口、助推中小企业进入国际舞台、推动外贸高质量发展意义重大。河南外贸实现高水平发展，应当从规模扩张向质量效益提高转变，从成本和价格优势向综合竞争优势转变，形成以技术、品牌、质量、服务为核心的出口竞争新优势，注重"五个优化"（国际市场布局、国内区域布局、外贸经营主体、贸易结构、贸易方式的优化）和"三项建设"（外贸生产基地、贸易平台、国际营销网络的建设）。

（一）创新培育跨境电商新模式

一是要大力发展各类电商平台新模式。具体而言，可以积极发展基于第三方平台的传统跨境电商平台发展模式和基于自建平台的专业直营发展模式，实现海外仓和共享仓的集约化、创新化发展，建造统一化、规范化的第三方海外仓储，积极构建基于O2O的全渠道云商平台创新发展模式，不断满足中小企业对物流的高需求，使企业走向精细化发展之路。未来，跨境电商将呈现出更加多元化和集成化的趋势，其中，结合了B2B2C、集结仓、监管仓、海外仓以及综合服务平台的9610/1210模式，将成为主流的运营方式。这种模式不仅能够有效整合各方资源，提高运营效率，还能更好地满足消费者多样化的需求。对于河南而言，应着重支持本地具备条件的制造企业和传统外贸企业进行转型升级，推动外贸企业从"产品走出去"的简单出口模式向"服务走出去、品牌走出去"的复合型出口模式转变，实现全方位、深层次的国际化经营。为了实现这一目标，可以依托

海外保税仓这一重要节点，积极布局全球供应链，以更灵活、更高效的方式参与到国际市场竞争中。同时，河南还应积极开展跨境电商 M2B2C 出口和 B2B2C 出口模式的试点工作。其中，M2B2C 模式强调制造商、商家和消费者之间的紧密连接，有助于提升产品的定制化和个性化程度，满足消费者的多样化需求；而B2B2C 模式则侧重于企业间的合作与共赢，通过整合供应链资源，优化物流配送，降低运营成本。这两种新模式都有助于企业更好地适应市场变化，拓宽销售渠道，提升企业的国际竞争力。此外，与邮政部门的紧密合作也是关键一环。河南自由贸易试验区应积极与邮政等部门携手全力推动解决境外"最后一公里"配送的发展"瓶颈"，确保商品能够快速、准确地送达消费者手中，进而快速抢占全球消费市场。

二是积极引导并激励国内企业在共建"一带一路"国家和地区进行投资建设，特别是注重构建海外仓储和物流供应链体系。这一举措不仅能够提升物流效率，确保商品能够及时、高效地到达消费者手中，同时也能够降低运营成本，提高企业的市场竞争力。此外，为保障消费者权益、提升消费者的购物体验，要加快构建跨境电商区块链防伪追溯机制，确保商品信息的真实性和可追溯性，让消费者能够放心购买到正品。同时，积极将大数据和区块链技术融入跨境电商公共服务体系中，精准分析消费者的购买行为和市场需求，指导企业调整产品和市场策略，保障交易的安全性和透明度，增强消费者对跨境电商的信任度。进一步地，为加强跨境电商行业的信息交流和协同合作，还要搭建多元化的信息共享平台，为电商企业提供实时的市场动态和行业动态信息，帮助企业做出更明智的决策，促进各方之间的合作与共赢。此外，还应探索构建多层次、全方位的跨境电商监管体系，从源头上保障商品的质量和安全，进一步塑造和提升"中国制造"在全球市场中的良好形象和信誉。

三是实现跨境贸易向跨境经济的转变。随着全球化进程的加速，开放与合作已经成为推动经济发展的核心驱动力，区域经济一体化的概念也逐渐从局部地域扩展至全球范围。这种转变不仅体现了各国经济之间的相互依赖和深度融合，也预示着全球贸易格局即将迎来重大的重塑。在这一变革中，"跨境贸易"作为曾经主要拉动对外贸易发展的关键因素，正在逐步升级为更加综合、更高层次的"跨境经济"形态。跨境经济不仅涵盖了传统的商品和服务贸易，还扩展到了资本、技术、人才等更多要素的跨境流动与配置。对于河南而言，跨境经济的崛起为其对外贸易的发展提供了新的契机，不仅能够有效拓展河南对外贸易新空间，为企业"走出去"开辟多元化的渠道，更成为河南推动实现对外开放战略转型升级的重要路径。通过深度参与跨境经济活动，河南有望进一步提升其在全球贸易体系中的地位和影响力，从而推动省内经济的持续健康发展。

（二）夯实跨境电商底层制度支撑

一是从法律制定、模式借鉴和信息交换三个方面为跨境电商保驾护航。随着跨境电商的迅猛发展和全球化的深入推进，信用问题和知识产权问题逐渐凸显，这些问题正在从线下向线上、从国内向跨境转移。跨境电商的快速发展不仅改变了传统贸易方式，也对政府的监管和服务提出了新的挑战。为了应对这些挑战，政府需要积极调整传统的监管方式和服务模式。在监管方面，政府应加快监管创新，加强贸易碎片化管理，以更有效地应对跨境电商带来的新情况。同时，政府还需推动交易规范化，确保市场的公平与公正，保护消费者权益。在税务方面，政府应着手解决税务规范化问题，防止税收流失，确保财政收入稳定增长。此外，政府还需加快推动业务流程和国际监管的标准化，以提高跨境电商的运营效率和质量，降低交易成本，从而进一步推动跨境电商的发展。在推动跨境电商国际合作方面，政府可以从法律制定、模式借鉴和信息交换三个方面发力。在法律制定方面，完善相关法律法规，为跨境电商提供有力的法律保障；在模式借鉴方面，积极引进国际先进的跨境电商模式，结合实际情况进行创新和发展；在信息交换方面，加强与各国的信息共享和合作，共同打击跨境电商中的违法违规行为，为跨境电商的健康持续发展保驾护航。

二是妥善解决跨境电商发展带来的贸易碎片化问题。其一，针对跨境支付存在的问题，应通过改进支付系统的设计和运营，积极优化跨境支付的主体结构，提高支付的效率和安全性，降低跨境交易的风险。其二，建立资金信用担保机制，为跨境交易提供更加可靠的保障，增强交易双方的信任度，从而促进贸易的顺利进行。同时，在第三方平台积极落实实名制管理，有效地防止欺诈行为和虚假交易的发生，提高市场的透明度和公正性。其三，为更好地满足跨境贸易的需求，应大力开发跨境在线支付、收款和结算的渠道。例如，积极推广电子钱包、银行卡、网上银行以及手机支付等多种支付方式，为跨境贸易提供更加便捷和高效的支付解决方案。

三是完善跨境电商相关法律法规、政策制度为跨境电商营造良好环境。具体而言，可以以市场为导向，紧密关注国内和出口目标国市场的实际需求，并以此为依据调整跨境电商进出口产品类目，进而推动区域产业结构的调整和转型升级。此外，还可以充分利用区块链技术的优势，为跨境电商的发展提供有力支持。区块链技术具有可追溯、不可篡改和时间戳等特性，这些特性可以用来构建跨境货物溯源体系，确保产品的来源和质量可追溯、可查询。同时，还可以建立仓储和运输全程监控系统，利用数字货币对等实物价值平台，提高交易的透明度和安全性。在信息化建设方面，进一步强化跨境电商的信息化水平。通过实现数据信息在跨境电商参与主体之间的共享与交换，更准确地掌握市场变化，提高进出口效率，并通过深入挖掘市场需求和消费趋势，为企业的决策提供有力支持，保障跨境电商生态系统的高速运转。

四是加强国际合作，加深国际共识，参与制定通行的国际规则。跨境电商在全球已经实现高速发展，跨境电商给各个国家和地区都带来了千载难逢的发展机遇，但也对跨境电商的有效监管提出了挑战。此时，推动跨境电商实现高质量发展，制定国际通行的规则和标准就显得格外重要。对此，要在积极搭建国际共享共治监管服务平台、建立更为广泛深入的合作机制上持续发力，推动跨境电商在未来的发展中，能够取得更大的发展空间和更美好的发展前景。

（三）充分释放民营企业发展活力

一是有关部门应尽快完善金融配套服务体系。大力引进各级各类金融机构、金融后台服务中心，以及律师事务所等配套服务机构，符合法定条件的中资民营企业可设立中小型银行等金融机构，支持保险机构在区内开展业务创新。扩大金融服务创新，促使金融业承担培育贸易新型业态的服务职能，同时做好金融机构监管和金融市场风险的防范工作。发展文化金融，探索新的文化产品融资模式，鼓励开展版权、专利等质押贷款业务；较大文化企业通过银团贷款模式提供金融支持，小微文化企业通过产业基金、租赁、保理、众筹等渠道实现融资，充分释放片区内市场活力。

二是加快民营企业内部各类模式的融合创新。互联网经济的蓬勃发展，不仅引领了全球贸易模式、商业模式以及服务模式的快速创新，同时也推动了传统贸易与互联网贸易的深度融合。对此，应积极鼓励和规范跨境电商的发展，加快建立一套完善的管理体系、监管体系和统计体系，确保跨境电商的健康、有序发展。其中，管理体系的建立可以确保跨境电商的运营效率和质量；监管体系的建立能够保障市场的公平竞争和消费者的权益；统计体系的建立则有助于更准确地了解市场动态，为政策制定提供科学依据。同时，通过综合化、平台化、网络化的运营模式，加快发展外贸综合服务企业，有效地提高供应链管理能力和综合服务水平，从而帮助出口企业更好地开拓国际市场。

三是进一步加大对实体经济、制造业的重视程度。在当前国际和国内市场充满无限潜力的背景下，民营企业要充分释放其活力，关键在于提升生产效率与产品质量。为了实现这一目标，政府应积极推动发展生产性服务业，特别是要着重发展并完善物流体系建设，为企业提高效率、降低成本，为整个实体经济的高质量发展注入新动能。同时，还应全面系统梳理上级关于降低税费、用工、用地、用能、物流等成本的各类政策，以确保这些政策能够真正落到实处，为企业带来实实在在的利益。此外，还需做好对民营企业的宣传引导和政策指导工作，积极主动地向民营企业宣传相关政策，及时提醒业务办理，并指导民营企业依法依规享受相关的优惠支持政策，为民营企业发展创造更加有利的环境。

（四）积极拓展贸易发展新空间

一是积极培育外贸新优势。积极探索市场采购贸易方式体制机制创新，支持各类外贸新业态发展，加快建立与之相适应的管理模式。稳定市场采购出口，加快形成与之配套的较成熟的便利化贸易监管制度。探索市场采购进口贸易机制，研究市场采购进口、出口统一监管方式。全力拓宽跨境网上大通道，充分发挥综合保税区、跨境电商产业园区等平台（园区）作用，加快推进海外仓网络布局，探索完善跨境电商出口 B2B2C 供应链体系。进一步优化进出口产业结构，提升产品质量和附加值，全面推进出口产品向中高端发展，提高进口、加工贸易、高新技术产品、自主品牌产品出口比重。

二是积极引导国内企业在共建"一带一路"国家和地区进行投资建设，构建海外仓储和物流供应链体系。对此，应加快构建跨境电商区块链防伪追溯机制，确保商品信息的真实性、透明性和可追溯性，确保商品能够及时、安全地送达消费者手中，从而提升消费者的购物满意度。积极将大数据和区块链技术融入跨境电商公共服务体系中，保障交易过程的安全性和透明度，精准分析消费者的购买行为和市场需求，指导企业调整产品和市场策略，提升市场竞争力，增强消费者对跨境电商平台的信任度。此外，还应不断完善国际贸易"单一窗口"的功能，为自由贸易试验区内的企业提供更加高效便捷的通关服务。例如，简化通关流程、提高通关效率，有效降低企业的贸易成本，提升其市场竞争力；积极发展新技术、新产业、新业态和新模式，加快产业结构性调整，推动产业向中高端水平迈进。

三是培育外资企业成为外贸发展新的增长极。为实现这一目标，需要从内外两个方面入手：对内，全面系统地梳理上级政府发布的涉及税费、用工、用地、用能和物流等各类降低成本的政策，为企业降低运营成本，提高市场竞争力。对外，积极推动境外产业合作园建设实现突破。具体措施包括：加强与所在国（地区）政府的沟通协商，争取更多的政策支持和优惠条件，降低园区开发的难度和成本；探索公私合营、产业投资基金等多元化境外产业园区投融资模式，争取更多的信贷支持；积极培育专业人才与技术骨干，提升园区创新能力；继续提高产品质量，打造品牌，提升产品竞争力和附加值；加快贸易、投资、服务相融合，线上线下齐头并进，打造新的出口增长点。

四、放大产业集聚整合效应，实现更具规模的产业协同

产业协同集聚通过分工和技术外部性可以产生创新，提高城市生产效率，是实现发展动力转换的重要途径。当前，产业集聚成为世界经济发展的主要增长动力，有助于推动地域经济发展，促进区域人口就业，提高居民经济收入；是加快转变经济发展方式，优化经济结构的基石保障。自由贸易试验区要实现高质量发展，需要在选好特色主导产业，体现特色，形成优势，提升竞争力的同时，抓好自由贸易试验区内的产业集聚，实现具有规模效应产业协同，进一步提升自由贸易试验区的区域竞争优势和战略支撑作用。

（一）优化提高产业转型升级与整合质量

一是要围绕培育壮大战略支撑产业，实施大项目与大企业带动。为推动经济稳步增长，要紧密围绕培育和发展具有战略支撑作用的产业这一核心，主动承接产业转移，进一步完善强化产业链条，高度重视并解决产业链各个环节存在的问题，如自主创新能力不足、创新生态环境有待改善、产业发展效率不够高效、区域间发展不平衡等。同时，密切关注国内外产业发展环境的新变化、新趋势以及由此产生的新矛盾，构建现代化经济体系。为此，高水平建设河南自由贸易试验区应注重推动产业更深入地融入全球要素分工体系，积极引进国际先进生产要素，推动产业的持续升级和发展。此外，面对日新月异的全球市场环境，必须保持敏锐的市场洞察力和创新能力，及时调整和优化产业结构，以确保战略支撑产业始终保持领先地位。只有这样，才能在激烈的市场竞争中立于不败之地，实现

可持续发展。

二是抓好物流业转型发展。其一，壮大物流市场主体，集中力量培育一批规模超过 10 亿元的重大物流项目，对全省形成示范带动效应，进而形成一批高质量、高层次的产业集群。其二，开展首批商贸物流的标准化和智慧化试点工作，培育一批在标准化和智慧化方面表现突出的物流园区和企业，提升整个物流行业的运营效率和服务质量。此外，继续举办物流业开放合作洽谈会，深化与境内外大型物流企业的合作，引进更多的行业龙头企业，从而推动物流企业集群的更好更快发展。其三，打造一批能够融入"一带一路"倡议的次节点城市，推动各地区以及对外开放的重点县（市、区）全面融入"一带一路"，更好地服务于"一带一路"倡议。

三是创新招商方式，升级招商模式。持续扩大引资的规模，关注引进资本质量，通过设立专门用于支持企业对外投资的专项资金，为企业提供实实在在的资金帮助，提升招商引资的精准度和实际效果。此外，还应积极协助企业申请国家的各种优惠扶持政策，特别关注技术、人才和管理经验的引进，确保企业能够充分享受到政策红利，从而推动招商引资工作向更高质量的方向发展。为吸引更多的跨国公司、央企和民企来自由贸易试验区投资，应提供更有吸引力的营商环境，如鼓励外来企业在自由贸易试验区设立区域总部，以及建立研发中心、技术中心和结算中心等关键功能部门。在推动对外合作方面，应积极引导和规划招商项目，积极推动实施境外经贸合作区创新工程，提供更多的政策支持和经济资源，助力企业在全球范围内寻找更多的经济合作机会。

（二）加快制造业和生产性服务业协同发展

制造业和生产性服务业作为现代经济发展的"两驾马车"，两者协同发展程度的高低决定着一个国家或地区的技术进步水平和经济发展质量。

一是完善生产、服务、创新等产业生态系统建设。对此，应注重依托工业物联网、大数据、人工智能等前沿的新一代信息技术，打破传统行业界限，促进制造业与生产性服务业之间的深度融合，形成更加灵活、高效和协同的产业生态。同时，通过引入新技术、新业态和新模式，注重对传统制造业和服务业的改造和提升，提高其现代化水平，提高服务业与制造业之间的匹配程度，在推动资源优化配置的同时，促进服务型制造业发展，从而提升整个产业链的竞争力。在推动产业升级的过程中，技术创新与产业融合的互促共进是关键，应大力发展创新联盟、技术中介等新型创新组织，将其作为连接企业、科研机构和市场的桥梁，加速科技成果的转化和应用。同时，强化创新型龙头企业在行业中的引领作用，通过其成功经验和创新实践，带动更多企业走上创新驱动的发展道路。此外，加强企业间的紧密互动联合，通过搭建合作平台、分享资源和技术，推动形成企业主导、产学研用一体化发展的创新体系，提升整个产业的创新能力和市场适应能力。

二是加强投资服务平台建设。对自由贸易试验区服务门类进行更为细致的划分，尤其注重做好综合商务服务，更好满足企业的多样化需求。协助企业有效开拓市场，帮助企业组织产品鉴定活动，确保其产品达到行业标准并具备市场竞争力；积极组织企业进行项目申报，引导企业合理利用各类产业计划和扶持资金，从而减轻企业的资金压力并加速其发展进程。创新合作模式，通过与共建"一带一路"城市建立结对关系，策划并组织多项招商引资重点活动，在为企业拓展市场机遇的同时，全方位、宽领域地加强投资合作，推动区域经济的均衡发展。此外，在积极推进与国际惯例接轨的过程中，还应注重完善文化传播和文明展示的硬件要素，通过加强对外文化交流，向世界展示河南的独特魅力和文化底蕴。

三是进一步推进专业分工。具体包括鼓励自由贸易试验区内的企业将生产性服务进行分离与外包，以此优化资源配置，提高运营效率；支持制造业企业充分利用其内部服务资源，不仅服务于自身，更向外提供专业服务，从而增强其对外服务能力，实现内外部资源的有效整合。在互联网技术日新月异的背景下，还应鼓励制造业企业积极应用先进技术，优化生产流程、提高生产效率。这样不仅可以壮大外贸主体，提升整体竞争力，还有可能培育出一批具有国际影响力的龙头企业，为经济的持续发展注入新的活力。

（三）实现不同产业间的融合创新与发展

一是密切关注主导产业发展，加快小型和分散型产业园区的整合。正确把握国际产业重组、资本流动、要素转移、技术合作和人才流动等重要战略机遇，建立促进一体化融合发展的产业政策体系。拓展跨界产业发展新空间，选择产品附加值高、知识和技术密集的行业进行重点培育，支持现代服务业中信息传输、软件和信息技术服务业、租赁和商务服务业、科学研究和技术服务业等技术和知识密集型行业优先发展，加大政策扶持和资金支持。逐步将市场规模优势转化为融入全球要素分工体系的新优势，整合装备制造业和现代服务业企业、科研单位、高校等机构的创新资源，促进共性、核心技术的研发和突破，强化对装备制造业和现代服务业的融合引领和支撑作用。

二是推动先进制造业和现代服务业的深度融合。壮大先进装备制造、电子信息、汽车及零部件以及生物医药等重点产业；推动企业在大数据、新一代人工智能和现代金融等前沿领域实现重大突破。为实现这一目标，需要大力支持现代服务业的发展，特别是研发设计、知识产权、创业孵化、科技金融和营销等关键领域。通过培育覆盖全周期和全要素的高新技术服务产业链，为企业提供更加全面和高效的支持，从而推动产业的创新和升级。此外，鼓励龙头企业建立自己的公共服务平台，更好地整合行业资源，在提升企业自身竞争力的同时，为整个行业提供更加优质和高效的服务，提升整个产业链的效率和价值。在推动产业融合的过程中，还需要密切关注主导产业的发展动态。通过加快小型和分散型产业园区的整合，提高土地的利用效率，实现资源的优化配置，从而营造更加有利于产业融合创新发展的生态环境，为产业的持续发展和创新提供有力的支持。

三是进一步完善产业融合创新政策，优化营商环境。推动建立促进产业一体化融合发展的政策体系，对制造和服务企业在流程创新、商业模式创新等软性创新方面给予更大的政策支持，推动制造业和服务业的深度融合发展。逐步消除服务业和制造业之间在税收、金融、科技、要素价格等方面的政策差异，为各类企业创造一个更加公平、公正的竞争环境，降低交易成本，提高企业运营效率。此外，进一步推进"放管服"改革，充分利用众创、众包、众扶、众筹等新型服务平台，积极在创客、公共服务提供者、消费者和企业之间搭建互动融合的平台，促进各方之间的紧密合作，加速创新成果的转化和应用。在新兴领域，如新一代信息技术服务业、智能物流系统和第三方物流等，应明确平台运营规则和权责边界，努力提升平台整合资源、对接供需、协同创新的功能，对那些具有影响力的平台型企业给予特别支持，推动其带动和整合上下游产业，使其更好地服务于实体经济，进而确保市场的有序发展。

（四）积极推动产业互联网的建设与发展

一是推动产业互联网建设的跨区域协作。在当前统筹推进区域协调发展战略背景下，继续构建现代化综合交通体系完善交通网络与抓住"互联网+"时代机遇大力发展信息技术，充分发挥交通基础设施与互联网对产出效率的提升及空间优化具有深远意义。在进一步加强交通基础设施建设与互联网技术发展的同时，还应兼顾交通基础设施与互联网发展水平、速度的不平衡、不一致问题，缩小区域间交通基础设施建设与互联网发展的差距。除关注交通基础设施建设与互联网技术发展外，也要注重交通基础设施建设与互联网发展过程中的跨地区合作与协调，实现地区间交通与网络基础设施的合理配置与布局，最大限度地发挥其空间外部性，为高产出效率地区向低产出地区的空间溢出提供良好的物质基础与硬件保障，实现产出效率的空间优化布局。

二是大力发展互联网平台经济，促进经济提质增效。政府在推广"互联网+"战略的过程中，应该从优势产业出发，注重培育和发展本地优势产业来促进平台经济发展。为了全面提升产品质量和安全水平，需要通过建设一套科学规范的质量标准体系来实现产品供应的专业化、标准化和规范化。这意味着，从原材料的采购到生产加工的每一个环节，再到最终的产品检验，都必须遵循严格的标准和规范，确保产品品质始终保持在行业的高水平。同时，建立完善的产品质量安全及管理溯源系统，对产品生产过程、质量检测结果以及物流流通过程中的各个环节进行细致的信息管理，实现有效的跟踪和监控，更加精确地追溯产品的来源和流向，确保产品的安全供给。此外，不断完善产品加工技术，以提升产品的品质和附加值，并通过精心打造品牌形象，提升品牌知名度和美誉度，走品牌化、专业化的道路，使企业在激烈的市场竞争中能脱颖而出。

三是围绕新技术应用坚持开放融通。积极开展国际交流合作，深入研究"新技术应用及其影响"，进一步了解如何依托自由贸易试验区使新技术在全球范围内发挥作用。在这个过程中，要认真探索各种合作思路和举措，由于中小企业是经济的重要组成部分，中小企业灵活、高效、创新的特性，使其能够快速适应市场变化。因此，要特别支持中小企业应用新技术、新工艺提高生产效率，拓宽市场渠道。同时，推动互联网、物联网、5G和人工智能等技术的深度集成，密切关注技术发展趋势，及时调整发展战略和业务模式，打造更加智能、高效、便捷的生产和服务体系，提升整个产业链的效率和价值，保持竞争优势，并为发展产业互联网、实现实体经济高质量发展、推动建设开放型世界经济贡献中国智慧和中国方案。

五、创新外商投资监管模式，进一步拓展投资开放领域

在全球经济一体化的大背景下，自由贸易试验区扮演着至关重要的角色，必须十分重视监督管控和纠纷处理工作，确保所有规则和政策都得到妥善执行，努

力消除可能影响企业发展的不利因素，在自由贸易试验区营造更加稳定、公平、透明的营商环境，最大限度地发挥自由贸易试验区的优势，吸引更多的国内外企业来此投资兴业。

（一）优化提升外商投资监管模式

一是做好自由贸易试验区外商投资信息的采集与共享。高水平建设河南自由贸易试验区应立足现有的业务管理体系，增加新的管理机构负责自由贸易试验区内改革措施的监督管控。同时，在自由贸易试验区内引入新的金融业监管机构，遵循符合各类行业特点的监管方式，完善自由贸易试验区纠纷解决机制。针对外商投资引发的纠纷，可利用自由贸易试验区监管信息共享平台，实现诉调对接中心与地区法院的有效连接，提升联合监管效果。

二是创新河南自由贸易试验区监管政策。对进出自由贸易试验区的货物实行分类监管，积极运用大数据、云计算、互联网等信息技术，整合海关、工商、税务、工信、公安等部门的电子信息资源，完善河南自由贸易试验区信息系统，实现企业信息和相关电子数据在各个部门之间的互联互通。强化企业的主体责任，发挥各类行业协会的作用，构建合理的外商监管体系，整合各类监管资源，推动监管方式由分散监管向综合监管转变。

三是深化投资管理体制改革。为了提升政府工作效率，优化企业营商环境，自由贸易试验区建设应积极探索实施"业界共治+法定机构"的治理模式。这一模式融合了企业化的组织结构、市场化的运作方式和专业化的服务理念，有助于显著提升工作效率。对此，应积极推行"互联网+政务服务"模式，通过整合自由贸易试验区内各政府部门的数据系统和网上办事平台，为入驻企业构建便捷、高效的"一站式"服务平台。不断优化通关流程，通过精简环节、缩短时限，进一步压缩行政审批的整体流程；推动政府部门间的协同服务，推动"一网通办""全市通办"等便利化措施的落地实施，减轻企业运营负担，降低企业运营成本。此外，在金融领域，支持符合条件的社会资本依法设立民营银行、财务公司等金融机构，丰富金融市场的参与主体和服务类型，并在完善相关管理办法和加强有效监管的前提下，允许自由贸易试验区内符合条件的中资银行开办离岸业务，为企业提供更为多元化的金融服务，助力自由贸易试验区的经济发展和产业升级。

（二）高标准制定负面清单管理制度

河南自由贸易试验区分为郑州、开封、洛阳三个片区，三个片区的功能定位不同、优势产业不同，在新版负面清单的实施中各自的侧重领域也不同。

一是在新版负面清单中，文化传媒和农副产品加工业都将迎来更深层次的对外开放，这与河南自由贸易试验区开封片区的重点产业高度契合。对此，开封片区应进一步加强特色产业，如创意设计、文化传媒、文化金融、艺术品交易以及农副产品加工等领域的深入发展。以文化传媒领域为例，新版负面清单取消了演出经纪机构必须由中方控股的限制，这意味着外资可以更多地参与到这一行业中来。同时，设立文艺表演团体的规定也由原先的禁止外方投资放宽至中方控股，这无疑为外资进入文化演艺市场提供了更大的空间。针对这些新的开放政策，开封片区应积极探索引进外资经营的文化演出经纪机构，这不仅有助于丰富当地的文化市场，还能为居民和广大游客提供更具国际水准的文化演艺服务。此外，开封片区还可以考虑设立更多的演出场所和娱乐场所，以满足不同群体的文化需求，探索设立外商投资单个文艺演出的项目公司也是一个值得尝试的方向，这有助于吸引更多的外资投入，进一步提升开封片区的文化软实力和影响力。

二是新版负面清单将给洛阳片区带来更大的发展空间。洛阳片区的制造业、金融业、文化业等领域将会受益最大，对此，在洛阳片区着力打造的现代产业体系中，应把高端制造业作为支柱产业，金融业作为重点培育产业，文化业作为重点扶持产业，配合新版负面清单在这些领域进行更深层次的对外开放。

三是不断推进以负面清单为核心的投资管理制度改革。高水平建设河南自由贸易试验区应更加注重落实对负面清单以外的投资领域和行业，实施内外资一致的市场准入，确保内外资企业在市场准入方面享有同等待遇。对此，应积极推动将外商投资项目的设立程序由原先的审批制改为备案制，以简化行政流程，提高行政效率；不断压缩审批时限，确保外资企业在最短时间内完成相关手续，顺利开展业务，为河南乃至全国的经济发展注入新的活力。

（三）进一步拓展中小企业融资渠道

一是积极引入中小企业众筹机制。在自由贸易试验区内营造出一种自由宽松的投资环境，使所有投资者都可以参与其中，吸引更多境外资金。通过设立专门的区域银行试点，鼓励并引导部分有意愿且具备条件的中小企业尝试进入这一新兴的经营领域。这些区域银行可以由国内投资者建设和运营，其业务范围涵盖外资存贷款、金融产品销售等多个方面，旨在为中小企业提供更加多样化的资金来源，拓宽中小企业的融资渠道，降低融资成本，在助力企业实现稳健发展的同时，进一步推动自由贸易试验区内的金融创新和经济发展。

二是高度重视"信用信息平台"在金融机构信用风险管理中的广泛应用。这一平台的应用能够有效地解决信息不对称的问题，为企业创造了更多的融资机会，大大地提高了融资的便利性，进而促进了信贷市场的繁荣发展。通过该平台，金融机构能够高效地利用融资过程中所形成的丰富交易数据，从而对传统融资方式中的信用评分、借款催收等功能进行实质性的改进和优化。为了进一步支持企业的发展，还应积极探索出台一系列税收减免政策，如高新技术企业所得税的减免、技术开发及技术转让增值税和所得税的减免，以及小型微利企业的增值税和所得税减免等，为企业创新发展提供有力的政策支持。同时，还应精心筛选有市场潜力、经济效益好且信用良好的企业和项目，定期为其组织项目或金融新品种的企业推介会和银企洽谈会，旨在促进商业银行贷款与企业资金需求之间的有效对接。

三是创新中小企业贷款审批机制。金融机构要改变传统的贷款审批流程，把信贷审批权限下放到社区银行的信贷部门，简化贷款审批层次。开展小额贷款公司试点，扶持有实力的民间金融组织发展成为小额贷款公司。改变原来的依靠企业报表、中介机构审计报告和企业固定资产规模进行授信评级的老套路，提高企业及企业法人信用状况占比份额，实行评级授信一体化，提高授信评级的效率和适用性。同时，积极发展供应链融资和创业担保贷款。金融机构应积极调整其传统的贷款抵押模式，不再过度依赖土地、房产和机器设备等实物资产作为抵押品。相反，应将抵押品的范围进行扩展，涵盖动产抵押、权利质押等多种形式的权益类资产，丰富抵押品种类，提高金融机构的灵活性和风险控制能力。此外，通过动产抵押和权利质押等方式，企业能够更有效地利用其资产进行融资，从而推动资金流转和经济活动的蓬勃发展，实现金融机构和企业的"双赢"，促进金融市场的健康发展和经济的稳定增长。

（四）不断深化拓展投资开放领域

一是重视产业链合作的制度性安排。深度融入"一带一路"建设，充分发挥国际机构和世界 500 强企业集聚优势，鼓励企业抱团出海、发挥产业集群优势，延伸对外开放的广度，大力拓展对外交往渠道，全面提升国际交往便利度和交流合作紧密度，增强国际资源要素的吸附力，建设国家内陆开放型经济高地和国际友好往来门户城市。根据省情需要重构跨境电子商务适用规则，打通境内境外两个通道，使双边之间的监管平台互联互通，共享双边企业的商品订单、合同、发票、运单，真正实现单边放行、单边商检。

二是找准风口，紧跟产业发展和科技革命最新动向。按照未来产业定位，加强企业人才指引，瞄准相关领域顶尖企业和人才团队，加强人才和企业吸引，推进形成发展聚集优势。积极培育人工智能、新金融经济等重点未来产业的落地生根。引进人工智能研发平台和机构，实施重大项目建设，推动重点未来产业项目的落地生根，加快未来产业布局，打造新经济发展高地。充分利用贸易平台优势，用信息技术等新技术改造、提升既有产业，特别是轻工消费品生产出口企业。

三是拓展外资企业投资领域。积极引导外资进入新兴产业、现代服务业、高端制造业等领域，为在自由贸易试验区从事绿色环保产业、新兴产业投资的外资企业提供一定年限的税收优惠举措。对外资企业的投资形式进一步放开，放大到并购、收购，通过认购可转换债券的方式进行投资，并在法律上予以保护。建立健全外商投资法律体系，对外资企业的保护作出明确规范，特别是外资企业在知识产权、出资、利润收益自由等方面的权利，保护外资企业的合法权益，降低投资风险。在投融资方面，鼓励金融机构为外资企业在贷款、融资等方面提供多元化的金融服务。

六、深化体制机制改革创新，
优化管理模式和工作效率

高水平建设河南自由贸易试验区，应注重深化各类体制机制改革与创新，优化自由贸易试验区的管理模式和工作效率。例如，健全以企业为主体的创新投入制度，鼓励企业加大研发投入，提升自主创新能力。建立健全财政资金支持的知识产权处置和收益机制，确保知识产权的合理利用和保护，激发创新活力。构建市场导向的科技成果转移转化制度，完善科技成果的评价、转化和激励机制，推动科技成果向现实生产力转化。完善符合创新规律的政府管理制度，提高政府服务效率，为创新活动提供更加良好的外部环境。在推动形成创新要素自由流动的开放合作新局面方面，加大对投贷联动金融服务模式创新、技术类无形资产入股以及发展新型产业技术研发组织等方面的探索力度，加快建设具有全球影响力的科技创新中心，为河南自由贸易试验区的高质量发展提供有力支撑。建立更加积极灵活的创新人才发展制度，关注人才引进、培养、使用以及激励机制，为创新人才提供更好的成长环境和发展空间。最后，在不断深化各项体制机制改革创新的基础上，不断优化管理模式，提高工作效率，确保各项改革措施落到实处，为河南自由贸易试验区的长远发展奠定坚实基础。

（一）深化人才发展体制机制改革

一是加快构建更加科学高效的人才管理体制。树立起强烈的人才意识，深刻认识人才是推动发展的核心力量，进而改进管理人才的方式方法，注重激发人才的潜力和创造力，让其在工作中极具成就感与获得感。为此，可以定期组织一线人才参与各类培训会议，定期组织业务骨干前往国内外典型自由贸易区进行业务交流学习，使其拓宽国际视野，增强实践能力，提升业务水平。同时，建立完善的业务考核机制，通过公正的考核来评估人员的工作表现，进而提高工作积极性和主动性，对于考核优秀的人员，应该加大奖励力度。

二是加强创新创业激励。强化问题导向、注重精准施策，创新人才培养、评价、流动、激励、引进、保障机制，着力解决人才管理中的行政化问题；充分保障人才的知识成果产生相应的效益，合理划分单位和创新人才之间的权益；最大限度地调动人才创新积极性提供法律保障，解决人才评价中唯学历、唯职称、唯论文问题，更好地激发人才潜能。

三是创新人才服务体系和国际人才流动通行体系。对此，应不断完善自由贸易试验区内各类机构和企业关于创新人才的集聚与培育机制，大力支持中外合作的人才培训项目落地，为人才提供全方位的优质培训。同时，从财政、税收、人才引进、对外投资管理等多个方面进一步强化政策支持，为创新人才的集聚和培育创造更加有利的环境。在提高出入境便利化方面，不断提高境内外人员出入境、外籍人员签证和居留、就业许可、驾照申领等事项办理的便利化程度。这些措施将有助于在更高层次上集聚技术、资本、劳动力等生产要素，从而推动自由贸易试验区的持续发展和创新，为企业国际化发展提供更加坚实的人才支撑和制度保障。

四是积极地推进公职人员队伍的素质提升。深化聘任制公务员制度改革，加大外向型培训力度，探索政府、企事业单位公职人员与国际企业人才"双向挂职"制度，建立一支具有全球视野，了解国际规则和国际惯例，具备跨界交流能力，业务素质优秀的公职人员队伍。完善高层次人才激励机制，定向培养了解东道国投资环境、精通东道国语言、具有高超谈判能力的高层次复合型人才，为河南自由贸易试验区发展提供智力支撑。

（二）深化科技创新体制机制改革

一是加强信息共享和服务平台应用。加快以大数据中心和信息交换枢纽为主要功能的信息共享和服务平台建设，建立健全可持续发展的信息安全管理体系，完善包括产业数据安全政策体系和数据安全国家标准体系等一系列保障机制，扩大部门间信息交换和应用领域，逐步统一信息标准，加强信息安全保障，打破数据信息"壁垒"，鼓励和引导有关机构对数据开展采集、挖掘、整理和分析，推进部门协同管理，为加强事中事后监管提供支撑。

二是充分发挥金融对技术创新的助推作用。针对河南自由贸易试验区内现代物流、先进制造、文化旅游等行业的不同特点，研发具有不同行业特点的金融产品，为企业提供多样化的融资服务。借助大数据、互联网等信息技术，促进"互联网+金融"发展，优化网上银行和手机银行的界面，增强用户体验感。制定完善的金融风险防控机制，以及金融对技术创新的保障机制，加强对河南自由贸易试验区内各类金融机构的监管。

三是在推进科研成果产业化过程中，充分发挥科技创新对产业发展的促进作用。科技创新是促进产业转型升级和产业发展的根本驱动力。要深入实施创新驱动发展战略，鼓励和支持科技创新，构建完善的技术创新体系，强化知识产权保护，提高科技成果转化能力，全面夯实支撑产业发展的科技基础。此外，政府部门和相关企业应加大对科研创新团队在技术创新、产品创新、科技成果转化等方面的各类奖励，激发科研创新团队开展科技创新工作的积极性和主动性。

四是要进一步加大科研投入力度。政府和企业逐步加大研发费用投入，不断壮大高新技术企业群体、打通孵化加速产业化全链条、加大成果转化力度、培育壮大科技服务业。自由贸易试验区内部的相关企业要关注科学研究与试验发展（R&D）经费投入，做好与高科技、互联网、环保、安全等领域的深度结合，加强核心技术研发，深度挖掘智能制造能力。与此同时，要加强科技人才的引进与培养，并从细节入手切实提高管理水平，向先进的现代化企业看齐。

（三）深化监督管理体制机制改革

一是推进政府监管体制改革，建立以信息信用监管为核心的监管机制。深化行政管理体制改革，提高政府综合服务能力，推进政府监管体制改革，构建更加完备的政府监管体制，为自由贸易试验区发展提供重要支撑和制度保障，同时在推进监管转型的过程中，要着力提高市场的主体意识，充分发挥行业协会的自律作用，健全社会力量参与市场监督制度，接受社会各界的监督，构建企业自治、行业自律、社会监督、政府监管的社会共治格局，维护公平竞争的市场秩序。

二是推动信息公开制度创新。进一步完善监管制度、政策体系和服务框架，促进新型贸易业态，如跨境电商、市场采购贸易以及外贸综合服务等的健康发展。通过制定优惠政策、完善基础设施、提供高质量服务等方式，加大对高端装备、新材料、新能源汽车等战略性高科技产业的招商引进力度，吸引这些产业在自由贸易试验区落户。此外，在龙头企业招商、配套产业招商以及延链补链招商等方面下功夫，重点引进五大千亿产业和加工贸易型外资项目，提高整个产业链的完整性和竞争力，提升产业层次和水平。

三是推动监管公平竞争制度创新。按照管得住、成本和风险可控原则，进一步规范相关政策，创新监管模式。例如，建立环境违法法人"黑名单"制度，强化对违法行为的惩戒和威慑力；建立长效的跟踪评价机制，对企业的环保和能源管理情况进行持续监督；对自由贸易试验区内的海关特殊监管区域进行统筹研究，推进货物状态分类监管试点，提高监管效率，降低监管成本，为自由贸易试验区内的企业提供更加便捷、高效的通关服务。与此同时，加大宣传培训力度，积极引导自由贸易试验区内的企业申请环境能源管理体系认证，提升企业的环保意识和能源管理水平，推动企业实现绿色、可持续发展。

四是积极推进贸易监管制度创新。为进一步提升通关效率、优化服务质量，应通过进一步简化查验部门的申报手续、推广汇总征税模式、优化审单制度等，对查验业务流程进行创新，减少监管作业的整体时间，提高查验工作的效能，为企业节省时间和成本。为了保障通关时间的透明度和可监督性，应通过科技手段积极构建通关作业全程时间节点信息化系统，对通关作业的各个环节进行精确记录，确保通关服务的公正性和高效性。此外，应推动建立通关时间评定机制和监督管理制度，通过引入第三方评估和通关时效激励机制，准确了解通关服务的实际效能，对通关服务进行客观的评价和监督；同时，激励机制的建立也将激发相关人员的工作积极性，推动通关服务的持续优化和提升。综上所述，通过创新查验业务流程、简化手续、推广征税模式、优化审单制度以及建立公开、监督和评估制度等一系列措施，可以全面提升通关服务的效能和质量，为企业提供更加高效、便捷的通关服务。

（四）深化产业创新体制机制改革

一是积极推动产业预警制度创新。河南自由贸易试验区应在及时发布产业预警信息的同时，积极配合国家有关部门，试点建立与开放市场环境相匹配的产业预警体系，更准确地预测市场变化，为企业提供更有价值的决策依据。在自由贸易试验区内部精心选择既有发展潜力又能代表产业发展方向的重点产业，针对这些重点产业，积极落实技术指导、员工培训等政策，旨在帮助企业提升技术水平，增强市场竞争力。此外，还应关注自由贸易试验区内部企业在贸易中遇到的困难，通过提供政策咨询、市场分析等服务，主动为其排忧解难，帮助企业更好地应对市场挑战，把握发展机遇，进而助力企业发展。

二是持续优化有利于产业发展的制度环境。为了进一步优化市场环境，应通过降低制度性交易成本，逐步清理不合理的规章制度等措施，加强简化市场准入许可，消除政府对市场的不必要干预，减少企业在进入市场时的阻碍，让企业能够在更加公平、透明的环境中竞争。完善知识产权保护制度，只有确保企业的知识产权得到充分尊重和保护，才能让企业有信心和动力去投入更多的资源进行研发活动，进而推动技术创新和产品升级。因此，应加强执法力度，严厉打击侵犯知识产权的行为，为企业创造公平、公正、有利于创新的市场环境；加强宣传教育，提高全社会的知识产权意识，形成尊重知识产权、鼓励创新的良好氛围。此外，为更好地服务企业，还需要深化商事制度改革。通过创新"容缺后补"登记制度，简化企业登记注册程序，降低企业创立的门槛；借助互联网、大数据等计算机技术，加快推进涉企服务的数字化进程，提高服务效率和质量。

三是全面深化证照分离改革。在自由贸易试验区率先进行"证照分离"改革试点，核心是改变审批方式，实现对现有行政审批许可事项的取消、简化或改进。具体而言，对不必要的审批事项，直接取消审批；对于可以通过其他方式进行有效管理的事项，取消审批改为备案；对于需要保留但审批过程较为复杂的事项，简化审批流程，并实行告知承诺制，以提高审批的效率和透明度。此外，还应提高审批的透明度和可预期性，确保审批过程和结果的公开、公平、公正；加强市场准入管理，防止因改革试点而引发的市场混乱，实现"证照分离"改革的有序、全面推进。

四是创新创业机制改革。在加强创新创业信息资源整合的同时，面向创业者和园区企业需求，建立政策集中发布平台，完善专业化、网络化服务体系，确保每一个创业者都能得到全方位的支持。建立仪器设施、创新平台等创新创业资源开放共享的激励机制，让仪器设施、创新平台等资源能够得到更有效的利用，促进创新创业资源的优化配置，构建开放式创新创业体系。支持建设创业培训、技术服务、信息和中介服务、知识产权交易、国际合作等支撑平台。此外，为进一步提升创新创业的支撑力度，还应该支持建设创业培训、技术服务、信息和中介服务、知识产权交易以及国际合作等平台，围绕平台搭建探索并突破一批制约创新创业的制度"瓶颈"，为创业者提供从初创到成长全方位的支持，以及更加公平、透明的市场环境，激发其创新热情，帮助其在激烈的市场竞争中脱颖而出。

（五）深化知识产权体制机制改革

一是推动权益保护制度创新。为有效解决知识产权纠纷，应进一步完善多元解决机制，如加强司法保护，确保知识产权受到侵害时能够得到及时有效的法律救济；加强行政监管，通过政府部门的有力监管来预防和打击知识产权侵权行为；推广仲裁和第三方调解等方式，为当事人提供更多灵活、高效的纠纷解决途径；完善专利、商标、版权等知识产权的行政管理和执法体制机制，确保各项知识产权得到全面、严格的保护。此外，还应该积极集聚国际知识产权资源，加强与国际间的交流与合作，以进一步提升地区在全球知识产权领域的地位和影响力。例如，积极对接国际商事争议解决规则，优化自由贸易试验区的仲裁规则，提高商事纠纷仲裁的国际化程度。支持国际知名商事争议解决机构入驻自由贸易试验区，探索建立全国性的自由贸易试验区仲裁法律服务联盟，形成统一、高效的法律服务体系。加强与亚太地区仲裁机构的交流合作，建立有效的交流合作机制，共同提升亚太地区在知识产权保护和商事纠纷解决方面的能力。

二是积极探索知识产权综合管理改革。全面提升知识产权的管理效能和保护水平，积极推动并构建权界清晰、分工合理、责权一致、运转高效的知识产权综合管理体制。具体而言，权界清晰，即明确各方的权责边界，确保各个参与者在知识产权的创造、运用、保护、管理和服务过程中各司其职，形成合力；分工合理，能够充分发挥各方的专业优势，提高知识产权工作的整体效率；责权一致，即确保责任与权力相匹配，避免出现权责不清、推诿扯皮的现象。此外，还需努力打通知识产权创造、运用、保护、管理和服务的全链条，实现各环节的无缝衔接和高效运转，提升知识产权的转化率和利用率，进而实现各类知识产权的综合效益最大化，构建更加完善、高效和具有活力的知识产权管理体系。与此同时，还应扎实推进知识产权强省、强市建设，在自由贸易试验区内部探索设立一批知识产权保护中心，通过这些中心的专业化服务，提升区域内企业的知识产权保护和运用能力；努力创建知识产权保护示范区，以点带面，推动整个河南乃至全国的知识产权保护工作迈上新台阶。

三是加快推进知识产权服务机构的专业化、市场化改革。政府部门应当积极发挥市场机制在知识产权服务机构专业化选择中的重要作用，全面开放政府购买知识产权服务市场。这样做不仅能够提升服务的质量和效率，还能更好地满足社会的需求。同时，政府应支持和引导知识产权服务机构向那些目前急需的、专业性强且综合性好的方向发展，鼓励这些机构通过兼并等方式不断做强做大，从而提升整个行业的竞争力和影响力。此外，在推动专利基础信息资源向社会开放的过程中，政府部门需要进一步加大开放力度。除吸引更多的民间资本投资外，还应充分利用信息技术开发具有高附加值的专利信息产品，为企业和个人提供更有价值的信息服务，推动专利信息与其他知识产权信息以及法律、经济、科技、商业等各类信息资源的深度整合与高效运用。

参考文献

［1］白桦，谭德庆.内陆国家级中心城市经济发展路径研究——基于内陆自贸区视角［J］.经济问题探索，2018（10）.

［2］毕玉江，唐海燕，殷德生.上海自贸区贸易转型面临的制约因素与对策［J］.经济纵横，2014（8）.

［3］陈爱贞，刘志彪.自贸区：中国开放型经济"第二季"［J］.学术月刊，2014（1）.

［4］陈建平.自由贸易试验区授权立法方式的优化［J］.法学，2023（4）.

［5］陈建奇.中国开放型经济的新发展、新挑战及新战略［J］.国际贸易，2015（9）.

［6］陈亮，王溪若，周睿.前海自贸区与上海自贸区金融创新比较研究［J］.上海金融，2017（9）.

［7］陈林，周立宏.从自由贸易试验区到自由贸易港——自由贸易试验区营商环境升级路径研究［J］.浙江社会科学，2020（7）.

［8］陈萍.自贸试验区引领中国高水平开放的审视与提升路径［J］.区域经济评论，2020（5）.

［9］陈雪，翟希东.对接天津自贸区的国际物流服务能力实证研究［J］.物流技术，2017（3）.

［10］陈志军，朱春发.自贸区离岸业务税收政策的国际经验与启示［J］.国际税收，2017（10）.

［11］崔卫杰.实施自贸试验区提升战略的六大任务［J］.开放导报，2023（4）.

［12］崔卫杰.自贸区高质量发展的多维度思考［J］.开放导报，2022（2）.

［13］董少鹏.新时代改革开放的"红利"来了［N］.证券日报，2018-04-12.

［14］杜林丰.自贸试验区高质量发展与金融深化协调性研究［J］.调研世界，2022（12）.

［15］冯碧梅."一带一路"视角下福建自贸区供给侧改革的契机与对策［J］.经济研究参考，2017（8）.

［16］符正平.论中国特色自由贸易港的建设模式［J］.区域经济评论，2018（2）.

［17］付亦重，杨嫣.美国内陆自由贸易区监管模式及发展研究［J］.国际经贸探索，2016（8）.

［18］高恩新.跨层级事权约束下自贸区政府管理体制调适逻辑——以21个自贸区为例［J］.苏州大学学报（哲学社会科学版），2021（6）.

［19］高新才，咸春林.开放型经济：一个文献综述［J］.经济问题探索，2012（3）.

［20］高增安，张鹏强，李肖萌.境外典型内陆自由贸易试验区税收优惠政策比较研究［J］.西南民族大学学报（人文社科版），2018（6）.

［21］龚柏华.中国自贸试验区到自由贸易港法治理念的转变［J］.政法论丛，2019（3）.

［22］国务院.《中国（河南）自由贸易试验区总体方案》［Z］.2017.

［23］海南省外事侨务办公室调研组.迪拜自贸港区发展对海南的启示［J］.今日海南，2018（7）.

［24］韩民春，张燕玲.中国内陆自贸区发展模式研究——基于国际比较视角［J］.价格月刊，2018（2）.

［25］韩永红.国外主要自由贸易园区及其法律规制：评析与启示［J］.政法学刊，2015（4）.

［26］胡晨光，厉英珍.中国自贸区建设回顾、问题与展望［J］.中国发展，2019（2）.

［27］黄鹏，汪建新，孟雪.经济全球化再平衡与中美贸易摩擦［J］.中国工业经济，2018（10）.

［28］蒋灵多，陆毅，张国峰.自由贸易试验区建设与中国出口行为［J］.中国工业经济，2021（8）.

［29］井辉.国内外典型自由贸易区管理体制机制的经验及启示［J］.行政科学论坛，2019（1）.

［30］李光辉.自由贸易区建设由量变转向质变［N］.人民日报，2015-08-23.

［31］李光辉，程仕杰.习近平关于自由贸易试验区建设重要思想的形成逻辑、科学内涵与实践方略［J］.经济学家，2024（1）.

［32］李金果.中国（浙江）自由贸易试验区贸易便利化建设的经验借鉴［J］.特区经济，2018（9）.

［33］李猛.中国自贸区服务与"一带一路"的内在关系及战略对接［J］.经济学家，2017（5）.

［34］李猛.自贸区管理创新：境外经验借鉴［J］.开放导报，2017（1）.

［35］李猛，孙鸽平.探索构建中国自由贸易试验区与海南自由贸易港法治保障体系——以完善国家立法为主要视角［J］.西北民族大学学报（社会科学版），2021（4）.

［36］李敏.美国纽约港自由贸易园区发展实践及其启示［J］.改革与战略，2015（8）.

［37］梁承寰，贺新然.金融创新视角下的河南自贸区建设问题研究［J］.征信，2018（10）.

［38］梁丹.培育开放型经济发展新优势的难点与对策——以河南省为例［J］.学习论坛，2014（4）.

［39］廖日卿，匡增杰.自贸区海关制度创新研究的演进及启示：知识图谱视角［J］.经济体制改革，2017（5）.

［40］刘秉镰，王钺.自贸区对区域创新能力的影响效应研究——来自上海自由贸易试验区准实验的证据［J］.经济与管理研究，2018（9）.

［41］刘秉镰，张伟静.新发展格局下中国高水平对外开放与区域协调发展：历史演进、理论逻辑与实现路径［J］.经济与管理研究，2023（3）.

［42］隆国强.中国对外开放的新形势与新战略［J］.中国发展观察，2015（8）.

［43］卢福永，史薇，王鑫涛.自贸试验区助力双循环新发展格局：形成机制及路径［J］.福建论坛（人文社会科学版），2021（12）.

［44］罗清和，朱诗怡.从经济特区到自由贸易区：中国改革开放路径与目标的演绎逻辑［J］.深圳大学学报（人文社会科学版），2018（1）.

［45］吕颖.国外自由贸易区的建设经验及对我国的启示——以美国对外贸易区为例［J］.工业经济论坛，2018（3）.

［46］马曼.自贸区与"一带一路"建设对接途径、问题和对策［J］.国际金融，2018（9）.

［47］马庆强.从国外经验看我国自贸区金融开放过程中的金融风险与防范
［J］.国际商务财会，2016（2）.

［48］毛艳华.自贸试验区是新一轮改革开放的试验田［J］.经济学家，2018
（12）.

［49］潘宏胜，王婷.自贸试验区与金融高水平开放的融合发展［J］.中国外
汇，2023（15）.

［50］裴长洪.我国设立自由贸易试验区十周年：基本经验和提升战略
［J］.财贸经济，2023（7）.

［51］裴长洪，崔卫杰，赵忠秀，等.中国自由贸易试验区建设十周年：回
顾与展望［J］.国际经济合作，2023（4）.

［52］裴长洪，刘斌.中国对外交易的动能转换与国际竞争新优势的形成
［Z］.2019.

［53］裴长洪，刘洪愧.中国怎样迈向贸易强国：一个新的分析思路［J］.经
济研究，2017（5）.

［54］彭磊.我国自贸试验区建设成就、经验与提升战略［J］.国际贸易，
2023（9）.

［55］齐爽.高水平建设中国（河南）自由贸易试验区的痛点与对策［J］.创
新科技，2019（9）.

［56］齐爽.河南自贸区高质量融入"一带一路"的问题与对策［J］.郑州轻
工业学院学报（社会科学版），2019（5）.

［57］钱进.亚太自贸区"轮辐"效应研究［J］.兰州学刊，2019（5）.

［58］全毅.中国高水平开放型经济新体制框架与构建路径［J］.世界经济研
究，2022（10）.

［59］全毅，张婷玉.中国自由贸易试验区转型升级方向与发展路径［J］.经
济学家，2021（10）.

［60］桑百川，鲁雁南，史瑞祯.以更高水平开放筑牢新发展格局的思考
［J］.国际贸易，2021（6）.

［61］桑百川，王殿杰.自贸试验区制度创新：成效、路径与发展思路
［J］.国际贸易，2023（9）.

［62］上海财经大学自由贸易区研究院.赢在自贸区 2：经济新常态下的营商
环境和产业机遇［M］.北京：北京大学出版社，2015.

［63］上海财经大学自由贸易区研究院，上海发展研究院.全球 100 个自由贸

易区概览［M］.上海：上海财经大学出版社，2013.

［64］邵学峰，任春杨.国外自贸区外商投资准入制度实践经验及启示［J］.中州学刊，2016（9）.

［65］沈伟.自贸区金融创新：实践、障碍及前景——以上海自贸区金融创新立法为切入点［J］.厦门大学学报（哲学社会科学版），2017（5）.

［66］佟家栋，张千，佟盟.中国自由贸易试验区的发展、现状与思考［J］.山东大学学报（哲学社会科学版），2022（4）.

［67］汪洋.推动形成全面开放新格局［J］.中国经贸，2017（24）.

［68］王晓红，徐占忱，高凌云，等.“十三五”时期扩大对外开放的战略思路［J］.国际贸易，2015（9）.

［69］王晓亮，王英.区域开放型经济发展水平评价指标体系构建［J］.地域研究与开发，2013（3）.

［70］王孝松，张国旺，周爱农.上海自贸区的运行基础、比较分析与发展前景［J］.经济与管理研究，2014（7）.

［71］王轶南，韩爽.我国自贸区发展路径选择［J］.学术交流，2017（7）.

［72］王勇，张占仓，曲青元，等.中国改革开放全景录（河南卷）［M］.郑州：河南人民出版社，2018.

［73］王玉华，赵平.中国开放型经济发展模式探析［J］.商业研究，2012（6）.

［74］王远卓.中国跨境资本流动新动态［J］.金融论坛，2017（12）.

［75］武剑.中国（上海）自贸区金融改革展望［J］.新金融，2013（11）.

［76］习近平重要讲话单行本［M］.北京：人民出版社，2023.

［77］夏斌.对上海自贸区的认识和建议［J］.全球化，2013（11）.

［78］谢贤君，任晓刚.新时代我国自由贸易试验区金融制度创新研究：发展格局、问题审视与战略性调整［J］.当代经济管理，2020（11）.

［79］邢孝兵，雷颖飞.自由贸易区的地区经济增长效应：开放还是改革？［J］.国际商务研究，2019（4）.

［80］徐静，王谢勇.我国自由贸易试验区：研究回顾、发展现状及展望［J］.大连大学学报，2018（1）.

［81］闫然.全球先进自由贸易区的功能定位、监管模式与政策创新——以迪拜、新加坡、伊基克为例［J］.上海商学院学报，2014（4）.

［82］杨立卓.重庆自贸区的建设基础、功能定位和发展策略——与上海自

贸区的比较研究［J］.西部论坛，2018（4）.

［83］杨梦莎.自贸园区与自由贸易协定协同法律制度研究［J］.河北法学，2019（2）.

［84］杨帅.新型贸易保护主义与自贸区建设的应对［J］.贵州财经大学学报，2017（5）.

［85］殷华，高维和.自由贸易试验区产生了"制度红利"效应吗？——来自上海自贸区的证据［J］.财经研究，2017（2）.

［86］应望江，范波文.自由贸易试验区促进了区域经济增长吗？——基于沪津闽粤四大自贸区的实证研究［J］.华东经济管理，2018（11）.

［87］余文涛，陈梦鑫.中国自贸试验区的历史逻辑、发展实践及未来展望——自贸试验区设立10周年的研究述评与实践回顾［J］.财经问题研究，2023（9）.

［88］张点，解柠羽，王闯.上海自贸区发展经验对大连自贸区建设的启示研究［J］.辽宁经济，2018（11）.

［89］张娟，李俊，李计广.从RCEP、自贸试验区到CPTPP：我国服务贸易开放升级路径与建议［J］.国际贸易，2021（8）.

［90］张磊.境外自贸区的先进经验及对我国自贸区发展的启示［J］.市场周刊，2017（1）.

［91］张少刚.加快实施中国自贸区发展战略——中国外经贸2015年新春形势分析会上的演讲［J］.对外经贸实务，2015（3）.

［92］张怡.中国自由贸易试验区制度创新研究［D］.长春：吉林大学博士学位论文，2018.

［93］张幼文.自贸区试验与开放型经济体制建设［J］.学术月刊，2014（1）.

［94］张占仓.建设郑州国际航空港的历史趋势与战略方向［J］.区域经济评论，2013（3）.

［95］赵家章，丁国宁，苏二豆.中国自由贸易试验区建设的理论逻辑与高质量发展实现路径［J］.经济学家，2022（7）.

［96］赵晓雷，邓涛涛，刘江华.国际先进自贸区区港一体化模式借鉴［J］.中国外汇，2017（24）.

［97］郑广建.关于进一步理顺河南自贸试验区管理体制的建议［J］.行政科学论坛，2019（2）.

［98］郑雨乔.欧洲自贸区兴衰对重庆自贸区发展的启示——以德国汉堡自贸区为例［J］.经贸实践，2018（9）.

［99］郑豫晓，勾京成，王叔云，等.自贸区建设及其金融发展问题研究——基于郑州航空港经济综合实验区视角［J］.金融理论与实践，2015（5）.

［100］智艳，罗长远.上海自贸区发展现状、目标模式与政策支撑［J］.复旦学报（社会科学版），2018（2）.

［101］中共中央　国务院关于构建开放型经济新体制的若干意见［N］.人民日报，2015-09-18.

［102］周超.多边、双边自贸区及国内自贸试验区关系辨析［J］.国际经济合作，2022（4）.

［103］周金凯.自贸试验区与 RCEP 产业合作的分析路径与实施策略［J］.当代经济管理，2022（11）.

［104］周睿，砺之.香农自贸区创新启示录［J］.群众，2019（8）.

［105］周思敏.自贸试验区对地区金融服务实体经济效率的影响研究［D］.山东大学硕士学位论文，2023.

［106］左连村.从自贸区到自由港：中国对外开放的阶段性发展［J］.中国发展，2019（3）.

后　记

在高水平开放的大背景下，自由贸易试验区肩负着提供优质制度供给和对接更高标准国际经贸规则的重要使命。随着贸易自由化水平的提高，以及国际新规则、新兴议题的不断提出，高水平建设自由贸易试验区具有"守正"和"创新"的双重要求。"守正"，即对于已经成熟的、适应经济发展大潮和新一轮科技革命的国际规则我们要遵守；"创新"，即对于规则欠缺的空白领域和不适应经济全球化大势的规则必须进行创造、创新和进一步完善。一方面，时至今日，中国设立自由贸易试验区的含义早已不是传统意义上的"政策红利"，而是通过一系列的制度创新，不断激发"制度红利"，进而倒逼改革；另一方面，中国改革开放40多年的一条基本经验是，基层主动或者自主改革的做法被总结提炼成经验，转化为政策、规划或者国家战略，推动中国经济社会的发展。

未来，自由贸易试验区要成为优化配置资源的高效率平台和高质量载体，应进一步鼓励和强化首创性改革，勇于下放改革自主权，勇于落实推进制度型开放。河南自由贸易试验区作为内陆自由贸易试验区，更应在高水平对外开放战略引领下，围绕积极主动开放和全面深化改革大胆尝试、争取更大作为，在进一步加强制度创新和政策研究的同时，注重加强与国内外自由贸易区的交流与合作，学习借鉴其成功经验和发展模式，以更加开放、包容的姿态拥抱世界，真正将河南自由贸易试验区打造成内陆地区对外开放的新高地和经济发展的新引擎，为推动中国自由贸易试验区建设和高水平对外开放提供鲜明、优质且具有活力的河南样板。

由于笔者学术能力和水平有限，加之分析视角和侧重点的不同，书中难免存在不足之处，恳请各位读者批评指正。

值此付梓之际，向所有为本书出版付出努力的老师及各位同人表示衷心的感谢，尤其感谢经济管理出版社对本书出版的大力支持与帮助。

齐爽

2024 年 4 月 30 日